LE ROBERT
& NATHAN

Grammaire

NATHAN

Ont contribué à cet ouvrage :

Marie-Hélène CHRISTENSEN

Maryse FUCHS

Dominique KORACH

Catherine SCHAPIRA

~

© **Éditions Nathan 1995**, 9 rue Méchain - 75014 PARIS

ISBN 2.09.180328-6

AVANT-PROPOS

La valeur et l'originalité de cet ouvrage de référence tiennent à la **rigueur** et à la **clarté des contenus** qu'il propose et à l'**efficacité d'accès à l'information** qu'il permet.

■ **Les contenus :**

➡ **100 fiches** classées par ordre alphabétique traitent d'une question grammaticale ; elles s'ouvrent toutes sur une définition simple et claire et développent la question du général au particulier.

➡ **700 articles** numérotés articulent ces fiches en plages d'information courtes et cohérentes : ils facilitent la consultation et évitent au lecteur de se perdre en lectures inutiles.

➡ **15 fiches synthétiques** font chacune le point sur un problème grammatical majeur (les compléments, les déterminants...).

➡ **5 tableaux** permettent, d'un seul coup d'œil, d'identifier les catégories grammaticales (fonctions, accords, classes...).

■ **Les accès à l'information :**

➡ **un index de huit cents mots grammaticaux** permet de s'informer directement sur telle préposition, telle conjonction, tel pronom : chaque mot de l'index renvoie à l'article numéroté qui l'étudie.

➡ **un index des notions grammaticales** répertorie toutes les appellations, des plus traditionnelles aux plus actuelles.

Ainsi le lecteur, quelles que soient ses connaissances, quel que soit le problème qu'il se pose, peut trouver une réponse immédiate, claire et complète.

*Pour connaître les règles de grammaire
et savoir quand et pourquoi les utiliser*

1. Faire le point sur une notion grammaticale

Qu'est-ce qu'un déterminant ?

- Consultez l'**INDEX DES NOTIONS GRAMMATICALES** à <u>Déterminant</u>.

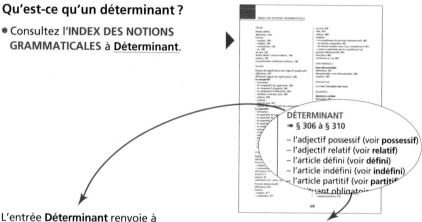

DÉTERMINANT
➡ § 306 à § 310

– l'adjectif possessif (voir **possessif**)
– l'adjectif relatif (voir **relatif**)
– l'article défini (voir **défini**)
– l'article indéfini (voir **indéfini**)
– l'article partitif (voir **partitif**)

L'entrée **Déterminant** renvoie à
la FICHE SYNTHÉTIQUE consacrée
aux déterminants et indexée par des
NUMÉROS D'ARTICLE (§ 306 à § 310).

Elle renvoie aussi aux différentes
catégories de déterminants.
Ex. : l'**article défini**.

- Consultez directement le tableau récapitulatif sur les classes de mots page 345.

2. Appliquer une règle grammaticale

Quel mode utiliser dans la proposition subordonnée relative ?

Consultez l'INDEX DES NOTIONS GRAMMATICALES à :

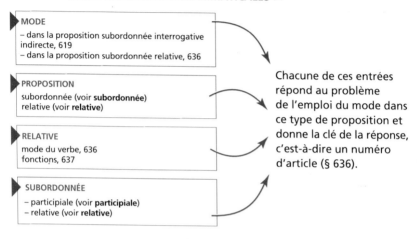

MODE
- dans la proposition subordonnée interrogative indirecte, 619
- dans la proposition subordonnée relative, 636

PROPOSITION
subordonnée (voir **subordonnée**)
relative (voir **relative**)

RELATIVE
mode du verbe, 636
fonctions, 637

SUBORDONNÉE
- participiale (voir **participiale**)
- relative (voir **relative**)

Chacune de ces entrées répond au problème de l'emploi du mode dans ce type de proposition et donne la clé de la réponse, c'est-à-dire un numéro d'article (§ 636).

3. Déterminer le statut grammatical d'un mot

Qu'est-ce que le mot « donc » ?

Consultez l'INDEX DES MOTS GRAMMATICAUX à **donc**.

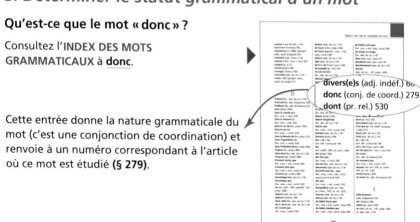

divers(e)s (adj. indéf.) 60
donc (conj. de coord.) 279
dont (pr. rel.) 530

Cette entrée donne la nature grammaticale du mot (c'est une conjonction de coordination) et renvoie à un numéro correspondant à l'article où ce mot est étudié (**§ 279**).

Le classement alphabétique permet dans tous les cas un accès direct à l'ouvrage sans passer par les index ou les tableaux récapitulatifs.

LISTE DES ABRÉVIATIONS

adj.	adjectif	C. du nom (C. déterm.)	complément du nom (déterminatif)
adj. dém.	adjectif démonstratif		
adj. excl.	adjectif exclamatif	C.O.D.	complément d'objet direct
adj. indéf.	adjectif indéfini	C.O.I.	complément d'objet indirect
adj. interr.	adjectif interrogatif		
adj. num. card.	adjectif numéral cardinal	C.O.S.	complément d'objet second
adj. num. ord.	adjectif numéral ordinal		
adj. poss.	adjectif possessif	compar.	comparatif
adj. qual.	adjectif qualificatif	cond.	conditionnel
adj. qual. app.	adjectif qualificatif apposé	conj.	conjonction (conjonctive)
adj. qual. attr.	adjectif qualificatif attribut	conj. de coord.	conjonction de coordination
adj. qual. épithète	adjectif qualificatif épithète	conj. de sub.	conjonction de subordination
adj. verbal	adjectif verbal	D.	déterminant
adv.	adverbe	fém.	féminin
adv. de circ.	adverbe de circonstance	gér.	gérondif
adv. d'op.	adverbe d'opinion	G. Adj.	groupe adjectival
appos.	apposition (apppositive)	G. N.	groupe nominal
art.	article	G. N. Prép.	groupe nominal prépositionnel
art. déf.	article défini	G. V.	groupe verbal
art. indéf.	article indéfini	impér.	impératif
art. part.	article partitif	impers.	impersonnel
auxil.	auxiliaire	impft	imparfait
C.	complément	ind.	indicatif
C. C.	complément circonstanciel	infin.	infinitif
C. d'agent	complément d'agent	interj.	interjection (interjective)
C. de l'adj. qual.	complément de l'adjectif qualificatif	interr.	interrogation (interrogative)

6

intr.	intransitif		pr. poss.	pronom possessif
loc.	locution		pr. rel.	pronom relatif
loc. adv.	locution adverbiale		pronom.	pronominal(e)
loc. conj.	locution conjonctive		prop.	proposition
loc. prép.	locution prépositive (prépositionnelle)		prop. indép.	proposition indépendante
loc. verb.	locution verbale		prop. sub.	proposition subordonnée
masc.	masculin		prop. sub. rel.	proposition subordonnée relative
n.	nom			
n. fém.	nom féminin		prop. sub. circ.	proposition subordonnée circonstancielle
n. masc.	nom masculin		prop. sub. conj. circ.	proposition subordonnée conjonctive circonstancielle
p. p.	participe passé			
p. prés.	participe présent			
périphr.	périphrase		prop. sub. compl.	proposition subordonnée complétive
périphr. verb.	périphrase verbale		prop. sub. inf.	proposition subordonnée infinitive
pers.	personne			
pl.	pluriel		prop. sub. interr. ind.	proposition subordonnée interrogative indirecte
pl.-q.-p.	plus-que-parfait		prop. sub. part.	proposition subordonnée participiale
poss.	possessif			
préf.	préfixe		réfl.	réfléchi
prépos.	préposition(nel) (prépositive)		rel.	relatif
prés.	présent		S.	sujet
pr.	pronom		semi-auxil.	semi-auxiliaire
pr. dém.	pronom démonstratif		sing.	singulier
pr. indéf.	pronom indéfini		sub.	subordonnée
pr. interr.	pronom interrogatif		subj.	subjonctif
pr. pers.	pronom personnel		superl.	superlatif
pr. pers. adv.	pronom personnel adverbial		tr.	transitif
			v.	verbe

ACCORD DE L'ADJECTIF QUALIFICATIF

« Les petits ruisseaux font les grandes rivières. »

> Qu'il soit **épithète, attribut** ou **apposé,** l'adjectif (➡ **§ 42 à § 48**) qualificatif **s'accorde en genre et en nombre** avec le **nom** ou le **pronom** auquel il se rapporte :
>
> *Elle porte une **robe élégante** et un **joli chapeau.** (épithète)*
> ***Elle est jolie.** (attribut)*
> *La jeune **femme** pénétra dans le salon, **élégante** et **radieuse.** (apposé)*

1

Comment l'adjectif épithète s'accorde-t-il ?

2

- L'adjectif épithète s'accorde en genre et en nombre avec le nom qu'il qualifie :

 *Elle porte une **robe élégante** et un **joli chapeau.***

- Lorsqu'un même adjectif épithète qualifie plusieurs noms, il se met au pluriel :

 *Elle porte un **sac** et un **chapeau blancs.***

Attention !
Lorsqu'un même adjectif épithète qualifie deux noms de genre différent, il se met au masculin pluriel : *Elle porte une **robe** et un **chapeau blancs.***

- Lorsque plusieurs adjectifs épithètes qualifient un même nom au pluriel, ils peuvent rester au singulier :

 *Les **littératures anglaise** et **allemande.***

Comment l'adjectif attribut s'accorde-t-il ?

3

■ Lorsqu'il est attribut du sujet (phrase 1) ou du C.O.D. (phrase 2), l'adjectif s'accorde en genre et en nombre avec le sujet ou avec le C.O.D. :

 *Ces **enfants** sont très **gentils.** (1) Je trouve ces **enfants** très **gentils.** (2)*

■ Lorsqu'un même adjectif est attribut de plusieurs sujets (phrase 1) ou de plusieurs C.O.D. (phrase 2), il se met au pluriel :

 *La **mère** et la **fille** sont très **gentilles.** (1)*
 *Je trouve la **mère** et la **fille** très **gentilles.** (2)*

Attention !
Lorsqu'un même adjectif est attribut de deux sujets (phrase 1) ou de deux C.O.D. de genre différent (phrase 2), il se met au masculin pluriel :
 *La **mère** et le **fils** sont très **gentils.** (1)*
 *Je trouve la **mère** et le **fils** très **gentils.** (2)*

■ Lorsqu'il est attribut du pronom personnel *on*, l'adjectif se met :

● Au masculin singulier, lorsqu'il désigne une ou plusieurs personnes :

On est *adulte* ou on ne l'est pas.

● Au masculin ou au féminin pluriel selon le cas lorsqu'il équivaut à *nous*. Le verbe, lui, reste au singulier :

On est bien *seules* depuis votre départ. (ce sont des femmes qui parlent)
On est *pareils* tous les deux. (ce sont deux hommes ou un homme et une femme qui parlent)

■ Lorsqu'il est attribut du pronom *ce*, l'adjectif se met au masculin singulier :

C'est très *bon.*

■ Lorsqu'il est attribut de *vous*, pluriel de politesse, l'adjectif reste au singulier :

Vous seriez *gentil*, monsieur, de me répondre.

4 Comment l'adjectif attribut construit avec avoir l'air s'accorde-t-il ?

Lorsqu'il est construit avec *avoir l'air*, l'adjectif attribut du sujet s'accorde indifféremment avec le sujet ou avec le nom *air*.

Elle a l'air *gentille*. Elle a l'*air* gentil.

∿ **Mais...**

● **L'accord se fait obligatoirement avec le sujet :**
– lorsque le sujet est un nom de chose : Ces *tartes* ont l'air *bonnes*.
– lorsque le sens l'impose : Cette *femme* a l'air *coquette*.

● **L'accord se fait obligatoirement avec le nom** *air* **lorsque l'adjectif attribut est construit avec un complément :** Elles ont l'air *craintif de quelqu'un* qui a mal agi.

5 Comment l'adjectif apposé s'accorde-t-il ?

● L'adjectif apposé s'accorde en genre et en nombre avec le nom ou le pronom auquel il est apposé, la plupart du temps le sujet :

Il s'avança, *souriant* et *détendu*, et lui serra la main.

● Lorsqu'un même adjectif est apposé à plusieurs noms, il se met au pluriel :

La *mère* et la *fille* s'avancèrent vers lui, *souriantes* et *détendues*.

Attention !
Lorsqu'un même adjectif est apposé à deux noms de genre différent, il se met au masculin pluriel :

La *mère* et le *fils* s'avancèrent vers lui, *souriants* et *détendus*.

Dans quels cas l'adjectif qualificatif ne s'accorde-t-il pas ?

6

Certains adjectifs qualificatifs restent invariables. Il s'agit :

• **Des adjectifs de couleur dérivés d'un nom** (*marron, orange, aubergine, cerise...*) :
    *Elle a acheté des **chaussures orange**.*

~ Mais...
mauve, rose, pourpre, fauve, incarnat et **écarlate**, bien que dérivés d'un nom, s'accordent en nombre : *Elle a de belles **joues roses**.*

• **Des adjectifs de couleur déterminés par un autre adjectif ou par un nom :**
    *Le salon regorgeait de **drapés jaune pâle** et de **tapis bleu roi**.*

• **Des adjectifs *plein* et *sauf* lorsqu'ils sont employés comme prépositions :**
    *Ils étaient tous là, **sauf** les enfants. Il avait des larmes **plein** les yeux.*

~ Mais...
Lorsque *plein* et *sauf* sont placés derrière le nom auquel ils se rapportent, ils sont alors adjectifs qualificatifs et s'accordent comme des adjectifs ordinaires :
    *Les **enfants** sont **saufs**. Il avait les **yeux pleins** de larmes.*

• **Des adjectifs comme *bas, bon, cher, clair, court, droit, dur, ferme, fort, franc, haut, juste, net...* employés comme adverbes après certains verbes :**
    *Elles parlent **haut**. Ils chantent **juste**. Ces pommes coûtent **cher**.*

~ Mais...
    *Elles sont **hautes**. Ils sont **justes**. Elles sont **chères**.*

• **Des adjectifs *demi, semi, mi* et *nu*, lorsqu'ils sont placés devant un nom ou un adjectif et qu'ils en sont séparés par un trait d'union :**
    *Il a mangé une **demi-baguette**. Ils habitent une région **semi-désertique**. Les volets sont **mi-clos**. Il est sorti **nu-pieds** et **nu-tête**.*

~ Mais...
• Lorsque *nu* est placé après le nom, il s'accorde en genre et en nombre :
    *Il était **pieds nus**.*
• Lorsque *demi* est placé après le nom, il s'accorde en genre uniquement :
    *Il a mangé deux **baguettes** et **demie**.*

• **De l'adjectif *feu*, signifiant « défunt », lorsqu'il est placé devant le groupe constitué par le nom et son déterminant** (article + nom, adj. poss. + nom) :
    feu ma grand-tante.

~ Mais...
Lorsque *feu* s'intercale entre le nom et son déterminant, il s'accorde en genre et en nombre : *ma **feue** grand-tante.*

- **De l'adjectif *possible*, lorsqu'il renforce les adverbes *le moins, le plus* :**
  *Cueille les pommes **les plus** grosses **possible**.*
- **De l'adjectif *fort* dans l'expression *se faire fort de* :**
  *Ils **se font fort de** réussir.*

7

PLUS **Le nom *gens* est masculin pluriel. Pourtant :**
- Lorsque l'adjectif est placé **avant** le nom *gens*, et que son féminin diffère de son masculin, il se met au **féminin pluriel** :
*Ce sont de **vieilles** gens.*
- Lorsque l'adjectif est placé **après** le nom *gens*, il se met au **masculin pluriel** :
*Les vieilles gens sont souvent **seuls**.*
- L'adjectif se met au **masculin pluriel** lorsque le nom *gens* désigne une corporation :
*De **nombreux** gens de lettres l'ont lu.*

- Les adjectifs qualificatifs qui ont la même forme au masculin qu'au féminin se mettent au **masculin pluriel même** lorsqu'ils sont placés **avant** le nom *gens* :
*Quels **braves** gens !*
Cette règle est indispensable à connaître lorsque ces mêmes adjectifs sont précédés d'un déterminant variable en genre :
Quels braves gens !

Pour l'accord des adjectifs composés, ➟ § 432.

ACCORD DU PARTICIPE PASSÉ

« Péché avoué est à demi pardonné. »

8

■ Les règles d'accord du participe passé (➟ § 406 à § 411) varient selon :
- qu'il est employé seul :
  *Elle a un **visage** fatigué.*
- qu'il est employé avec l'auxiliaire *être* :
  Ils sont partis.
- qu'il est employé avec l'auxiliaire *avoir* :
  *Nous **avons** mangé des fraises.*
  *Les **fraises** que nous **avons** mangées étaient délicieuses.*
- qu'il concerne les verbes pronominaux :
  ***Elle** s'est coupée. **Ils** se sont souri. **Elle** s'est coupé une tartine.*

Comment s'accorde le participe passé employé seul ?　9

Le participe passé employé seul suit les règles d'accord de l'adjectif qualificatif épithète (phrase 1), attribut (phrases 2 et 3) ou apposé (phrase 3). Il s'accorde en genre et en nombre avec le nom ou le pronom auquel il se rapporte :

> *Elle a un **visage** **fatigué**. (1) **Catherine** est **fatiguée**. (2)*
> *Je trouve **Catherine** **fatiguée**. (3) **Fatiguée**, **Catherine** s'allongea. (4)*

~ *Exceptions :*
- **attendu, (non)(y) compris, entendu, excepté, ôté, supposé, vu,** placés **devant** le nom, s'emploient comme des prépositions et restent **invariables** :
  *Tous ont été invités, **excepté** les enfants.*

> *Attention !*
> **Ces mêmes participes s'accordent lorsqu'ils sont placés derrière le nom :**
> *Tous ont été invités, les enfants **exceptés**.*

- **étant donné, mis à part, passé,** même lorsqu'ils sont placés devant le nom, peuvent être accordés. On écrit indifféremment :
  ***Passé(es)** les vacances, ils ne se revirent plus.*
- **ci-annexé, ci-inclus, ci-joint** restent invariables lorsqu'ils ont valeur d'adverbe, c'est-à-dire lorsqu'on peut les remplacer par *ci-dessus, ci-dessous, ci-contre.* Dans cet emploi, ils sont généralement placés :
  – en tête de phrase : ***Ci-joint** les exemplaires demandés.*
  – devant un nom sans déterminant : *Trouvez **ci-joint** photocopie du document.*

> *Attention !*
> **Ces mêmes participes s'accordent lorsqu'ils sont employés avec valeur d'un adjectif qualificatif épithète ou attribut, c'est-à-dire lorsqu'on peut les remplacer par un adjectif qualificatif. Dans cet emploi, ils sont généralement placés :**
> – derrière le nom : *Veuillez examiner les documents **ci-joints**.*
> – devant un nom précédé d'un déterminant :
> *Je vous adresse **ci-jointe** ma demande de congé.*

- **approuvé, lu, vu** sont toujours invariables lorsqu'ils sont employés dans des locutions comme : « lu et approuvé », « vu ».

Comment s'accorde le participe passé conjugué avec l'auxiliaire être ?　10

Le participe passé des verbes conjugués avec l'auxiliaire **être** (conjugaison passive et certains verbes intransitifs comme *aller, venir, arriver...*) **s'accorde en genre et en nombre avec le sujet :**

> ***Elles** ont été **déçues** par ton attitude. **Ils** sont **partis** hier.*

~ **Exceptions :**
• **Le participe passé des verbes impersonnels conjugués avec l'auxiliaire *être* reste invariable :** *Il est **tombé** des trombes d'eau. Il est **arrivé** un malheur.*
• **Le participe passé dans un infinitif à la voix passive ou dans un infinitif passé à la voix active s'accorde :** *après avoir été puni(e)(s) ; après être parti(e)(s).*

11 — Comment s'accorde le participe passé conjugué avec l'auxiliaire avoir ?

• **Le verbe conjugué avec *avoir* n'a pas de C.O.D. Il n'y a pas d'accord :**
  *Elle a **terminé**. Nous avons déjà **mangé**.*

• **Le verbe conjugué avec *avoir* a un C.O.D. placé après le verbe. Il n'y a pas d'accord :**
  *Nous **avons mangé** des pâtes.*

• **Le verbe conjugué avec *avoir* a un C.O.D. placé avant le verbe. Il y a accord en genre et en nombre du participe passé avec le C.O.D. :**
  *Les pâtes **que** nous **avons mangées** étaient délicieuses.*

12 — Les cas difficiles d'accord du participe passé conjugué avec l'auxiliaire avoir. (➡ § 13 à § 19)

13 — Comment s'accorde le participe passé quand le verbe conjugué avec avoir est suivi d'un infinitif ?

• Si le C.O.D. fait l'action exprimée par l'infinitif, le participe s'accorde avec le C.O.D. :
  *Je **les** ai **entendues** calomnier. (= ce sont elles qui calomnient)*
  *Les musiciens **que** j'ai **entendus** jouer, étaient excellents.*

• Si le C.O.D. subit l'action exprimée par l'infinitif, il n'y a pas d'accord :
  *Je **les** ai **entendu** calomnier. (= ce sont elles qu'on calomnie)*
  *Les airs **que** j'ai **entendu** jouer étaient très beaux.*

Attention !
• **Le participe *fait* suivi d'un infinitif est toujours invariable :**
  *Je les ai **fait** courir. Elle s'est **fait** prendre à son propre piège.*
• **Selon la nouvelle réforme de l'orthographe, le participe passé de *laisser* suivi d'un infinitif est rendu invariable dans tous les cas :**
  *Elle s'est **laissé** aller.*
  *Je les ai **laissé** partir.*

Comment s'accorde le participe passé quand il a pour C.O.D. le pronom neutre le ?

14

Dans ce cas, *le* a le sens de *cela* et **le participe passé reste invariable.**

▩ *Cette dissertation est plus facile que je ne l'aurais **cru**.*

Comment s'accorde le participe passé quand il a pour C.O.D. le pronom personnel adverbial en ?

15

Selon la plupart des grammairiens, **le participe passé précédé de *en* reste invariable.** Néanmoins, dans l'usage, l'accord a souvent lieu.

▩ *J'ai ramassé des crevettes. J'en ai **ramassé(es)**.*

Comment s'accorde le participe passé quand le C.O.D. est un nom collectif suivi d'un complément au pluriel ?

16

Le participe passé s'accorde avec le nom collectif (phrase 1) **ou avec son complément** (phrase 2), selon que l'on veut faire porter l'accent sur l'un ou l'autre :

▩ *Son état ne m'étonne pas, vu la **quantité** de bonbons qu'il a **mangée**.* **(1)**
▩ *Son état ne m'étonne pas, vu la quantité de **bonbons** qu'il a **mangés**.* **(2)**

Comment s'accorde le participe passé quand il est en rapport avec un adverbe de quantité suivi d'un complément ?

17

Le participe passé s'accorde avec le complément de l'adverbe :
▩ ***Combien de bonbons** as-tu **mangés** ?*

Comment s'accorde le participe passé de certains verbes intransitifs accompagnés de C.C. exprimant la durée, la valeur... ?

18

Certains verbes intransitifs comme *courir, coûter, dormir, durer, marcher, mesurer, peser, régner, reposer, valoir, vivre*, etc., sont souvent accompagnés d'un complément circonstanciel qui exprime la durée, la distance, le prix, la valeur et qui ne doit pas être confondu avec un complément d'objet direct.
Le **participe passé de ces verbes reste donc invariable :**

▩ *Ce livre m'a coûté **cent francs**.*
▩ *Les cent francs que ce livre m'a **coûté**.*

∿ Mais...

courir, coûter, peser, valoir et *vivre* peuvent, dans certains sens, être transitifs et admettre un C.O.D. Leur participe passé est alors variable :
• *courir* est transitif lorsqu'il signifie « s'exposer à » :
  *Tu n'imagines pas les risques qu'il a **courus**.*
• *coûter* est transitif lorsqu'il signifie « causer une peine » :
  *Tu n'imagines pas les efforts que ce travail m'a **coûtés**.*
• *peser* est transitif lorsqu'il signifie « déterminer le poids », « examiner » :
  *Emballe les gâteaux que j'ai **pesés**.*
• *valoir* est transitif lorsqu'il signifie « avoir pour conséquence » :
  *Oublions les réflexions que m'a **values** votre conduite.*
• *vivre* est transitif lorsqu'il signifie « passer », « éprouver » :
  *Il n'oublierait pas les heures qu'ils avaient **vécues** ensemble.*

19

**Comment s'accordent les participes passés
dit, dû, cru, pensé, permis, prévu, su, voulu ?**

Ils suivent la règle générale lorsqu'ils ont un C.O.D. placés devant :
  *Je **les** ai **crus**, lorsqu'ils m'ont dit que tu étais malade.*
  *Il se souvient de toutes les **paroles** que j'ai **dites**.*

∿ Mais...

Ces mêmes participes passés ainsi que le participe passé du verbe *pouvoir* restent invariables lorsqu'ils ont pour C.O.D. :
• **un infinitif :** *Tous les progrès que j'ai **cru faire** ont été inutiles.*
• **une proposition ou un infinitif sous-entendus :**
  *Il a fait toutes les démarches qu'il avait **dit (qu'il ferait)**.*
  *Elle a fait tous les progrès qu'elle a **pu (faire)**.*

---

20 L'accord du participe passé des verbes pronominaux. (➠ § 21 à § 23)

21

**Comment s'accorde le participe passé
si le verbe n'est suivi ni d'un C.O.D. ni d'un infinitif ?**

Le participe passé s'accorde en genre et en nombre avec le sujet. En effet :
• Soit les pronominaux sont de **sens réfléchi ou réciproque**, le pronom réfléchi est alors C.O.D. de l'auxiliaire *avoir* sous-entendu. On applique donc la règle d'accord du participe avec un C.O.D. placé devant le verbe :
  *Elle **s'**est **levée**.* → *elle a levé **s'** = C.O.D.* **(sens réfléchi)**
  *Ils **se** sont **vus**.* → *ils ont vu **l'un l'autre** = C.O.D.* **(sens réciproque)**

Attention !
- **Le participe passé dans l'infinitif passé s'accorde :**
  Après s'être regardée dans la glace, elle sortit.
- **Les participes des verbes** *se complaire, se déplaire, se mentir, se nuire, se parler* (parler à soi), *se plaire* (plaire à soi), *se ressembler, se rire de, se sourire, se succéder, se suffire, se survivre, s'en vouloir* **restent invariables car le pronom réfléchi** *se* **n'est pas, dans ces verbes, C.O.D., mais C.O.I. :**
  *Ils se sont **nui**. = Ils ont nui l'un à l'autre.*
  *Elles se sont **plu**. = Elles ont plu l'une à l'autre.*
  *Ils se sont **souri**. = Ils ont souri l'un à l'autre.*
  *Ils s'en sont **voulu**. = Ils en ont voulu à eux-mêmes.*
  *Ils se sont **succédé** sur la scène. = Ils ont succédé l'un à l'autre.*

∼ **Mais...**
  Ils se sont suivis sur la scène. = Ils ont suivi l'un l'autre.

- Soit les pronominaux sont de **sens passif ou de sens vague** ; on applique alors la règle de l'accord en genre et en nombre avec le sujet :

  Ces livres *se sont bien* **vendus**. = *Ces livres* **ont été** *bien vendus.* **(sens passif)**
  Des prisonniers *se sont* **échappés**. **(sens vague)**

Comment s'accorde le participe passé si le verbe a un C.O.D. ?

Si le verbe a un C.O.D., **on suit la règle d'accord avec l'auxiliaire** *avoir* :

- Le C.O.D. est placé après le verbe, il n'y a pas d'accord :
  Elle s'est **coupé une énorme tartine**. *(= Elle a coupé une énorme tartine à elle.)*
  Dans ce cas, le pronom réfléchi *se* n'est plus C.O.D. mais C.O.I.

- Le C.O.D. est placé avant le verbe, il y a accord :
  La tartine **qu'**elle s'est **coupée** est énorme.

Comment s'accorde le participe passé si le verbe est suivi d'un infinitif ?

Si le verbe est suivi d'un infinitif, **on suit la règle d'accord avec l'infinitif** :
- L'infinitif est de sens actif, pas d'accord :
  Elle s'est **entendu** *appeler à l'aide. (c'est elle qui appelle)*
- L'infinitif est de sens passif, accord :
  Elle s'est **entendue** *appeler. (c'est elle qu'on appelle)*

Attention !
fait suivi de l'infinitif est toujours invariable :
> *Elle s'est **fait** gronder. Ils se sont **fait** gronder.*

~ *Mais...*
Lorsqu'il est suivi d'un attribut du C.O.D., le participe *fait* s'accorde en genre et en nombre avec l'attribut : *Elle s'est **faite** religieuse.*

24

Comment s'accorde le participe passé des verbes impersonnels conjugués avec avoir ?

Le participe passé reste toujours invariable (il ne s'agit pas d'un C.O.D., mais d'un sujet réel) :
> *Quelle tempête il **a fait** ! Quelle volonté il t'**a fallu** !*

ACCORD DU VERBE

> « Je m'en vais ou je m'en va...
> L'un et l'autre se dit ou se disent. » (VAUGELAS)

25

■ **Aux temps simples, le verbe** (➠ § 674 à § 689) **s'accorde en nombre et en personne** avec son sujet :

NOMBRE	
SINGULIER	PLURIEL
je chante	*nous* chant**ons**
PERSONNE	
je chante	*tu* chant**es**

■ **Aux temps composés, le verbe s'accorde en genre et en nombre** (➠ § 8 à § 24) :

• Soit avec le sujet :
> *La petite fille est reven**ue**. Les petites filles sont reven**ues**.*

• Soit avec le C.O.D. :
> *J'aime la (les) chanson(s) que vous avez chant**ée(s)**.*

L'accord en nombre
lorsqu'il n'y a qu'un seul sujet. (➡ § 27 à § 32)

Comment se fait l'accord quand le sujet est un nom collectif ?

Le sujet est un nom collectif, c'est-à-dire un nom qui, bien que singulier, évoque une quantité plurielle *(armée, foule, bande, horde, nuée, multitude, troupe…)*.

• Si ce nom est employé sans complément du nom, le verbe se met au singulier :

  La foule hurla.

• Si ce nom est suivi d'un complément du nom au pluriel, le verbe se met au singulier lorsqu'on met l'accent sur l'ensemble (phrase 1), au pluriel lorsqu'on met l'accent sur le complément (phrase 2) :

  ***Un troupeau** de moutons barr**ait** la route.* **(1)**
  *Un troupeau **de moutons** barr**aient** la route.* **(2)**

En pratique, l'accord est indifférent.

~ Mais...
Lorsque le nom collectif est précédé d'un article défini, d'un adjectif possessif ou d'un adjectif démonstratif, le verbe se met obligatoirement au singulier :
  *Le (son, ce) troupeau de moutons barr**ait** la route.*

Comment se fait l'accord quand le sujet est une fraction ?

• Si cette fraction est au singulier *(moitié, tiers…)*, ou un nom comme *dizaine, centaine*, le verbe se met soit au singulier, soit au pluriel, selon que l'on met l'accent sur la fraction (phrase 1) ou sur le complément au pluriel (phrase 2) :

  ***Une centaine** de personnes ét**ait** présente.* **(1)**
  *Une centaine **de personnes** ét**aient** présentes.* **(2)**

• Si cette fraction est au pluriel, le verbe se met au pluriel :

  ***Les deux tiers** des personnes invitées ét**aient** présentes.*

Comment se fait l'accord quand le sujet est un groupe nominal exprimant la quantité ?

Le sujet est un groupe nominal exprimant la quantité comme *nombre de, quantité de, force, la plupart…* Dans ce cas, **le verbe se met au pluriel :**

  *La plupart des élèves **sont** absents.*
  ***Nombre** de personnes pens**ent** qu'il sera élu.*

30

Comment se fait l'accord quand le sujet est un adverbe de quantité ?

Le verbe se met au pluriel, que l'adverbe soit construit ou non avec un complément :
■ *Beaucoup d'élèves* <u>sont</u> *absents.* ***Trop*** <u>sont</u> *absents.* ***Peu de choses*** <u>vont</u>*.*

∼ **Mais...**
Lorsque l'adverbe *peu* est précédé d'un article défini, d'un adjectif possessif ou d'un adjectif démonstratif, le verbe se met généralement au singulier :
Le peu de chose qui m'appart<u>ient</u> ***est*** *à vous.* ***Ce peu*** *de chose m'appart*<u>ient</u>*.*

Attention !
Après *plus d'un*, le verbe est au singulier ; après *moins de deux*, il est au pluriel :
Plus d'un s'en souviendra. ***Moins de deux*** *jours lui* <u>ont</u> *suffi pour déménager.*

31

Comment se fait l'accord quand le sujet est le pronom neutre il ?

Le verbe est **toujours au singulier** :
■ *Il* <u>est</u> *apparu de gros nuages.* (*il* : sujet apparent d'un verbe impersonnel)

32

Comment se fait l'accord quand le sujet est le pronom neutre ce (c') ?

Le verbe est généralement au **singulier** :
■ *C'est nous, ne craignez rien.*

∼ **Mais...**
Avec les pronoms *eux*, *elles*, un nom ou un groupe nominal pluriel, il faut mettre le verbe au pluriel : *Ce* <u>sont</u> *eux les coupables.* *Ce* ***sont ses vœux.***

33

Les cas d'accord quand il y a plusieurs sujets. (➟ § 34 à § 39)

34

Comment se fait l'accord quand les sujets sont juxtaposés ou coordonnés par et ?

Le verbe se met alors au **pluriel** :
■ *Mon père* ***et*** *ma mère* ***sont arrivés.*** *Ma mère* ***et*** *ma sœur* ***sont arrivées.***
■ *Mon père, ma mère* ***et*** *ma sœur* ***sont arrivés.***

Comment se fait l'accord quand les sujets sont coordonnés par ni ou par ou ?

35

Le verbe se met **soit au singulier, soit au pluriel** :

• Le verbe se met de préférence **au pluriel**, lorsque *ou* et *ni* signifient que l'on considère les éléments coordonnés comme un ensemble :

> *Ni mon père ni ma mère ne viendront.*
> *Une chute ou un choc peuvent lui rendre la mémoire.*

• Le verbe se met de préférence **au singulier** lorsque *ni* et *ou* expriment la disjonction ou l'opposition des deux éléments coordonnés :

> *Ni la douceur ni la violence n'en viendra à bout.*
> *La douceur ou la violence fera le reste.* (= ce sera l'un ou l'autre)

Comment se fait l'accord quand les sujets sont résumés ou annoncés par un pronom ?

36

Il y a deux ou plusieurs sujets résumés ou annoncés par un pronom comme *aucun, chacun, nul, personne, rien, tout,* etc.
Le verbe se met alors au **singulier** :

> *Tout, assiettes, plats, verres, a été cassé.*

Comment se fait l'accord quand les sujets sont joints par avec, ainsi que, comme ?

37

Le verbe se met alors **au singulier ou au pluriel** :

> *Mon père ainsi que ma mère viendra (viendront).*

Comment se fait l'accord quand le sujet est l'un et l'autre, l'un ou l'autre, ni l'un ni l'autre ?

38

• Lorsque le sujet est *l'un et l'autre*, ou *ni l'un ni l'autre*, le verbe se met indifféremment **au singulier ou au pluriel** :

> *L'un et l'autre se dit (disent).*
> *Ni l'un ni l'autre ne se dit (disent).*

• Lorsque le sujet est *l'un ou l'autre*, le verbe se met **au singulier** :

> *L'un ou l'autre se dit.*

39

Comment l'accord en personne se fait-il lorsqu'il n'y a qu'un seul sujet ?

Le verbe se met à la même personne que son sujet :
Je chante, tu chantes... Les enfants chantent.

~ Mais...
Quand le sujet est le pronom relatif *qui*, le verbe se met à la même personne que l'antécédent :
*C'est **moi** qui **ai** cassé le vase.*
*On se plaint toujours à **nous** qui n'y **sommes** pour rien.*

Attention !
Lorsque l'antécédent est *le seul, le premier*... et qu'il est attribut du sujet, le verbe se met soit à la même personne que le sujet, soit à la même personne que l'antécédent attribut :
*Tu es le seul qui **aies** réussi. Tu es **le seul** qui **ait** réussi.*

40

Comment l'accord en personne se fait-il lorsqu'il y a plusieurs sujets ?

Pour bien accorder le verbe, il faut savoir que :

● **La première personne l'emporte sur les deux autres :**

Mon frère et moi partirons demain. (3e pers. + 1re pers. = 1re pers.)
Toi et moi partirons demain. (2e pers. + 1re pers. = 1re pers.)
Ton frère, toi et moi partirons demain. (3e pers. + 2e pers. + 1re pers. = 1re pers.)

● **La deuxième personne l'emporte sur la troisième :**

Anne-Laure et toi êtes mes meilleures amies. (3e pers. + 2e pers. = 2e pers.)

Attention !
Il ne faut pas oublier, pour l'accord en genre, que le masculin l'emporte toujours sur le féminin : *Ton **frère** et **Martine** sont partis les premiers.*

41 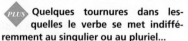 **Quelques tournures dans lesquelles le verbe se met indifféremment au singulier ou au pluriel...**
● *Peu importe(nt) vos motifs.*
● *Reste(nt) deux solutions.*
● *Soi(en)t x et y ...*

● *Deux plus deux égale(nt) quatre.*
● *Deux et deux font (fait) quatre.*
● *Aucun bruit, aucun cri ne pourrai(en)t le réveiller.*
● *Chaque heure, chaque minute, chaque seconde me rapproche(nt) de toi.*

DJECTIF

42

■ Le mot « adjectif » signifie étymologiquement « qui s'ajoute ».
L'adjectif s'ajoute au nom, soit :

• **Pour le déterminer.** Il est alors **déterminant** et appartient à la classe des **adjectifs non qualificatifs** qui comprend les adjectifs possessifs (➡ **§ 98 à § 103**), démonstratifs (➡ **§ 49 à § 53**), numéraux (➡ **§ 86 à § 97**), indéfinis (➡ **§ 61 à § 78**), interrogatifs (➡ **§ 79 à § 85**), exclamatifs (➡ **§ 54 à § 60**) et relatifs (➡ **§ 526**).
L'adjectif non qualificatif, appelé aussi **adjectif déterminatif**, est un **constituant obligatoire du groupe nominal** :

mon livre ; *ce* livre ; *deux* livres ; *chaque* livre.
quel livre ? *quel* livre ! *lequel* livre.

• **Pour le qualifier.** Il est alors **adjectif qualificatif.** L'adjectif qualificatif est un **constituant facultatif du groupe nominal** :

un livre → *un **petit** livre* → *un **petit** livre **passionnant**.*

L'adjectif qualificatif se comporte différemment de l'adjectif non qualificatif.

43

La grammaire a donné le nom d'adjectif à deux éléments qui fonctionnent tout à fait différemment dans la phrase :

• **L'adjectif non qualificatif** joue le même rôle que l'article (➡ **§ 306 à § 310**) :

Comparons :

livre **(1)**
***Mon (le, un)** livre est passionnant.* **(2)**

Dans l'exemple 1, le nom *livre* appartient à la langue et non au discours et désigne l'idée générale de livre en dehors de tout contexte, de toute réalité. C'est sous cette forme que le nom *livre* se présente dans le dictionnaire.
En revanche, dans l'exemple 2, le nom *livre* est précédé du déterminant *mon (le, un)* qui marque que l'on se trouve dans le discours : je m'adresse à quelqu'un, je lui parle d'un livre réel et particulier.
On dit que le déterminant permet d'**actualiser le nom** avec lequel il constitue le **groupe nominal** (G.N.).
L'adjectif déterminatif est donc un constituant obligatoire du groupe nominal.

• En revanche, l'**adjectif qualificatif** *(petit, rouge, élégant...)* n'a en aucun cas la possibilité de conférer à un nom le statut de groupe nominal. Il permet simplement de décrire un être ou un objet en précisant une ou plusieurs de ses caractéristiques. Son emploi, dans le groupe nominal, est facultatif.

▲ **Comparons :**

> *L'homme s'approcha. Il portait un chapeau et un costume de qualité.*
> *Il était accompagné d'un chien.* **(1)**
> *Le **petit** homme s'approcha. Il portait un chapeau **mou** et un costume **gris***
> *de **mauvaise** qualité. Il était accompagné d'un **gros** chien **noir**.* **(2)**

La première série de phrases (1) ne comporte aucun adjectif qualificatif.
En revanche, grâce aux adjectifs qualificatifs, la seconde série de phrases (2)
offre un certain nombre de détails et augmente la précision.

44 ## *On peut distinguer deux sortes d'adjectifs qualificatifs.*

■ Les adjectifs qui expriment une qualité essentielle ou accidentelle de l'être
ou de l'objet désigné par le nom :

▦ *un **petit** livre ; un vêtement **sale** ; un **méchant** homme.*

■ Les adjectifs qui établissent une relation entre le nom et un autre nom :

▦ *la voiture **présidentielle***

L'adjectif qualificatif « présidentielle » équivaut à un G.N. C.C. du nom :

▦ *la voiture **du président***

Ces deux types d'adjectifs qualificatifs se comportent différemment :

• **Les premiers** peuvent varier en degrés de signification (➠ § 297 à § 305) :

▦ *un homme assez (moins, plus, très) méchant*

• **Les seconds** ne peuvent varier en degrés. Il est impossible de dire :

▦ *la voiture assez (moins, plus, très) présidentielle*

Les premiers peuvent être attributs, les seconds non, sauf exception :

▦ *Cet homme est **méchant**.*

〜 **Mais...**
Cette voiture est **présidentielle.*
On peut rencontrer ce type d'adjectifs en fonction d'attribut ; ils sont alors
employés dans un sens figuré : *Cette voiture est **royale**. (digne d'un roi)*

45 ## *L'adjectif qualificatif varie en genre et en nombre.*

• L'adjectif qualificatif est masculin ou féminin selon le genre du nom auquel il
se rapporte (➠ § 314 à § 317) :

▦ *une **petite** table (féminin) ; un **petit** livre (masculin).*

• L'adjectif est singulier ou pluriel (➡ § 429 à § 433) ; il s'accorde en nombre avec le nom auquel il se rapporte :

▢ *un **petit** livre* (singulier) → *des **petits** livres* (pluriel).

L'adjectif qualificatif appartient au groupe nominal (➡ § 328 et § 329) : il est épithète ou apposé.

46

▲ Comparons :

▢ *J'ai acheté **un petit livre**.* **(1)**
▢ *Ce livre, **petit et pratique**, se vend très bien.* **(2)**

Dans la phrase 1, l'adjectif qualifie le nom *livre* sans l'intermédiaire d'un verbe. Il **appartient au G.N.**, il est **épithète** du nom *livre* (➡ **§ 119 à § 126**).
Dans la phrase 2, les adjectifs qualifient le nom *livre* sans l'intermédiaire d'un verbe. Ils **appartiennent au G.N.**, mais ils sont détachés par une virgule du nom qu'ils qualifient. Il sont **apposés** (➡ **§ 104 à § 109**).

• **L'adjectif épithète ou apposé** peut être supprimé :

▢ *J'ai acheté un livre. Ce livre se vend très bien.*

• **Les adjectifs épithètes** se placent généralement après le nom qu'ils qualifient, mais certains se placent obligatoirement après le nom, d'autres normalement avant, d'autres enfin, tantôt avant, tantôt après (➡ **§ 124**) :

▢ *un livre **gratuit** ; un **petit** livre.*
▢ *un livre **énorme** ; un **énorme** livre.*

• **L'adjectif qualificatif apposé** peut être déplacé beaucoup plus facilement que l'adjectif épithète, tant que l'on est sûr que celui à qui l'on s'adresse ne risque pas de se tromper sur le nom auquel l'adjectif est apposé (➡ **§ 108**) :

▢ ***Impatiente**, Marie regardait sa montre.*
▢ *Marie, **impatiente**, regardait sa montre.*
▢ *Marie regardait sa montre, **impatiente**.*

L'adjectif qualificatif appartient au groupe verbal (➡ § 330) : il est attribut.

47

▢ *Ce livre **est petit**.*

• Dans cet exemple, l'adjectif *petit* qualifie le nom *livre* par l'intermédiaire du verbe *est*. Il **appartient au G.V.**, il est **attribut** du sujet (➡ **§ 110 à § 118**).
• L'adjectif qualificatif attribut est un **élément indispensable du G.V.** :

▢ **Ce livre est.*

• Les verbes qui forment avec l'adjectif attribut du sujet le G.V. sont appelés **verbes d'état**. Il s'agit des verbes *être, paraître, sembler, devenir, demeurer, rester* et des locutions *passer pour, être considéré comme, être traité de...*

• L'adjectif qualificatif attribut se place normalement après l'élément verbal avec lequel il constitue le G.V. :

▨ Ce *livre* **est petit.**

48   ***D'autres mots peuvent fonctionner***
                        comme des adjectifs qualificatifs.

▲ **Comparons :**

▮ *J'ai acheté un livre* **intéressant.** **(1)**
▮ *J'ai acheté un livre* **déchiré.** **(2)**

L'**adjectif verbal** (phrase 1) (➠ § **127** à § **132**) et le **participe passé** (phrase 2) (➠ § **406** à § **411**) fonctionnent comme des **adjectifs qualificatifs**.

Ils en ont toutes les caractéristiques : variation en genre et en nombre ; possibilité d'occuper les fonctions d'épithète, d'attribut et d'apposition ; mobilité.

ADJECTIF DÉMONSTRATIF

« Couvrez ce sein que je ne saurais voir. »
(MOLIÈRE, *Tartuffe*, III, 2)

L'adjectif démonstratif accompagne, en général, le nom d'un être ou d'une chose que l'on désigne, que l'on montre.
Il appartient à la classe des **déterminants** (➡ § 306 à § 310) du nom et **fait partie du groupe nominal** :

Regarde *ce* tableau.

49

Quelles sont les formes de l'adjectif démonstratif ?

50

L'adjectif démonstratif a deux séries de formes :

• **des formes simples :**

ce livre ; *cette* table ; *ces* hommes.

• **des formes composées à l'aide des adverbes -*ci* et -*là*.** Le nom s'intercale alors entre l'adjectif qui le précède et l'adverbe qui le suit.
Il est toujours séparé de l'adverbe par un trait d'union :

ce livre-*ci* ; *cette* table-*là*.

	SINGULIER	PLURIEL
MASCULIN	*ce* (-*ci*, -*là*) – *cet* (-*ci*, -*là*)	*ces* (-*ci*, -*là*)
FÉMININ	*cette* (-*ci*, -*là*)	

Attention !
• **Ce** s'emploie devant les noms qui commencent par une consonne ou un *h* aspiré :
ce garçon ; *ce* hasard.
• **Cet** s'emploie devant les noms qui commencent par une voyelle ou un *h* muet :
cet enfant ; *cet* historien.

Comment l'adjectif démonstratif s'accorde-t-il ?

51

Il s'accorde en genre et en nombre avec le nom qu'il détermine :

ce garçon ; *cette* fille.
ces garçons ; *ces* filles.

52   *Qu'est-ce que l'adjectif démonstratif sert à exprimer ?*

■ L'adjectif démonstratif sert à montrer l'être ou la chose évoquée :

● **dans l'espace :**

Regarde ce tableau, il est magnifique.

● **dans le temps :**

Il rentre de voyage cette semaine.

■ Renforcé par -*ci*, il ajoute à sa valeur démonstrative une valeur de **proximité dans le temps ou dans l'espace**. Renforcé par-*là* il ajoute à sa valeur démonstrative une valeur d'**éloignement** :

Je voudrais ce livre-ci (= là devant), s'il vous plaît.
À cette époque-là (= autrefois), l'économie était bonne.

Par ailleurs, -*ci* et -*là* s'emploient simultanément lorsqu'on veut opposer deux êtres ou deux choses :

Lequel choisis-tu ? Ce pantalon-ci ou ce pantalon-là ?

■ L'adjectif démonstratif peut prendre une valeur figurée :

● Il sert souvent à indiquer que le nom qu'il accompagne désigne un être ou une chose dont on vient de parler ou dont on va parler :

Hier, il a vu un vieil ami. Cet ami avait quitté la France depuis deux ans.
Il répondit en ces termes : « ... »

● Il s'emploie à la place de l'article pour mettre en relief le nom qu'il détermine, soit avec une nuance de respect, soit avec une nuance péjorative :

Ce petit monsieur commence à m'échauffer les oreilles !
Que souhaitent ces dames ?

■ La tournure *un(e) de ces* met particulièrement en relief le nom déterminé :

Tu nous as fait une de ces peurs !

53   **Faut-il écrire...**
● ***cet* ou *cette* ?**
Pour bien orthographier *cet* et *cette*, il faut connaître le genre du nom auquel ils se rapportent :
cet homme (masculin) *;*
cette femme (féminin).

● ***ces* ou *ses* ?**
Pour orthographier correctement *ces* (adj. dém. plur.) et *ses* (adj. poss. pl.), il faut mettre la phrase au singulier :
Une fois par an, il range ses livres.
➡ *Une fois par an, il range son livre.*
Où peut-on trouver ces livres ?
➡ *Où peut-on trouver ce livre ?*

ADJECTIF EXCLAMATIF

« Il est arrivé !...
– Oui, mais dans quel état ! » (A. Capus)

L'**adjectif exclamatif** accompagne un nom désignant un être ou une chose dans une phrase exclamative. Il appartient à la classe des **déterminants** (➠ § 306 à § 310) du nom et **fait partie du groupe nominal** :

Quelle chance vous avez !

54

Quelles sont les formes de l'adjectif exclamatif ?

55

	SINGULIER	PLURIEL
MASCULIN	*quel*	*quels*
FÉMININ	*quelle*	*quelles*

Comment l'adjectif exclamatif s'accorde-t-il ?

56

Il s'accorde en genre et en nombre avec le nom qu'il détermine :

Quelle histoire ! Quel culot ! Quels petits diables ! Quelles petites coquines !

Qu'est-ce que l'adjectif exclamatif sert à exprimer ?

57

Il sert à exprimer le sentiment que l'on éprouve devant l'être ou l'objet désigné par le nom qu'il détermine. Il a une valeur affective et exprime des sentiments comme :

• **la sympathie, l'admiration, la joie, la satisfaction :**

Quelle belle maison ! Quelle belle journée ! Quelle chance !

• **l'antipathie, le mépris, le malheur, l'indignation :**

Quel sot ! Quel malheur ! Quelle catastrophe !

Quand emploie-t-on l'adjectif exclamatif ?

58

On emploie l'adjectif exclamatif :

• **soit dans des phrases nominales** (sans verbe) **:**

Quelle chance !

• **soit dans des phrases verbales :**

Quelle chance vous avez !

59 | *Quelle fonction l'adjectif exclamatif peut-il occuper ?*

Il peut occuper la fonction d'attribut du sujet :

Quelle ne fut pas ma **surprise** en le voyant !

Quelle est attribut du sujet *surprise*.

60 | *PLUS* **Il ne faut pas confondre...**
- **quel** (adjectif exclamatif) avec **quel** (adjectif interrogatif) :
L'adjectif exclamatif et l'adjectif interrogatif ont les mêmes formes. À l'oral, ils se distinguent par l'intonation et à l'écrit par la présence d'un point d'interrogation ou d'exclamation en fin de phrase :
Quel film **?** (interrogation)
Quel film **!** (admiration)

ADJECTIF INDÉFINI

« Tous les goûts sont dans la nature. »

61

■ **L'adjectif indéfini** exprime, à propos du nom qu'il accompagne :
- une nuance de quantité :

 J'ai rangé **chaque** livre. J'ai rangé **quelques** (tous les) livres.

- ou une nuance d'identité :

J'ai acheté le **même** livre. J'ai acheté un **autre** livre.

■ Il appartient à la classe des **déterminants** (➡ § 306 à § 310) du nom et **fait partie du groupe nominal.**

62 | *Quelles sont les formes de l'adjectif indéfini ?*

On ne peut dresser une liste complète des adjectifs indéfinis. On distingue néanmoins :

• **les mots simples :**

aucun, autre, certain, chaque, différents, divers, maint, même, plusieurs, quelconque, quelque, nul, tel, tout.

• **les locutions :**

je ne sais quel, n'importe quel, pas un...

Que sert à exprimer l'adjectif indéfini ? 63

■ Le qualificatif « indéfini » employé à propos de ces adjectifs n'est pas toujours justifié. On constate, en effet, que si certains adjectifs expriment une indétermination, d'autres en revanche ont un sens très précis.

■ L'adjectif indéfini a de multiples valeurs, il peut exprimer :

• **une quantité nulle** *(aucun(e), nul(le), pas un(e))* :

*Je n'ai acheté **aucun** livre.*

• **une quantité partielle ou indéfinie** *(certain(e)(s), maint(e)(s), quelque(s), quelconque(s), divers(es), différent(e)s, plusieurs)* :

*J'ai acheté **quelques** livres.*

• **une quantité totale distributive** *(chaque, tout, toute)* **ou globale** (*tout, toute, tous, toutes)* :

*J'ai vérifié **chaque** livre. J'ai vérifié **tous** les livres.*

• **l'indétermination d'un être ou d'une chose** *(n'importe quel(le)(s), tel(le)(s), quelconque(s))* :

*Je n'achète pas **n'importe quel** livre.*

• **l'identité, la ressemblance ou la différence** *(autre(s), même(s), tel(le)(s))* :

*Il dit toujours les **mêmes** choses.*

Comment emploie-t-on aucun ? 64

• Employé dans une phrase exprimant le doute, l'interrogation ou la comparaison, il est l'équivalent de « un » :

*Je doute qu'il trouve **aucune** aide de leur part. (= qu'il trouve une aide)*

Le reste du temps, il a le sens de « nul », « pas un » et s'accompagne toujours des adverbes *ne, ne... plus, ne... jamais* ou de la préposition *sans* :

*Il **n**'a reçu **aucune** aide de leur part.*

• *Aucun* **s'accorde en genre** avec le nom qu'il détermine, mais il est **presque toujours au singulier** :

*Il n'y avait **aucun bruit, aucune âme** qui vive.*

Il s'emploie quelquefois au pluriel, devant des noms qui n'ont pas de singulier :

aucuns frais ; aucunes mœurs.

65   *Comment emploie-t-on* autre *?*

- Il sert à distinguer deux êtres ou deux choses. Il se place entre le nom et ses autres déterminants. Il peut être coordonné à *un(e)* par les conjonctions *et* ou *ou* :
  *Choisis **l'une ou l'autre** solution, cela m'est égal.*

- Accompagné d'un nom qui évoque un moment ou une durée, il renvoie au passé ou à l'avenir selon le contexte :
  *Je reviendrai un **autre jour.***

- Il sert enfin à renforcer les pronoms personnels *nous* et *vous* :
  ***Nous autres,** les Français, sommes fiers de notre cuisine.*

Attention !
Adjectif qualificatif, il signifie « différent » : *Il est tout **autre** depuis hier.*

- Il **s'accorde en nombre** avec le nom qu'il détermine, mais il a la même forme au masculin et au féminin :
  *Je viendrai **un(e) autre jour (fois)**. J'ai **d'autres soucis (préoccupations)**.*

66   *Comment emploie-t-on* certain *?*

- Il s'emploie seul ou accompagné de l'article indéfini *un* :
  *Il est arrivé **un certain** matin de septembre.*

- Devant un nom propre, *un certain* exprime que l'on ne connaît pas la personne ; parfois, il marque aussi le dédain :
  ***Un certain** monsieur Durand vous demande.*

Attention !
Adjectif qualificatif, il signifie « sûr » : *Une chose est **certaine**, il me manque.*

- Il **s'accorde en genre et en nombre** avec le nom qu'il détermine :
  *Il est arrivé **un certain matin, une certaine semaine** d'août.*
  ***Certains jours, certaines semaines**, il pleut sans arrêt.*

67   *Comment emploie-t-on* chaque *?*

Il indique que l'être ou la chose qu'il détermine fait partie d'un groupe :
  ***Chaque élève** devra présenter une pièce d'identité.*

Attention !
Il est toujours au singulier : *Il progresse **chaque** jour.*

Comment emploie-t-on différents, divers ?

- Employés devant un nom au pluriel, ils perdent leur valeur d'adjectif qualificatif et expriment la pluralité et la diversité :

  *Nous avons entendu **différents témoins**. J'ai besoin de **divers objets**.*

| **Attention !**
| **Adjectif qualificatif, *différents* est toujours placé après le nom et il signifie « distincts »** : *Nous avons des points de vue **différents**.*

- *Différents* et *divers* **s'accordent en genre** avec le nom qu'ils déterminent, mais ils sont toujours au pluriel :

  *J'ai entendu **différents (divers) témoins, différentes (diverses) versions**.*

Comment emploie-t-on maint ?

- Il exprime une quantité assez élevée mais sans précision :

  ***Maintes** gens le disent.*

- Il **s'accorde en genre** avec le nom qu'il détermine : il est au singulier ou au pluriel.

  *Il est abîmé en **maint(s) endroit(s)**. Je vous l'ai dit à **mainte(s) reprise(s)**.*

- Il est toujours au pluriel dans l'expression *maintes et maintes fois*.

Comment emploie-t-on même ?

- **Placé devant le nom**, il se combine avec un autre déterminant :

  *Il répète toujours **les mêmes** choses.*

- **Placé après le nom ou le pronom**, il renforce ce nom ou ce pronom :

  *C'est **cela même**. C'est la **vérité même**.*

- **Placé après les pronoms personnels *moi, toi, nous, vous, elle(s), lui, eux, soi*,** il en est séparé par un trait d'union :

  ***Elles-mêmes** l'ont reconnu.*

- **Placé après un nom indiquant une qualité**, il indique qu'elle est portée à son plus haut degré chez la personne dont on parle :

  *Il est la **gentillesse même**.*

| **Attention !**
| **Adverbe, il signifie « y compris ». Il est invariable** : ***Même** les voisins sont venus.*

- **Il s'accorde en nombre** avec le nom qu'il détermine, mais il a la même forme au masculin qu'au féminin :

  *Ils ont le **même chapeau**, la **même canne**.*
  *Ils ont les **mêmes vêtements** et les **mêmes lunettes**.*

71   Comment emploie-t-on n'importe quel ?

- Il exprime l'indétermination :

  *Venez **n'importe quel jour** de la semaine prochaine.*

- **Il s'accorde en genre et en nombre** avec le nom qu'il détermine ou, plus exactement, la forme verbale *n'importe* reste invariable tandis que *quel* s'accorde en genre et en nombre avec le nom déterminé :

  *Donnez-moi **n'importe quel crayon**, **n'importe quelle feuille**.*
  *Il voyagerait dans **n'importe quels véhicules**, **n'importe quelles voitures**.*

72   Comment emploie-t-on nul ?

- Il s'accompagne toujours de l'adverbe *ne* ou de la préposition *sans* :

  *Il viendra, **sans nul** doute.*

Attention !
Adjectif qualificatif, *nul* signifie « qui ne vaut rien » :
  *Votre devoir est **nul**.*

- **Il s'accorde en genre** avec le nom qu'il détermine :

  *Il n'éprouve **nul scrupule**, **nulle gêne** à agir ainsi.*

- *Nul* s'emploie quelquefois au pluriel, notamment devant des noms sans singulier :

  ***nuls** frais ; **nulles** retrouvailles.*

73   Comment emploie-t-on plusieurs ?

Il s'emploie sans article et sert à exprimer la multiplicité :

  *Il m'a appelée **plusieurs** fois aujourd'hui.*

Attention !
Il est toujours au pluriel et a la même forme au masculin qu'au féminin :
  *Passe-moi **plusieurs vis** et **plusieurs écrous**.*

Comment emploie-t-on quelconque ? 74

- Il se place avant ou après le nom qu'il détermine et signifie « n'importe quel » :
  Donnez-leur une excuse **quelconque**.

Attention !
Adjectif qualificatif, il signifie « banal » : *Il a une allure très **quelconque**.*

- Il **s'accorde en nombre** avec le nom qu'il détermine, mais il a la même forme au masculin qu'au féminin :
  *Interrogez un(e) **quelconque** passant(e).*
  *Interrogez deux **quelconques** passant(e)s.*

Comment emploie-t-on quelque ? 75

- **Au singulier,** il remplace l'article indéfini un pour renforcer l'indétermination :
  *Elle ressemble à **quelque** princesse de contes de fées.*
- Il sert aussi à exprimer une quantité indéterminée :
  *Ils ont vécu **quelque temps** en Angleterre.*
- **Au pluriel,** il remplace l'article indéfini des et exprime une petite quantité :
  *Il me reste **quelques exemplaires** de cet ouvrage.*

Attention !
Adverbe, *quelque* est invariable et signifie « environ » :
  *Il a recueilli **quelque** trois cents francs.*

- Il **s'accorde en nombre** avec le nom qu'il détermine, mais il a la même forme au masculin qu'au féminin :
  *J'éprouve **quelque scrupule, quelque gêne** à agir ainsi.*
  *J'ai ramassé **quelques champignons** et **quelques châtaignes**.*

Comment emploie-t-on tel ? 76

- Il exprime l'indétermination :
  *Il m'a dit de me présenter **tel jour,** à **telle heure**.*

Attention !
- **Adjectif qualificatif, il exprime la similitude et signifie « pareil », « semblable » ;
il peut, dans cet emploi, être suivi d'une subordonnée de comparaison :**
  *Il est resté **tel / que je l'ai connu**.*

- Comme adjectif qualificatif, il exprime aussi l'intensité et signifie « si grand », « si fort » ; il peut alors être suivi d'une subordonnée de conséquence :
  Ces informations sont d'une importance **telle / que nous devons les taire.**

- **Il s'accorde en genre et en nombre** avec le nom qu'il détermine :
  Il m'a dit de me présenter **tel jour,** *à* **telle heure.**
  Il m'a dit de remplir **tels imprimés** *et de faire* **telles démarches.**

77   *Comment emploie-t-on* **tout** *?*

- Au singulier, devant un nom sans déterminant, il peut être l'équivalent de « chaque », « n'importe quel » ; au pluriel, combiné avec l'article défini, il a une valeur distributive :
  Toute peine *mérite salaire.*
  Tous les samedis, *nous allons courir à la campagne.*

- Il peut signifier « dans son ensemble » et s'unit à d'autres déterminants :
  Tous mes amis *sont venus.*

Attention !
Adverbe, il signifie « complètement », « tout à fait » et il est invariable :
Mes vêtements sont **tout** *trempés.*

~ *Mais...*
- **Devant un adjectif féminin commençant par une consonne ou un *h* aspiré, *tout* s'accorde en genre et en nombre avec cet adjectif :**
  La (les) page(s) est (sont) **toute(s) déchirée(s).** *Elle est* **toute hâlée.**
- **Au singulier, devant un adjectif féminin commençant par une voyelle, l'accord n'est pas obligatoire :**
  La page est **tout(e)** *abimée.*

- **Il s'accorde en genre et en nombre** avec le nom qu'il détermine :
  Tout travail, toute peine *mérite salaire.*
  Tous mes amis *et* **toutes mes amies** *sont venus.*

78

PLUS **Faut-il écrire** *quelque(s)... que,* *quelque... que* **ou** *quel(le)(s)... que* **?**
- *quelque(s)... que* (adjectif indéfini + nom + que + subj.) est variable en nombre :
  Quelques raisons **qu'il ait,** *je les approuve.*
- *quelque... que* (adverbe + adj. attribut + que + subj.) est invariable :

Quelque surprenantes **que soient ses raisons,** *je les approuve.* (= Aussi... que)
- *quel... que* (adjectif interrogatif attribut + que + subj. + nom) est variable en genre et en nombre :
  Quelles **que soient ses raisons,** *je les approuve.*

ADJECTIF INTERROGATIF

« Pourquoi l'assassiner ? Qu'a-t-il fait ? À quel titre ? »
(RACINE, *Andromaque*, V, 3)

L'adjectif interrogatif accompagne le nom d'un être ou d'une chose sur l'identité duquel on pose une question. Il appartient à la classe des **déterminants** (➡ § 306 à § 310) du nom et **fait partie du groupe nominal** :

■ *Quel élève a parlé ?*

79

Quelles sont les formes de l'adjectif interrogatif ?   **80**

	SINGULIER	PLURIEL
MASCULIN	*quel*	*quels*
FÉMININ	*quelle*	*quelles*

Comment l'adjectif interrogatif s'accorde-t-il ?   **81**

Il s'accorde en genre et en nombre avec le nom qu'il détermine.

■ *Quelle heure est-il ? Quel temps fait-il ?*
■ *Quels numéros avez-vous ? Quelles fleurs voulez-vous ?*

Qu'est-ce que l'adjectif interrogatif sert à exprimer ?   **82**

Il questionne sur la qualité ou l'identité de l'être ou de la chose désignée par le nom qu'il détermine.

■ *Dans quelle rue habitez-vous ?*

Comment emploie-t-on l'adjectif interrogatif ?   **83**

On le rencontre :

• **soit dans l'interrogation directe :**
■ *Quel temps fait-il ?*

• **soit dans l'interrogation indirecte :**
■ *Je me demande quel temps il fait.*

Dans ce cas, il n'y a plus d'inversion du sujet et le point d'interrogation disparaît.

84   *Quelle fonction l'adjectif interrogatif peut-il occuper ?*

Il peut occuper la fonction d'attribut du sujet :
Quelle est votre adresse ?

85   *PLUS*   **Il ne faut pas confondre...**
• *quel* **(adjectif interrogatif)** et *quel* **(adjectif exclamatif) :**
L'adjectif interrogatif et l'adjectif exclamatif ont les mêmes formes. À l'oral, ils se distinguent par l'intonation et à l'écrit par la présence en fin de phrase d'un point d'exclamation ou d'interrogation (sauf dans les propositions interrogatives indirectes qui se terminent par un point et non par un point d'interrogation) :
Quel homme ? (interrogation)
Quel homme ! (admiration)

DJECTIF NUMÉRAL CARDINAL

« Deux avis valent mieux qu'un. »

86   L'**adjectif numéral cardinal** indique le nombre précis d'êtres ou de choses désignés par le nom qu'il accompagne ; il annonce un nom en précisant son nombre. Il appartient à la classe des **déterminants** (➡ § 306 à § 310) du nom et **fait partie du groupe nominal** :

*Ils ont **trois** fils.*

87   *Quelles sont les formes de l'adjectif numéral cardinal ?*

La série des nombres étant illimitée, les adjectifs numéraux cardinaux sont en nombre illimité. Ils se présentent sous deux formes :

• **les mots simples :**
zéro, un, deux, trois, quatre, cinq...

• **les mots composés par addition, multiplication, addition et multiplication :**
vingt-quatre (= vingt + quatre).
quatre-vingts (= quatre fois vingt).
trois mille quatre cents (= trois fois mille + quatre fois cent).

Attention !
Le trait d'union n'est utilisé qu'entre les dizaines et les unités :
trois mille neuf cent vingt-trois ; quatre-vingt-dix ; quatre-vingt-deux.

Comment l'adjectif numéral cardinal s'accorde-t-il ? `88`

L'adjectif numéral cardinal est **invariable**, mais :

• *un* **s'accorde en genre :**

un homme ; *une* femme.

• *vingt* **et** *cent* **prennent un** *-s* **lorsqu'ils sont multipliés sans être suivis d'un autre nombre :**

*quatre-**vingts** ; deux **cents**.*

~ *Mais...*
Ils restent invariables lorsqu'ils sont suivis d'un autre nombre : *trois **cent** deux.*

Attention !
• *Un, vingt* **et** *cent* **restent invariables quand ils ont une valeur ordinale :**
*Prenez votre livre page quatre-**vingt**. C'était en l'an mille huit **cent**.*
• *Mille* **est toujours invariable, il peut s'écrire** *mil* **dans les dates :**
*Deux **mille** francs. Les **mille** et une nuits. **Mil** (mille) neuf cent.*

Que sert à exprimer l'adjectif numéral cardinal ? `89`

• Il indique avec précision le nombre du nom qu'il détermine (phrase 1), à la différence de l'article indéfini pluriel (phrase 2) ou de l'adjectif indéfini (phrase 3).

Comparons :

*Il possède **cinq** hectares de terre en Provence.* **(1)**
*Il possède **des** hectares de terre en Provence.* **(2)**
*Il possède **quelques** hectares de terre en Provence.* **(3)**

• Néanmoins, il arrive souvent que dans la langue familière il perde de sa précision ; il exprime alors, comme l'adjectif indéfini, une quantité indéterminée :

*Je reviens dans **cinq** minutes. Il est à **deux** doigts de partir. Je l'ai dit **cent** fois.*

Comment emploie-t-on l'adjectif numéral cardinal ? `90`

• Il peut s'employer seul ou se combiner avec d'autres déterminants (art. déf. ; adj. poss.) :

deux enfants, les deux enfants, mes deux enfants.

- Employé seul et précédé d'un article, il joue le rôle d'un nom avec toutes les fonctions possibles du nom :

  Elle a eu un quinze en grammaire. **(C.O.D.)**

- Employé seul il joue le rôle d'un pronom, avec toutes les fonctions possibles du pronom :

  Donnez m'en cinq. **(C.O.D.)** *Ils sont douze.* **(attr. du sujet)**

- Il peut être suivi d'un complément et prend une **valeur partitive** :

  Trois de ses enfants *sont déjà mariés.*

- Lorsqu'il indique un rang, il équivaut à un adjectif numéral ordinal :

  Relisez le chapitre **deux.** (le deuxième chapitre) *Louis* **XVI.** (Louis le seizième)

~ **Mais...**

chapitre **premier** ; François **Iᵉʳ (premier).**

ADJECTIF NUMÉRAL ORDINAL

« Il n'y a que le premier pas qui coûte. »

91

L'**adjectif numéral ordinal** indique le rang précis occupé dans une série par les êtres ou les choses désignés par le nom qu'il accompagne. Il appartient à la classe des **déterminants** (➠ § 306 à § 310) du nom et **fait partie du groupe nominal** :

  Leur **troisième** *fils s'appelle Édouard.*

92   *Comment forme-t-on l'adjectif numéral ordinal ?*

On ajoute le suffixe **-ième** à l'adjectif numéral cardinal correspondant :

  treize → *treizième* ; *vingt-quatre* → *vingt-quatrième.*

~ **Mais...**

- À *un* correspond *premier*, et *unième* dans les adjectifs composés :
  vingt et un → *vingt et unième.*
- À *deux*, correspondent *deuxième* et *second* : *vingt-deux* → *vingt-deuxième.*
- Au lieu de *troisième, quatrième, cinquième*, on peut rencontrer les formes *tiers (tierce), quart(e), quint(e)* : *le tiers-État ; le Quart Livre ; Charles Quint.*

Comment s'accorde l'adjectif numéral ordinal ?   93

Il s'accorde **en nombre avec le nom qu'il détermine :**
le(s) **troisième(s)** *lundi(s) ; la (les)* **troisième(s)** *semaine(s).*

Attention !
Premier et *second* **s'accordent en nombre mais aussi en genre :**
le (les) **premier(s)** *jour(s) ; la (les)* **première(s)** *journée(s).*

Que sert à exprimer l'adjectif numéral ordinal ?   94

Obligatoirement combiné avec un autre déterminant (art. déf. ; adj. poss.), il indique le rang occupé par le nom qu'il détermine dans une série :
C'est **la troisième** *fois qu'il revient.* **Ma deuxième** *fille habite les États-Unis.*

Comment emploie-t-on l'adjectif numéral ordinal ?   95

• Employé sans le nom et précédé de l'article, il joue le rôle d'un pronom avec toutes les fonctions possibles d'un pronom :
Le troisième *est meilleur.* **(sujet)**

• Employé seul et précédé d'un article, il peut devenir un nom par dérivation ; il a alors toutes les fonctions possibles d'un nom :
J'habite **le quatorzième** *(arrondissement).* **(C.C. de lieu)**

• Il peut-être suivi d'un complément et prend une **valeur partitive :**
Il est le **premier de la liste.**

Quelles fonctions l'adjectif numéral ordinal peut-il occuper ?   96

Il peut occuper les quatre fonctions de l'adjectif qualificatif : **épithète, attribut du sujet** (phrase 1), **attribut du C.O.D.** (phrase 2) **ou apposé** (phrase 3) :
Ma **deuxième** *fille est* **première** *au concours.* **(1)**
On l'a classé **troisième. (2)** *Cet essai,* **cinquième** *de la série, est le bon.* **(3)**

PLUS **Emplois de *second* et de *deuxième* :**
• *second* s'emploie pour désigner un être ou une chose qui prend place dans une série de deux :
C'est ta **seconde** *et dernière chance !*

• *deuxième* s'emploie pour désigner une chose ou un être qui prend place dans une série de plus de deux éléments :
C'est la **deuxième** *fois qu'il m'appelle aujourd'hui et ce n'est pas la dernière.*   97

ADJECTIF POSSESSIF

> « Si ce n'est toi, c'est donc ton frère. »
> (La Fontaine, *Fables*, « Le Loup et l'Agneau »)

---

98 L'**adjectif possessif** accompagne le nom et indique le possesseur de l'être ou de la chose dont on parle. Il appartient à la classe des **déterminants** (➠ § 306 à § 310) du nom et **fait partie du groupe nominal** :

> Prends **mon** livre. (= le livre qui m'appartient)
> Prends **ton** livre. (= le livre qui t'appartient)

---

99   *Quelles sont les formes de l'adjectif possessif ?*

C'est le seul déterminant à porter une marque de personne en plus des marques de genre et de nombre. Il a deux séries de formes :

• Les plus courantes (**formes atones**) :

		SINGULIER		PLURIEL
		MASCULIN	**FÉMININ**	**MASCULIN/FÉMININ**
	1re p.	*mon*	*ma*	*mes*
un possesseur	2e p.	*ton*	*ta*	*tes*
	3e p.	*son*	*sa*	*ses*
plusieurs	1re p.	*notre*		*nos*
possesseurs	2e p.	*votre*		*vos*
	3e p.	*leur*		*leurs*

Attention !
Lorsqu'un nom féminin commence par une voyelle ou un *h* muet, on emploie *mon, ton, son* : *Mets **ton** écharpe. Raconte-moi **ton** histoire.*

• Les formes peu usitées en français moderne (**formes toniques** : *mien(ne)(s), tien(ne)(s), sien(ne)(s), nôtre(s), vôtre(s), leur(s)*) :

> Cette victoire est **mienne.**

Ces formes s'emploient uniquement en fonction d'attribut du sujet (phrase 1) ou du C.O.D. (phrase 2) :

> Elle est **mienne. (1)** *Je la considère comme* **mienne. (2)**

Attention !
Il ne faut pas confondre les formes toniques de l'adjectif possessif avec les formes du pronom possessif composées de l'article défini et des formes toniques de l'adjectif possessif (*le tien, le mien, le sien...*) :

> Cette victoire est **la mienne.** (*la mienne* : pronom possessif)

42

Comment l'adjectif possessif s'accorde-t-il ?

Il s'accorde :

- **en personne avec le nom désignant le(s) possesseur(s) :**
  *Pierre cire **ses** chaussures.* (**3ᵉ personne**)

- **en genre et en nombre avec le nom désignant l' (les) être(s) ou la (les) chose(s) possédé(e)(s) :**
  *As-tu pris **ton livre** ?* (*ton,* un possesseur ; masc. sing. comme le nom *livre*)

La distinction de genre ne peut se faire qu'au singulier :
  *mon livre ; **ma** chaise ; **son** manteau ; **sa** robe.*

~ **Mais...**
  *nos livres ; **nos** chaises ; **votre** manteau ; **votre** robe.*

Qu'est-ce que l'adjectif possessif sert à exprimer ?

■ Il indique que le nom auquel il se rapporte (chose possédée) est en relation avec :

- **la première personne = celle(s), celui, ceux qui parle(nt) :**
  *mon livre ; **notre** livre.*

- **la deuxième personne = celle(s), celui, ceux à qui l'on parle :**
  *ton livre ; **votre** livre.*

- **la troisième personne = celle(s), celui, ceux dont on parle :**
  *son livre ; **leur** livre.*

■ Il peut aussi exprimer une nuance :

- **de respect, de déférence (titres, grades) :**
  *mon capitaine ; **Sa** Majesté.*

- **de mépris, d'ironie :**
  ***Votre** petit monsieur ne me plaît guère.*

- **d'affection :**
  *mon Anne-Laure ; **ma** chérie.*

- **d'habitude :**
  *Je ne pourrai pas venir demain, j'ai **mon** cours de piano.*

Attention !
- **Dans le cas où la possession est évidente, comme pour les parties du corps, on emploie l'article défini au lieu de l'adjectif possessif :** *J'ai mal à **la** tête.*
- **Sinon le sens change :** *J'ai mal à **mon** bras. (douleur habituelle)*

102

Comment emploie-t-on l'adjectif possessif ?

Il se place toujours devant le nom qu'il détermine :
■ *C'est **ma fille**.*

103

 Il ne faut pas confondre...
■ ***leur(s)*** (adjectif possessif) et ***leur*** (pronom personnel) :
• ***leur***, adjectif possessif, s'accorde en nombre avec le nom désignant l'objet possédé. Il peut être remplacé par n'importe quel autre adjectif possessif, ce qui n'est pas le cas du pronom personnel :
*Ils ont pris **leurs** affaires et sont partis.*
➠ *Ils ont pris **vos** affaires et sont partis.*
• ***leur***, pronom personnel, est invariable :
*Je **leur** ai parlé de vous.*
■ **Pour bien accorder l'adjectif possessif *leur*, il faut savoir « qui possède quoi »...**
• *leur* s'accorde en nombre avec le nom désignant l'objet possédé :

*Ils ont pris **leurs** bagages.* (masc. pl.)
*Ils ont pris **leurs** affaires.* (fém. pl.)
• *leur* se rapporte à plusieurs possesseurs, mais il faut distinguer **trois cas** :
– Il n'y a qu'un seul objet possédé pour l'ensemble des possesseurs, *leur* se met alors au singulier :
*Ils sont venus avec **leur fille**.*
– Il y a plusieurs objets possédés par possesseur, *leur* se met au pluriel :
*Ils ont repris **leurs dossiers**.*
– Il n'y a qu'un seul objet possédé par possesseur, *leur* se met indifféremment au singulier ou au pluriel :
*Ils ont mis **leur(s) chapeau(x)**.*

DJECTIF QUALIFICATIF APPOSÉ

« Le corbeau, honteux et confus,
Jura, mais un peu tard, qu'on ne l'y prendrait plus. »
(LA FONTAINE, *Fables*, « le Corbeau et le Renard »)

104

On dit que l'**adjectif** (➠ § 42 à § 48) **qualificatif** est **mis en apposition** ou **apposé** lorsqu'il est séparé du nom ou du pronom qu'il qualifie par une ou deux virgules selon sa place dans la phrase ; c'est pourquoi on l'appelle aussi parfois **épithète détachée**. Il **fait partie du groupe nominal**.
À l'oral, la virgule correspond à une pause :

Impatient, le petit garçon déballa son cadeau.
Le petit garçon, impatient, déballa son cadeau.
Le petit garçon déballa son cadeau, impatient.

Qu'est-ce qui distingue l'adjectif apposé de l'adjectif épithète ?

105

▲ **Comparons :**

Les enfants **épuisés** s'endormirent dans le train. **(1)**
Les enfants, **épuisés**, s'endormirent dans le train. **(2)**

L'**épithète** épuisés (1) indique que seuls les enfants épuisés se sont endormis.
L'**adjectif apposé** (2) indique que tous les enfants se sont endormis.

Il exprime une nuance circonstancielle de cause :

▪ **Comme ils étaient épuisés**, les enfants s'endormirent dans le train.

Cette nuance circonstancielle est un des critères essentiels, avec la présence de la virgule, qui permet de distinguer l'adjectif épithète de l'adjectif apposé.

Quelles nuances circonstancielles l'adjectif apposé sert-il à exprimer ?

106

Il se charge presque toujours d'une nuance circonstancielle. Il est alors l'équivalent d'une proposition subordonnée circonstancielle et s'enrichit de la valeur qu'exprimerait cette proposition (cause, concession, condition, temps) :

▪ **Malade**, il doit garder la chambre. (parce qu'il est malade)
Malade, il continue à travailler. (bien qu'il soit malade)
Plus attentif, il aurait de meilleurs résultats. (s'il était plus attentif)
Jeune, il était mince. (quand il était jeune)

Comment l'adjectif apposé s'accorde-t-il ? (➡ § 5)

107

L'adjectif apposé s'accorde en genre et en nombre avec le nom ou le pronom auquel il se rapporte :

▪ **Impatiente, la fillette** déballa son cadeau. (**féminin singulier**)
Impatients, les enfants déballèrent leurs cadeaux. (**masculin pluriel**)

Quelle place l'adjectif apposé occupe-t-il dans la phrase ?

108

L'adjectif qualificatif apposé est plus mobile que l'adjectif épithète. En effet, l'adjectif apposé se rapportant généralement au sujet de la phrase, il peut occuper n'importe quelle place dans la phrase, à condition qu'il n'y ait pas de doute possible dans l'esprit de celui à qui l'on s'adresse sur le nom ou le pronom auquel l'adjectif est apposé :

> *Ravi, le petit garçon embrassa son père.*
> *Le petit garçon, ravi, embrassa son père.*
> *Le petit garçon embrassa son père, ravi.*

Dans la dernière phrase, seule la virgule (ou une pause à l'oral) permet de comprendre que l'adjectif *ravi* est apposé au groupe nominal sujet *le petit garçon* et qu'il ne s'agit pas d'une épithète du nom *père*.

109 *PLUS* **La fonction d'apposition peut aussi être occupée par...**

• **un nom ou un groupe nominal** (➞ § 184 à § 190) :
*Pierre, **le fils de notre voisin**, est plus âgé que moi.*

• **un pronom :**
*Le dernier, **celui-ci**, a cinq ans.*

• **un adjectif verbal :**
*Sa théorie, **convaincante** et claire, nous a plu.*

• **un infinitif :**
*Je ne veux qu'une chose, **partir**.*

• **une subordonnée complétive :**
*Je ne souhaite qu'une chose, **que vous réussissiez**.*

• **une subordonnée relative :**
*Pierre, **qui habite la maison voisine**, est plus âgé que moi.*

• **un participe passé employé comme adjectif :**
*Sa robe, **brodée** à la main, est superbe.*

ADJECTIF QUALIFICATIF ATTRIBUT

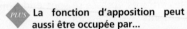

« Un homme est bon s'il rend les autres meilleurs. »

110 L'adjectif (➞ § 42 à § 48) **attribut** qualifie le **sujet** par l'intermédiaire d'un verbe d'état *(être, paraître, sembler...)*. Il peut aussi qualifier le **complément d'objet direct** par l'intermédiaire de verbes tels que *nommer, élire, appeler...* **Il fait partie du groupe verbal :**

> *Ce garçon est **gentil**. Je trouve ce garçon **gentil**.*
>   G.V.   G.V.

111 *Qu'est-ce qui distingue l'adjectif attribut de l'adjectif épithète ?*

• **L'adjectif épithète** exprime l'état, la qualité d'un être ou d'une chose sans l'intermédiaire d'un verbe. **Il appartient au groupe nominal (G.N.) :**

> *Elle porte une robe **blanche**.*
>   G.N.

• **L'adjectif attribut** exprime toujours l'état, la qualité attribués à un être ou une chose par l'intermédiaire d'un verbe. **Il appartient au groupe verbal (G.V.)** :

> *Sa robe est **blanche**.*
>   G.V.

• Alors que l'adjectif épithète peut se rapporter à un nom occupant n'importe quelle fonction dans la phrase, l'attribut ne peut se rapporter qu'à un nom ou un pronom sujet ou C.O.D. :

> *Elle habite **dans un appartement ancien**. (ancien : épithète du C.C. de lieu dans un appartement)*
> *Sa **robe** est **blanche**. (blanche : attribut du nom sujet robe)*
> *Je **la** trouve **jolie**. (jolie : attribut du pronom C.O.D. la)*

Quelles sont les deux sortes d'attribut que l'on distingue ? `112`

• **L'attribut du sujet :**
> *Il est **intelligent**.*

• **L'attribut du C.O.D. :**
> *Je **le** crois **intelligent**.*

Que sert à exprimer l'attribut ? `113`

• **L'adjectif attribut** fait apparaître une qualité attribuée au sujet (1) ou à l'objet (2) par l'intermédiaire d'un verbe. C'est un **élément indispensable du G.V.** :

> *Pierre est **intelligent**. (1) Je **le** trouve **intelligent**. (2)*

Si l'on supprime l'attribut *intelligent* la phrase n'est plus complète.
De même, il est impossible de supprimer le verbe.

• En revanche, l'adjectif épithète peut être retranché du G.N. :

> *J'ai rencontré un garçon (intelligent).*

Quels sont les verbes qui introduisent un attribut du sujet ? `114`

■ L'attribut du sujet se construit avec un verbe qui marque un état ou un changement d'état. L'attribut peut être relié au sujet :

• Par l'**auxiliaire *être***, les **verbes d'état** *paraître, sembler, devenir, demeurer, rester*, les **locutions verbales** *avoir l'air, passer pour, être considéré comme...*

> *Il semble **triste** en ce moment. Pierre a l'air **triste** en ce moment.*

• Par **tout verbe intransitif, passif, pronominal, équivalent du verbe être** ou **d'un verbe d'état** :

> *Il est né **riche**. Il a été déclaré **coupable**.*
> *Ils vécurent **heureux**. Ma grand-mère se fait **vieille**.*

■ Le verbe peut être sous-entendu devant l'attribut du sujet :

> *Léo est très calme, son frère très **turbulent**.*

Attention !
Soit la phrase : *Il marche droit.*
• Si *droit* est employé comme attribut du sujet, la phrase signifie :
Il marche en se tenant droit.
• Si *droit* est employé comme adverbe de manière, la phrase signifie :
Il obéit sans discuter.
Dans un pareil cas, seul le contexte permet de savoir s'il s'agit d'un attribut du sujet ou d'un adverbe de manière.

---

115   *Quels sont les verbes qui introduisent un attribut du C.O.D. ?*

• L'attribut du C.O.D. se construit avec des verbes transitifs comme *appeler, croire, déclarer, dire, élire, estimer, faire, juger, laisser, nommer...* :

> *Je **le** trouve **triste** en ce moment. Je déclare la **séance ouverte**.*

• Le C.O.D. n'est pas toujours exprimé :

> *Le vin rend **joyeux**.*

Attention !
Soit la phrase : *Je vois la montagne blanche.*
• Si *blanche* est employé comme attribut du C.O.D., la phrase signifie que, pour une raison quelconque, je vois la montagne blanche alors qu'en réalité elle est d'une autre couleur : *Comment voyez-vous la montagne ? Je la vois blanche.*
• Si *blanche* est employé comme épithète du nom *montagne*, la phrase signifie qu'il existe effectivement une montagne blanche et que je la vois :
Voyez-vous la montagne blanche ? Je la vois.
Dans ce cas, le pronom personnel *la* remplace le G.N. *la montagne blanche*. Dans le cas précédent, il ne remplaçait que le nom *montagne* ; **l'adjectif épithète appartient donc au G.N., alors que l'attribut appartient au G.V.**

---

116   *Comment l'adjectif qualificatif attribut s'accorde-t-il ?*
(→ § 1 à § 7)

• L'adjectif attribut du sujet s'accorde en genre et en nombre avec le sujet :

> *Mes voisins sont **petits**, mais leurs filles sont **grandes**.*

• L'adjectif attribut du C.O.D. s'accorde en genre et en nombre avec le C.O.D. :
*Je **le** crois **stupide**, mais je trouve **ses sœurs intelligentes**.*

Quelle place l'adjectif attribut occupe-t-il dans la phrase ? **117**

En règle générale, l'adjectif qualificatif attribut se place derrière le verbe qui l'introduit :
*Il **devient** de plus en plus **beau**. Je **le** trouve de plus en plus **beau**.*

∿ Mais...
Il arrive que :
• L'adjectif qualificatif attribut du sujet précède le verbe ; il est alors mis en relief : ***Grande est** sa patience. (Sa patience est grande.)*
• L'adjectif qualificatif attribut du sujet précède le sujet réel :
*Il est **bon de ne rien faire**.*
• L'adjectif qualificatif attribut du C.O.D. précède l'objet :
*Je juge **inadmissible votre conduite**.*

 La fonction d'attribut du sujet peut aussi être occupée par...
• un nom ou un groupe nominal :
*Son père est **médecin**.*
Le nom ou le G.N. peuvent également occuper la fonction d'attribut du C.O.D. :
*On a nommé **son père médecin chef**.*

• un pronom : **118**
*Il est courageux, **je le** suis aussi.*
• un infinitif :
*Mon désir le plus cher est de **voyager**.*
• une proposition :
*Le problème est **qu'il s'en soit rendu compte**.*

 # DJECTIF QUALIFICATIF ÉPITHÈTE

« Les bons comptes font les bons amis. »

Lorsque l'adjectif (➡ § 42 à § 48) qualificatif est placé directement, sans l'intermédiaire d'un verbe, devant ou derrière le nom qu'il qualifie, il est **épithète. Il fait partie du groupe nominal :** **119**
*Elle porte une robe **blanche**.*
    G.N.

120

Qu'est-ce qui distingue l'adjectif épithète de l'adjectif apposé ?

• L'**adjectif épithète** se place immédiatement avant ou après le nom qu'il qualifie. On peut dire qu'il est « lié » au nom ; on l'appelle **épithète liée** :

▪ *Elle porte une **robe blanche**.*

• L'**adjectif apposé** est « détaché » du nom par une ou deux virgules, d'où son appellation d'**épithète détachée**. Il présente la caractéristique de pouvoir être séparé et éloigné du mot ou du groupe de mots auquel il se rapporte :

▪ *Le petit garçon, **impatient**, déballa son cadeau.*
__Impatient__, le petit garçon, déballa son cadeau.
*Le petit garçon déballa son cadeau, **impatient**.*

• L'**adjectif épithète** peut qualifier n'importe quel nom, quelle que soit sa fonction dans la phrase (sujet (1), C.O.D. (2), complément du nom (3)) :

▪ *Le **petit garçon** rentre de l'école.* **(1)** *J'ai aperçu un **petit garçon**.* **(2)**
*Je suis la mère de ce **petit garçon**.* **(3)**

• L'**adjectif apposé**, lui, se rapporte au sujet :

▪ *Le garçon, **impatient**, déballa son cadeau.*

121

Qu'est-ce qui distingue l'adjectif épithète de l'adjectif attribut ?

• L'**adjectif épithète** exprime l'état, la qualité d'un être ou d'une chose sans l'intermédiaire d'un verbe. **Il appartient au G.N. :**

▪ *Elle porte une **robe blanche**.*

• L'**adjectif attribut** exprime toujours l'état, la qualité attribués à un être ou une chose par l'intermédiaire d'un verbe. **Il appartient au G.V. :**

▪ *Sa robe est **blanche**.*
        G.V.

122

Que sert à exprimer l'adjectif épithète ?

L'adjectif épithète exprime une qualité particulière ou un état du nom qu'il qualifie. **Il peut donc être supprimé** sans que la phrase perde son sens :

▪ *Elle s'est acheté une (belle) **robe** (blanche).*

┌ **Attention !**
| L'adjectif épithète n'est pas indispensable à la compréhension de la phrase ; néanmoins, il peut en modifier totalement le sens.
└ *Elle s'est acheté une robe. Elle s'est acheté une **belle robe blanche**.*

Comment emploie-t-on l'adjectif épithète ? **123**

• L'adjectif peut être épithète d'un nom, quelle que soit la fonction de ce nom :
> Mon **petit frère** adore le **chocolat noir**. (sujet ; C.O.D.)
> Il a mis les clefs de la **vieille maison** dans sa **poche droite**. (C. du nom ; C.C. de lieu)
> Il passe pour un **gentil garçon**. (attribut du sujet)

• Plusieurs adjectifs qualificatifs peuvent être épithètes d'un même nom et sont alors juxtaposés ou coordonnés entre eux ; ils précèdent, suivent ou encadrent le nom qu'ils qualifient :
> Elle porte une **belle** et **grande robe blanche**.
> Elle porte une **élégante robe blanche**.
> Elle porte une **robe blanche élégante**.

Attention !
• **Lorsque deux adjectifs expriment des caractéristiques de même ordre, ils sont généralement coordonnés (_robe simple et élégante_).**
• **Lorsqu'ils expriment des qualités d'ordre différent, ils sont juxtaposés (_robe blanche élégante_) ou encadrent le nom (_élégante robe blanche_).**

• L'adjectif peut être épithète d'un pronom par l'intermédiaire de _de_ :
> Rien **d'autre** ? Quoi **de neuf** ?

Quelle place l'adjectif épithète occupe-t-il par rapport au nom qu'il qualifie ? **124**

■ Seul, l'adjectif épithète se place généralement après le nom qu'il qualifie :
> Elle porte une **robe bleue**. Il fait un **temps hivernal**.

À l'inverse, en ancien français, l'épithète précédait souvent le nom.
Il en reste des traces dans certains noms composés ou noms de villes :
> **grand**-mère, **basse**-cour, **plate**-bande, **Neuf**châtel.

■ Néanmoins, certains adjectifs épithètes se placent :
• **Soit obligatoirement devant le nom qu'ils qualifient.** C'est le cas notamment de _beau, grand, petit, long, vieux…_
> Elle a une **belle robe**.

• **Soit indifféremment devant ou derrière le nom qu'ils qualifient :**
> Elle porte une **robe élégante**. Elle porte une **élégante robe**.

Dans ce cas, il arrive souvent que l'on place l'adjectif épithète devant le nom pour le mettre en relief et lui donner une force particulière :
> Il a vécu une **merveilleuse**, une **incroyable aventure**.

Attention !

Selon qu'on les place avant ou après le nom qu'ils déterminent, certains adjectifs épithètes changent complètement de sens (sens propre/sens figuré) :

*une **personne seule** (solitaire)/une **seule personne** (unique)*
*une **femme pauvre** (sans argent)/une **pauvre femme** (malheureuse)*
*C'est une **simple vérification**. (seulement)/C'est une **vérification simple**. (facile)*

■ L'adjectif qualificatif épithète peut être mis en relief au moyen d'un *de* explétif (sans valeur grammaticale) :

◻ *un **drôle de** paroissien.*

125 **Comment l'adjectif épithète s'accorde-t-il ? (➡ § 1 à § 7)**

L'adjectif épithète s'accorde en genre et en nombre avec le nom qu'il qualifie :

◻ *Il a une **belle collection** de timbres. Il a de très **beaux timbres** de collection.*

126 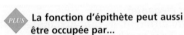 **La fonction d'épithète peut aussi être occupée par...**

• **un adjectif verbal :**
*C'est un garçon **charmant**.*
L'adjectif verbal épithète s'accorde en genre et en nombre avec le nom qu'il qualifie. Il peut être remplacé par un adjectif qualificatif :
*C'est un garçon **merveilleux**.*

• **un participe passé employé comme adjectif :**
*Il porte une chemise **déchirée**.*
Le participe passé employé seul comme épithète s'accorde en genre et en nombre avec le nom qu'il qualifie. Il peut être remplacé par un adjectif qualificatif :
*Il porte une chemise **bleue**.*

DJECTIF VERBAL

« Quand on est jeune, on a des matins triomphants. »
(HUGO, *La Légende des siècles*.)

127 L'**adjectif verbal** se forme en ajoutant *-ant* au radical de l'infinitif du verbe. Il est employé comme adjectif qualificatif ; c'est la forme adjective du verbe : on l'appelle **adjectif verbal. Il fait partie du groupe verbal :**

◻ amus**ER** ➙ amus**ANT**
*Ces livres sont **amusants**.*

À quoi sert l'adjectif verbal ?

L'adjectif verbal, comme l'adjectif qualificatif, permet d'exprimer une qualité propre à un être ou à une chose :

> La **lame** de ce couteau est **tranchante**.
> **Vous** avez été très **convaincant**.

Qu'est-ce qui distingue l'adjectif verbal du participe présent ?

■ L'adjectif verbal (phrase 2) présente souvent des formes identiques à celles du participe présent (phrase 1) :

> Je cherche une chienne **aimant** les enfants. **(1)**
> Cette petite chienne est très **aimante**. **(2)**

Dans la phrase 1, le participe présent *aimant* appartient au groupe verbal et exprime une action située dans le temps ; on pourrait le remplacer par une proposition subordonnée relative :

> Je cherche une chienne **qui aime les enfants**.

Dans la phrase 2, l'adjectif verbal *aimante* appartient au groupe nominal et exprime, comme un adjectif qualificatif, une qualité propre à un être ou à une chose. On pourrait le remplacer par n'importe quel adjectif qualificatif :

> Je cherche une chienne **affectueuse**.

■ Le participe présent (en tant que forme verbale) peut être suivi :

• **d'un C.O.D. :**

> Je cherche une chienne aimant **les enfants**.

• **d'un C.C. :**

> Dormant **à l'étage,** elle n'a rien entendu.

L'adjectif verbal, lui, ne peut en aucun cas être suivi d'un C.O.D. ou d'un C.C.

■ L'adjectif verbal, à la différence du participe présent, peut :

• **prendre tous les degrés de signification de l'adjectif qualificatif :**

> C'est un petit garçon **(plus, très) aimant**.

• **être suivi d'un complément de l'adjectif :**

> Il est très différent **de son frère**.

• **être remplacé par un adjectif qualificatif :**

> C'est un petit garçon très **gentil**.

130   *Comment l'adjectif verbal s'accorde-t-il ?*

Il s'accorde en genre et en nombre avec le nom auquel il se rapporte :

> un petit **garçon attachant** → des petits **garçons attachants**
> une petite **fille attachante** → des petites **filles attachantes**

Attention !
Le participe présent est invariable.

131   *Quelles fonctions l'adjectif verbal peut-il occuper ?*

L'adjectif verbal peut occuper toutes les fonctions de l'adjectif qualificatif :

• **épithète :**

> *Il a une* **femme charmante.**

• **attribut du sujet** (phrase 1) **ou du C.O.D.** (phrase 2) :

> *Votre* **démonstration** *est* **convaincante.** **(1)**
> *Je trouve votre* **démonstration convaincante.** **(2)**

• **apposé :**

> *Sa* **démonstration, convaincante** *et solide, a fini de nous persuader.*

132

PLUS **Pour un certain nombre de verbes, l'adjectif verbal se distingue du** participe présent par l'orthographe :
• Les verbes *communiquer, convaincre, extravaguer, fatiguer, intriguer, naviguer, provoquer, suffoquer, vaquer, zigzaguer* s'écrivent avec *qu* ou *gu* au participe présent, mais avec *c* ou *g* à la forme d'adjectif verbal. Le participe présent conserve le radical de l'infinitif ; l'adjectif verbal le modifie.
Attention !
Il arrive que le participe présent (phrase 1) diffère aussi de l'adjectif verbal (phrase 2) par le sens :

La plupart des conducteurs **provoquant** *des accidents sont ivres.* **(1)**
Elle affiche toujours une attitude **provocante.** **(2)**
• Certains verbes comme *adhérer, affluer, coïncider, différer, diverger, émerger, équivaloir, exceller, influer, interférer, négliger, précéder, somnoler, violer* s'écrivent en *-ant* au participe présent (phrase 1), mais en *-ent* à la forme d'adjectif verbal (phrase 2).
Ton opinion **différant** *de la mienne, nous ne nous entendrons jamais.* **(1)**
Mon jugement est vraiment **différent** *du tien.* **(2)**

A DVERBE

133

L'**adverbe** est un mot (ou une locution) invariable qui a pour rôle de modifier ou de préciser le sens :

- **d'un verbe :**
  ▪ *Il voyage **souvent**.*

- **d'un adjectif :**
  ▪ *Il est **très** gentil.*

- **d'un autre adverbe :**
  ▪ *Il voyage **assez** souvent.*

- **d'une phrase :**
  ▪ ***Heureusement**, vous êtes arrivés à temps.*

L'adverbe se présente sous différentes formes.

134

Les adverbes constituent un ensemble de mots qui présentent une grande diversité de formes. On trouve :

- **Des mots simples :** *ici, là, hier, assez, heureusement...*
- **Des locutions adverbiales :** *à peu près, tout à coup...*
- Les adverbes sont d'origines assez diverses. Quelques-uns viennent du latin : *bien, hier, non, peu, tant, ensemble...*
- De nombreux adverbes sont créés par dérivation (➟ § 377) ; ils proviennent d'adjectifs : *s'arrêter **net**, rire **jaune**, parler **haut (bas)**, sentir **bon**...*
- La plupart des adverbes sont formés, aujourd'hui encore, à partir du féminin de l'adjectif auquel on ajoute le suffixe *-ment* (➟ § 144 et § 145).

L'adverbe est invariable.

135

L'adverbe partage cette particularité avec les prépositions (➟ § 457 à § 464), les conjonctions de coordination (➟ § 278 à § 283) et les conjonctions de subordination (➟ § 284 à § 292).

Attention !
Tous les adverbes sont invariables sauf *tout*, qui s'accorde dans certains cas en genre et en nombre (➟ § 154) :
*Il est **tout** triste. Ils sont **tout** tristes.*
*Elle est **toute** triste. Elles sont **toutes** tristes.*

C'est à ce critère qu'on reconnaît qu'un mot est employé comme adverbe :
*Regarde ces immeubles, ils sont **hauts**.* (adj. qual.)
*Ils parlent **haut**.* (adv.)
*Il a les **mêmes** chaussures que moi.* (adj. indéf.)
***Même** ses parents sont venus.* (adv.)

136   *L'adverbe se comporte différemment de la préposition.*

▲ **Comparons :**

▨ *Marche **devant** ton frère.* **(1)** *Marche **devant**.* **(2)**

Dans la phrase 1, la préposition *devant* introduit un G.N. dont elle marque la fonction ; elle n'a pas de fonction par elle-même. C'est le groupe tout entier (préposition + G.N.) qui en assure une, celle de C.C. de lieu.
En revanche, dans la phrase 2, l'adverbe *devant* assure à lui seul cette fonction.

137   *L'adverbe se comporte différemment
de la conjonction de subordination.*

▲ **Comparons :**

▨ *Je finirai **après que** tu seras parti.* **(1)** *Je finirai **après**.* **(2)**

Dans la phrase 1, la locution conjonctive *après que* introduit une proposition subordonnée dont elle marque la fonction, elle n'a pas de fonction par elle-même. C'est l'ensemble (locution conjonctive + proposition subordonnée) qui en assure une, celle de C.C. de temps.
En revanche, dans la phrase 2, l'adverbe *après* assure à lui seul cette fonction.

138   *L'adverbe se comporte différemment
de la conjonction de coordination.*

Certains adverbes, appelés adverbes de liaison, sont proches par le sens des conjonctions de coordination :

▲ **Comparons :**

▌ *Il a tout fait pour réussir, **mais** il a échoué.* **(1)**
▌ *Il a tout fait pour réussir, **cependant** il a échoué.* **(2)**

• La conjonction de coordination se place toujours entre les mots ou groupes de mots qu'elle coordonne, mais elle ne se rapporte ni à l'un ni à l'autre (phrase 1).

• L'adverbe, lui, se rapporte toujours au second des mots ou groupes de mots entre lesquels il établit une relation (phrase 2). Il peut, à la différence de la conjonction, se placer après ou à l'intérieur du groupe de mots qu'il détermine :

Il a tout fait pour réussir, il a échoué **cependant**.
Il a tout fait pour réussir, il a **cependant** *échoué*.

*L'adverbe est le seul mot
qui permette de modifier le sens du verbe.*

139

Il écrit. Il écrit **mal**.

■ Lorsqu'il modifie le sens du verbe, l'adverbe assure la fonction de C.C. exprimant le lieu, le temps, la manière... Il est relativement mobile.

• **Si le verbe est à un temps simple**, il se place après lui :

Il voyage **souvent**. *Il rentrera* **demain**. *Je rencontre* **parfois** *tes parents*.

• **Si le verbe est à un temps composé :**

– Les adverbes de temps et de lieu se placent après le participe passé :

Je l'ai aperçu **là-bas**. *Il aura terminé* **demain**.

– Certains adverbes d'intensité et de quantité et les adverbes de temps *longtemps, souvent, toujours* se placent entre l'auxiliaire et le participe passé :

Il a **beaucoup** *travaillé*. *Il a* **catégoriquement** *refusé*. *Ils sont* **souvent** *revenus*.

S'ils sont placés après le participe passé, ils prennent une valeur plus forte :

Il a refusé **catégoriquement**.

– Les adverbes de manière en *-ment* se placent soit entre l'auxiliaire et le participe passé, soit après le participe passé :

Il a **généreusement** *accepté*. *Il a accepté* **généreusement**.

Ces règles comptent énormément d'exceptions. Ainsi, les adverbes de temps, de lieu et de manière peuvent être aussi placés en tête ou en fin de phrase :

Hier, *j'ai rencontré tes parents*. *J'ai rencontré tes parents* **hier**.

Si l'on veut insister sur la date de la rencontre, on placera l'adverbe en tête de phrase. Si l'on veut insister sur la rencontre, on le placera en fin de phrase.

■ Les adverbes qui déterminent un participe présent changent de place selon que le participe est employé comme adjectif (adjectif verbal) ou comme verbe. L'adverbe précède l'adjectif verbal (phrase 1) ; il suit le participe présent (phrase 2) :

Il est **toujours partant** *lorsqu'il s'agit de s'amuser*. **(1)**
Partant toujours *au dernier moment, il arrive en retard*. **(2)**

140   *L'adverbe modifie le sens d'un adjectif qualificatif.*

▨ *Ils ont une **grande** maison. Ils ont une **très grande** maison.*

● L'adverbe *très* précise le sens de l'adjectif qualificatif *grande*. Les adverbes qui modifient l'adjectif qualificatif sont surtout des adverbes d'intensité ou de quantité.

● L'adverbe peut modifier le sens d'un adjectif, quelle que soit sa fonction (épithète, phrase 1 ; attribut, phrase 2 ; apposé, phrase 3).

*Ils ont une **très grande** maison.* **(1)**
*Leur maison est **très grande**.* **(2)**
*Leur maison, **très grande**, est magnifique.* **(3)**

● Les adverbes qui déterminent un adjectif se placent généralement devant lui :

▨ *Il est **souvent** triste. Il est **très** triste. Il est **un peu** triste.*

● L'adverbe suit l'adjectif dans ses déplacements :

▨ *une maison **très grande** ; une **très grande** maison.*

141   *L'adverbe modifie le sens d'un autre adverbe.*

*Il est **beaucoup trop** gentil.* **(1)**
*Il mange **beaucoup trop**.* **(2)**

Dans la phrase 1, l'adverbe *beaucoup* modifie le sens de l'adverbe *trop* qui lui-même modifie le sens de l'adjectif *gentil*. Dans la phrase 2, l'adverbe *beaucoup* modifie le sens de l'adverbe *trop* qui lui-même modifie le sens du verbe *mange*. L'adverbe qui modifie le sens d'un autre adverbe se place devant lui et le suit dans ses déplacements :

*Il a accepté **très gentiment**.*
***Très gentiment**, il a accepté.*

La même règle est appliquée dans un enchaînement de plusieurs adverbes :

▨ *J'arriverai **bien plus tard**.*

142   *L'adverbe modifie le sens d'une phrase.*

Les adverbes qui modifient le sens d'une phrase se placent en tête de phrase, isolés le plus souvent par la ponctuation à l'écrit ou par une pause à l'oral :

▨ ***Franchement**, j'aimerais mieux que tu t'en ailles.*

Ils servent à préciser l'opinion de celui qui parle : ce sont les **adverbes d'opinion**.

Les adverbes peuvent être classés d'après leur sens.

■ On distingue deux catégories :
- **les adverbes de circonstance** (➞ § 146 à § 154) :
  - adverbes de **lieu** : *ailleurs, autour, dedans, derrière, ici, là...*
  - adverbes de **temps** : *alors, aujourd'hui, déjà, demain, hier, jamais, toujours...*
  - adverbes de **manière** : *bien, lentement, mal, normalement, vite...*
  - adverbes de **quantité** et d'**intensité** : *beaucoup, moins, peu, si, tant, très...*
  - les adverbes servant à marquer l'**interrogation** *(combien, comment, quand, où, pourquoi)* peuvent être rangés dans cette catégorie, puisque ce ne sont que des adverbes de circonstance employés dans des phrases interrogatives.
- **les adverbes d'opinion** (➞ § 155 à § 164) :
  - adverbes d'**affirmation** : *certainement, oui, si, vraiment, volontiers...*
  - adverbes de **négation** : *ne... pas (plus, jamais, rien), non...*
  - adverbes de **doute** : *peut-être, probablement, sans doute...*

■ On distingue de plus les adverbes de **liaison** (➞ § 279) *(en effet, par consé-quent, c'est-à-dire, cependant, néanmoins, c'est pourquoi, au contraire, pour-tant, en revanche, toutefois ; non seulement... , mais encore...)*, d'**exclamation** *(que, combien)* et de **comparaison** comme : *aussi, non plus, de même, comme, plus... que, moins... que, autant... que, mieux... que...*
Le classement à l'intérieur de ces catégories n'est pas fixe ; un même adverbe peut, selon son sens, appartenir à telle ou telle catégorie :

*Nous avons **bien** mangé.* (manière)
*Vous êtes **bien** sûr de vous.* (intensité)
*Ils étaient **bien** trois mille.* (opinion)

ADVERBES (FORMATION DES)

« Qui va <u>doucement</u>, va <u>sûrement</u>. » (Proverbe italien)

144 **Comment forme-t-on les adverbes en -ment ?**

Les adverbes en **-ment** sont formés sur le féminin de l'adjectif correspondant :
■ *doux, douce* → *doucement ; ferme, ferme* → *fermement*

~ **Exceptions :**
• Les adjectifs féminins en **-aie, -ée, -ie, -ue**, perdent leur -e final devant le suffixe **-ment** :
vrai, vraie → *vraiment ; aisé, aisée* → *aisément*
poli, polie → *poliment ; éperdu, éperdue* → *éperdument*

Attention !
• **La chute du -e féminin est signalée par un accent circonflexe dans les adverbes suivants :** *assidûment, continûment, crûment, dûment, goulûment, incongrûment, indûment.*
• **Notons que** *gaiement* **se rencontre parfois sous la forme** *gaîment.*
• **On trouve** *-ément* **au lieu de** *-ement* **dans certains adverbes :** *aveuglément, commodément, confusément, énormément, expressément, intensément, précisément, profondément...*
• *Gentil, impuni* **et** *bref* **ont donné :** *gentiment, impunément, brièvement.*
• **Tous les mots terminés par** *-ment* **ne sont pas des adverbes :**
avec tous mes **remerciements.** (= nom)

145 *Comment forme-t-on les adverbes en -amment et -emment ?*

• Lorsqu'un adjectif se termine en **-ant**, l'adverbe correspondant se termine en **-amment** : *courant* → *couramment ; constant* → *constamment.*
• Lorsqu'un adjectif se termine par **-ent**, l'adverbe correspondant se termine en **-emment** : *prudent* → *prudemment ; violent* → *violemment.*

~ **Exceptions :**
lent → *lentement*
présent → *présentement*
véhément → *véhémentement*

Attention !
• **Tous les adjectifs n'ont pas donné naissance à des adverbes :**
charmant, concis, fâché, content...
• **Tous les adverbes ne dérivent pas d'adjectifs :**
diable → *diablement*
notamment, grièvement, précipitamment...

ADVERBES DE CIRCONSTANCE (LIEU, TEMPS, MANIÈRE, QUANTITÉ, INTENSITÉ)

« Car, vois-tu, chaque jour je t'aime davantage.
Aujourd'hui plus qu'hier et bien moins que demain. »
(ROSEMONDE GÉRARD, *Les Pipeaux*.)

146

On regroupe sous le terme d'**adverbes** (➟ § 133 à § 143) de circonstance :
- **les adverbes et locutions adverbiales de lieu** : *ici, là, loin...*
- **les adverbes et locutions adverbiales de temps** : *demain, hier, enfin...*
- **les adverbes et locutions adverbiales de manière** : *ainsi, bien, vite...*
- **les adverbes et locutions adverbiales de quantité et d'intensité** : *assez, beaucoup, moins...*

Quelles sont les formes des adverbes de circonstance ?

147

■ Ils peuvent se présenter sous la forme :

- **d'un mot simple :**
– adverbes exprimant le **lieu** : *ailleurs, autour, dedans, dehors, derrière, dessous, dessus, devant, en, ici, là, loin, partout, près, où, y...*
– adverbes exprimant le **temps** : *alors, aussitôt, bientôt, demain, désormais, deuxièmement, encore, enfin, hier, jadis, jamais, maintenant, naguère, souvent, tard, tôt, toujours...*
– adverbes exprimant la **manière** : *ainsi, bien, debout, ensemble, exprès, mal, même, mieux, pire, pis, plutôt, vite, volontiers...*
– adverbes exprimant la **quantité** et l'**intensité** : *assez, aussi, autant, beaucoup, bien, combien, comme, davantage, guère, moins, peu, plus, presque, que, si, tant, tellement, tout, très, trop...*

- **d'une locution adverbiale :**
– adverbes exprimant le **lieu** : *au centre ; au-dedans ; au-dehors ; au-dessous ; au-dessus ; çà et là ; deçà , delà ; de-ci , de-là ; d'ici ; en arrière ; en avant ; là-bas ; là-haut ; par ici ; quelque part...*
– adverbes exprimant le **temps** : *à présent, après-demain, aujourd'hui, avant-hier, d'abord, de loin en loin, de nouveau, de temps en temps, depuis longtemps, dès lors, sur-le-champ, tout à coup, tout de suite...*
– adverbes exprimant la **manière** : *à califourchon, à cœur joie, à contrecœur, à cor et à cri, à l'envi, à reculons, à tâtons, à tort, à tue-tête, à vau-l'eau, au fur et à mesure, au hasard, bon gré mal gré, cahin-caha, dare-dare, de plus belle, en vain, petit à petit, sens dessus dessous, tête-bêche, tour à tour, tout de go...*

– adverbes exprimant la **quantité** ou l'**intensité** : *à demi, à gogo, à moitié, à peine, à peu près, pas du tout, peu à peu, peu ou prou, tout à fait...*

• **d'un adjectif qualificatif employé comme adverbe** donc invariable ; c'est le cas des adverbes de **manière** suivants : *bas, bon, cher, clair, doux, droit, faux, ferme, fort, haut, net...*

■ Un grand nombre d'adverbes de **manière** sont formés à partir de l'adjectif féminin et du suffixe *-ment* ou avec les suffixes *-emment* ou *-amment* (➡ **§ 144 et § 145**) :

> *rapidement, lentement, doucement...*
> *savamment, méchamment ; violemment, excellemment...*

■ Certains mots (ou locutions) latins ou italiens sont employés comme adverbes de **manière** ou de **temps** :

• **manière** : *a fortiori, a priori, a posteriori, ad libitum, de visu, ex æquo, gratis, manu militari, stricto sensu, vice versa ; allegro, crescendo, franco, incognito, moderato, piano...*

• **temps** : *primo, secundo, tertio...*

---

148   *Que servent à exprimer les adverbes de circonstance ?*

• Les adverbes de circonstance donnent différentes indications concernant le sens du verbe. Ils précisent notamment dans quelles circonstances se déroule l'action exprimée par le verbe :

> | | *ici* → lieu. |
> | *Il travaille* | *de temps en temps* → temps. |
> | | *rapidement* → manière. |
> | | *beaucoup* → quantité. |

• Les adverbes de circonstance jouent le même rôle qu'un nom ou un groupe nominal en fonction de complément circonstanciel :
– *ici* peut correspondre au G.N. C.C. de lieu *à la maison* ;
– *de temps en temps* peut correspondre au G.N. C.C. de temps *certains jours* ;
– *rapidement* peut correspondre au G.N. C.C. de manière *avec rapidité* ;
– *beaucoup* peut correspondre au G.N. C.C. de quantité *en grande quantité*.

• Pour les adverbes de manière, l'équivalence n'est pas toujours possible, certains adjectifs n'ayant pas donné naissance à un adverbe :

> *content, charmant, concis, fâché.*

Dans ce cas, on peut utiliser une périphrase :

> *Il m'a remercié d'une façon charmante.*

Quelles fonctions les adverbes de circonstance occupent-ils ? `149`

En général, l'adverbe « modifie » le sens du verbe, de l'adjectif ou de l'adverbe auquel il se rapporte. Les adverbes de circonstance occupent généralement la fonction de complément circonstanciel (lieu, temps, manière, quantité…) :

Viens ici. **(C.C. de lieu)** *Il rentre demain.* **(C.C. de temps)** *Les élèves travaillent bien.* **(C.C. de manière)** *Elle mange trop.* **(C.C. de quantité)**

~ *Mais...*
Ils peuvent aussi occuper la fonction de :
• **sujet** : *Peu me suffit.*
• **C.O.I.** : *Il se contente de peu.*

Comment emploie-t-on les adverbes de lieu ? `150`

■ De la même manière qu'un nom ou qu'un G.N. C.C. de lieu, on emploie l'adverbe de lieu pour désigner :

• **le lieu où l'on est :**

Il habite ici. (dans cette maison)

• **le lieu où l'on va :**

Il est parti là-bas. (en Espagne)

• **le lieu d'où l'on vient :**

Il arrive de là-bas. (d'Italie)

• **le lieu où l'on passe :**

Il est passé par ici. (par la fenêtre)

■ Certains adverbes de lieu peuvent s'employer au comparatif et au superlatif :
• **Positif :** *loin.*
• **Comparatifs :** *plus loin, aussi loin, moins loin.*
• **Superlatifs :** *le plus loin, le moins loin, très loin, très peu loin.*

Comment emploie-t-on les adverbes de temps ? `151`

■ De la même manière qu'un nom ou qu'un G.N. C.C. de temps, on emploie l'adverbe de temps pour marquer :
• **une date :**

Elle arrivera après-demain. (le 13 février)

- **une durée :**
  Elle a vécu ici **longtemps**. *(vingt ans)*

- **la répétition d'une action :**
  Elle revient **souvent** nous voir. *(tous les ans)*

- **la succession des actions dans le temps :**
  Avant *(dans le passé), on se déplaçait à cheval,* **maintenant** *(de nos jours), on circule en voiture.*

■ Certains adverbes de temps s'emploient au comparatif et au superlatif :
- **Positif :** *tard.*
- **Comparatifs :** *plus tard, moins tard, aussi tard.*
- **Superlatifs :** *le plus tard, le moins tard, très tard, très peu tard.*

152 *Comment emploie-t-on les adverbes de manière ?*

■ L'adverbe de manière modifie le plus souvent un verbe :
  Il parle **couramment** l'anglais.

■ L'adverbe de manière est parfois suivi d'un complément introduit par *à* ou *de* :
  Il a agi **conformément à mes instructions**.

■ Certains adverbes de manière peuvent être employés comme :

- **Adjectifs qualificatifs :** bien, mieux, debout, gratis... Ils ont alors toutes les fonctions de l'adjectif (épithète (1), attribut du sujet (2)) :
  C'est un homme **bien**. **(1)** Elle est **mieux** que lui. **(2)**

- **Noms :** bien, mieux, ensemble... Ils ont alors toutes les fonctions du nom :
  Il aime faire le **bien**. (C.O.D.)

■ Les adverbes de manière peuvent s'employer au comparatif et au superlatif :
- **Positif :** *poliment.*
- **Comparatifs :** *plus poliment, moins poliment, aussi poliment.*
- **Superlatifs :** *le plus poliment, le moins poliment, très poliment, très peu poliment.*

Attention !
- **mieux, le mieux** sont les comparatif et superlatif irréguliers de *bien* :
  Il va **bien**, il va **mieux**.
- *pis* et *le pis* sont les comparatif et superlatif irréguliers de *mal* :
  Ça va de mal en **pis**.
  le **pis** de l'affaire.

Comment emploie-t-on les adverbes de quantité (intensité) ?

● L'adverbe de quantité peut modifier un verbe, un adjectif, un autre adverbe :

*Il mange **trop**. Il est **trop gourmand**. Il mange **trop peu**.*

● L'adverbe de quantité est parfois construit avec un complément introduit par la préposition *de* :

*Il a **beaucoup d'amis, peu d'ennemis**. Il y a **trop de** monde.*

Ce groupe adverbe + complément équivaut à un G.N. précédé d'un déterminant indéfini ; il peut avoir toutes les fonctions d'un G.N. :

Beaucoup de ses amis** sont partis.* (= ***plusieurs amis : fonction sujet)
*Il a perdu **beaucoup de ses amis**.* (fonction C.O.D.)

● L'adverbe de quantité sert à former les **comparatifs** et les **superlatifs** des **adjectifs** et des **adverbes** :

*Elle est **(plus, moins, aussi, très, la plus, la moins)** belle.*
*Elle parle **(plus, moins, aussi, très, le plus)** fort.*

Il peut à lui seul exprimer un degré de comparaison :

*Il travaille **plus (moins)** en ce moment.*

Attention !
Certains adverbes de quantité peuvent changer de sens :
*Qui aime **bien** châtie bien.* **(adv. de manière)**
*C'était **bien** bon.* **(adv. d'intensité)**
*Il y a **bien** des erreurs dans votre devoir.* **(adv. de quantité)**

PLUS ■ **Comment orthographier *tout* ?**
L'adverbe *tout* signifiant *tout à fait, entièrement*, est invariable :
*Il (Elle) est **tout** engourdi(e).*
*Ils (Elles) sont **tout** engourdi(e)s.*
Mais...
● **Devant un adjectif féminin commençant par une consonne ou un *h* aspiré, *tout* s'accorde en genre et en nombre avec cet adjectif :**
*La page est **toute** déchirée.*
*Les pages sont **toutes** déchirées.*
*Elle est **toute** hâlée.*

● Au singulier, devant un adjectif féminin commençant par une voyelle, l'accord n'est pas obligatoire :
*La page est **tout(e)** abîmée.*
Mais...
*Les pages sont **tout** abîmées.*
■ **Faut-il écrire *plus tôt* ou *plutôt* ?**
● Lorsqu'il signifie *de préférence*, l'adverbe *plutôt* s'écrit en un seul mot :
*Je souhaiterais **plutôt** vous rencontrer que vous écrire.*
● *Plus tôt* (adverbe + adverbe) représente le comparatif de supériorité de l'adverbe *tôt*. Il est équivalent de *moins tard* :
*Je veux vous voir **plus tôt** que prévu.*

ADVERBES D'OPINION (AFFIRMATION, DOUTE, NÉGATION)

« Quand la bouche dit oui, le regard dit peut-être. »
(HUGO, *Ruy Blas*, I,2)

155

■ On regroupe sous le terme d'**adverbes** (➡ § 133 à § 143) d'**opinion** :
- les adverbes d'**affirmation** : *oui, certes, parfaitement...*
- les adverbes de **doute** : *probablement, vraisemblablement...*
- les adverbes de **négation** : *non...*

---

156   *Quelles sont les formes des adverbes d'opinion ?*

■ Ils se présentent sous la forme :

- **d'un mot simple :**
- – adverbes exprimant l'**affirmation** : *absolument, assurément, aussi, bien, certainement, certes, effectivement, évidemment, exactement, oui, parfaitement, précisément, si, soit, volontiers, vraiment...*
- – adverbes exprimant le **doute** : *apparemment, probablement, soit, vraisemblablement.*
- – adverbes exprimant la **négation** : *non, ne.*

- **d'une locution adverbiale :**
- – exprimant l'**affirmation** : *d'accord, en vérité, pour sûr, que si, sans doute, si fait, si vraiment...*
- – exprimant le **doute** : *peut-être, sans doute...*
- – exprimant la **négation** : *ne + (aucun, aucunement, goutte, guère, jamais, mie, nul, nullement, pas, personne, plus, point, que, rien)...*

■ Il existe une **forme tonique** de l'adverbe de négation : *non*, et une **forme atone** : *ne*. Certaines **locutions adverbiales de négation** sont formées de la négation *ne* accompagnée d'expressions du type : *âme qui vive, de ma vie, de longtemps, nulle part, qui que ce soit, quoi que ce soit...*

    On n'entendait âme qui vive.

---

157   *Que servent à exprimer les adverbes d'opinion ?*

- Les adverbes d'opinion modifient une proposition entière, en ajoutant une nuance de certitude, de négation ou de doute :

    *Il habite **sûrement** ici. Il **n'**habite **pas** ici.*

• *Oui, peut-être, non, certainement...* peuvent à eux seuls remplacer toute une proposition :

> *Doit-il repartir ?* **Oui.** *(= Il doit repartir.)*
> **Non.** *(= Il ne doit pas repartir.)*

Comment emploie-t-on les adverbes d'affirmation ? 158

• On emploie **oui** pour répondre à une interrogation non négative. *Oui* équivaut à une proposition :

> *L'as-tu vu ?* **Oui.** *(= Je l'ai vu)*

• On emploie **si** pour affirmer le contraire de ce qu'exprime la proposition négative qui précède :

> *Vous **n'irez pas** ! **Si.** (J'irai.) Tu **ne** l'as **pas** vu ? **Si.** (Je l'ai vu.)*

• *Oui* et *si* peuvent être renforcés pour mettre en relief l'affirmation :

> **oui** *vraiment,* **oui** *certes,* **mais** *oui ;* **si** *vraiment, mais* **si.**

• **Bien** et **fort bien** s'emploient pour exprimer l'assentiment, l'approbation ou pour mettre fin à un entretien :

> **Bien,** *c'est d'accord.* **Fort bien,** *nous en reparlerons demain.*

• **Soit** (le -t se prononce) s'emploie pour exprimer un *oui* affaibli :

> **Soit** *(puisqu'il le faut), je partirai demain.*

• **Voire** a le plus souvent le sens de *et même* :

> *25 %,* **voire** *50 % des Français sont touchés par ce problème.*

Comment emploie-t-on les adverbes de doute ? 159

• **Sans doute** avait autrefois le sens de *assurément, certainement (il n'y a pas de doute)*, que reprend la locution *sans aucun doute* :

> *Il est **sans aucun doute** le meilleur.*

Aujourd'hui considéré comme un adverbe de doute, il signifie *probablement* :

> *Il rentrera **sans doute** tard ce soir.*

• **Sans doute, probablement, peut-être, apparemment** peuvent être suivis de *que* :

> **Sans doute qu'**il aura oublié. *(Il aura sans doute oublié.)*
> **Peut-être qu'**il aura mal compris. *(Il aura peut-être mal compris.)*

Dans ces phrases, *que* n'a aucune fonction grammaticale. Il permet de mettre l'adverbe en relief. On l'appelle *que* **explétif**.

> *Attention !*
> Lorsque *sans doute, peut-être, probablement* sont placés en tête de phrase, il faut inverser le sujet : *Sans doute (peut-être, probablement) a-t-il raison.*

160 **L'emploi des adverbes de négation. (➟ § 161 à § 163)**

161 **Comment emploie-t-on non ?**

● On emploie **non** pour répondre de façon négative à une proposition ou une interrogation. *Non* est équivalent à une proposition :

■ *L'as-tu vu ?* **Non.** *(= Je ne l'ai pas vu.)*

● *Non* est souvent renforcé, soit par répétition, soit par adjonction d'un adverbe, d'une conjonction ou d'une interjection :

■ *Tu as froid ?*   **Non, non.** *Vraiment* **non.**
            Mais **non.** *Eh bien ! non, je n'ai pas froid.*

● On emploie parfois **pas** à la place de *non* lorsqu'on veut nier le verbe antérieur et opposer deux personnes ou deux choses :

■ *Il y est allé. Moi,* **pas.**
Cette machine est pratique. Celle-là, **pas.**

● *Non* sert de préfixe négatif devant certains noms auxquels il est joint par un trait d'union :

■ *un* **non***-sens ; un pacte de* **non***-agression ; la* **non***-violence.*

● On le trouve également, mais sans trait d'union, devant des adjectifs qualificatifs, des participes, des adverbes ou certaines prépositions :

■ *débiteur* **non** *solvable ; leçon* **non** *sue ;* **non** *loin d'ici ;* **non** *sans peine.*

● Placé en tête ou en fin de phrase, *non* sert à renforcer la négation :

■ **Non,** *ce n'est pas ma faute. Ce n'est pas ma faute,* **non.**

162 **Comment emploie-t-on ne ?**

■ L'adverbe *ne* est souvent accompagné d'un autre mot qui a pris à son contact un sens négatif. Ce peut être un nom, un pronom, un adjectif ou un adverbe :

■ *On n'y voit* **goutte.** *(une goutte) On n'y voit* **rien.**
Je n'y vois **aucun** *inconvénient. On* **ne** *le voit* **jamais.**

Attention !
- Il ne faut pas oublier, à l'écrit, le *n'* derrière *on,* dans des phrases du type :
  On n'a pas le temps. On n'y peut rien.
- Dans le doute, il faut remplacer *on* par un autre sujet non terminé par *n* :
  Elle n'a pas le temps. Elle n'y peut rien.

■ En règle générale, la négation composée *(ne... pas, ne... plus, ne... jamais...)* obéit à des règles strictes quant à l'ordre de la phrase :

- Elle encadre les pronoms atones et le verbe lorsqu'il est à un temps simple :
  Je ne le vois pas. Ne le vois-tu pas ?

- Elle encadre les pronoms atones et l'auxiliaire lorsque le verbe est à un temps composé :
  Je ne l'ai pas vu. Ne l'as-tu pas vu ?

- Elle se place devant le verbe lorsqu'il est à l'infinitif :
  Je préfère ne pas le voir.

■ Accompagné de *que,* ne exprime la restriction et signifie *seulement* :
  Je n'ai que deux francs.

■ *Ne* est parfois employé seul. C'est le cas :
- Dans des proverbes ou certaines expressions toutes faites :
  Il n'est pire eau que l'eau qui dort. Ne vous en déplaise.
  Qu'à cela ne tienne.

- Avec *ni* joignant deux négations et avec *ni* répété :
  Il ne boit ni ne fume. Il n'a ni enfants ni parents.

- Dans certaines subordonnées de condition :
  Si je ne me trompe. Si je ne m'abuse.

■ *Ne* est parfois omis dans les réponses :
  Me pardonneras-tu ? Jamais. (Je ne te pardonnerai jamais.)
  Tu y tiens ? Guère. (Je n'y tiens guère.)

Comment emploie-t-on ne explétif ?　　163

Il arrive que *ne* soit employé dans certaines propositions subordonnées affirmatives. Il n'a, dans ce cas, ni valeur négative ni valeur grammaticale.
Cette « particule », appelée *ne* explétif, est souvent facultative et tend à disparaître de la langue parlée. Le *ne* explétif s'emploie généralement :
- Après les verbes de crainte employés affirmativement et après *de crainte que, de peur que* :
  Je crains qu'il n'arrive tard. J'ai rangé la vaisselle de peur qu'il ne la casse.

- Après les verbes d'empêchement, de précaution, de défense :

*Évitez qu'il **ne** parle.*
*Prends garde qu'il **ne** parle.*

- Après les verbes de doute et de négation employés négativement ou interrogativement :

*Je ne doute pas qu'il **ne** vienne. Nierez-vous qu'il **ne** soit un grand artiste ?*

- Dans les propositions comparatives après *plus, moins, mieux, autre, autrement, meilleur, moindre, pire, plutôt* :

*C'est pire que je **ne** pensais. Il veut paraître plus grand qu'il **n'**est.*

- Après *avant que, à moins que, sans que* :

*Pars avant qu'il **n'**arrive. Je l'ai fait sans qu'il **ne** le sache.*
*Il restera là à moins que vous **ne** l'invitiez.*

164

PLUS **non + non = oui...**
- Deux négations dans une même phrase s'annulent et équivalent à une affirmation forte :

Vous n'êtes pas sans savoir. (Vous savez)
Vous n'êtes pas sans ignorer. (Vous ignorez)

ANALYSE GRAMMATICALE

165

■ « Analyser », c'est décomposer en unités. L'analyse grammaticale prend pour unité le **mot**. Faire l'analyse grammaticale d'un mot, c'est donner sa nature, son genre, son nombre, selon les mots, et sa fonction.
Un énoncé se construit selon les étapes suivantes :
• 1. mots : *son ; François ; anniversaire ; fête.*
• 2. groupes de mots : *son anniversaire.*
• 3. proposition : *François fête son anniversaire.*
■ L'analyse grammaticale prend place au **niveau 1**, celui du **mot**.

Procédés d'analyse.

166

L'analyse grammaticale doit se faire avec rigueur. Nous proposons donc, à partir des phrases ci-dessous, une série d'analyses pour chacune des catégories de mots existantes. Il est conseillé de se conformer aux formules, aux abréviations, à la ponctuation et à l'ordre des termes proposés.

Procédés d'analyse du nom.

167

François (1) fête son anniversaire (2). Pierre a apporté un joli cadeau à son ami (3). François est un gentil garçon (4). Il est aimé de tous ses camarades (5). Mireille, la sœur (6) de François (7), a préparé cette fête avec soin (8).

1. François : nom propre, masc. sing. ; sujet du verbe *fête.*
2. anniversaire : nom commun, masc. sing. ; C.O.D. du verbe *fête.*
3. ami : nom commun, masc. sing. ; C.O.S. de *a apporté.*
4. garçon : nom commun, masc. sing. ; attribut du sujet *François.*
5. camarades : nom commun, masc. pl. ; C. d'agent du verbe *est aimé.*
6. sœur : nom commun, fém. sing. ; apposé à *Mireille.*
7. François : nom propre, masc. sing. ; C. du nom *sœur.*
8. soin : nom commun, masc. sing. ; C.C. de manière du verbe *a préparé.*

Procédés d'analyse du pronom.

168

François souffle les bougies. Il (1) coupe le gâteau et en (2) donne une part à chacun (3). On s'amuse beaucoup, c' (4) est normal. Pierre propose de jouer à colin-maillard. François commence : il avance à tâtons, peu sûr de lui (5), il se (6) cogne dans la table qui est au milieu de la pièce. Il cherche ses amis, mais ceux-ci (7) semblent avoir disparu.

1. **Il** : pr. pers. 3ᵉ pers., masc. sing. ; a pour antécédent *François* – sujet du verbe *coupe*.
2. **en** : pr. pers. adverbial ; a pour antécédent *gâteau* – C. du nom *part*.
3. **chacun** : pr. indéf., masc. sing. ; C.O.S. du verbe *donne*.
4. **c'**(cela) : pr. démonstr., neutre sing. ; sujet du verbe *est*.
5. **lui** : pr. pers. 3ᵉ pers., masc. sing. ; a pour antécédent *François* – C. de l'adj. *sûr*.
6. **se** : pr. pers. réfléchi 3ᵉ pers. ; C.O.D. du verbe *cogne*.
7. **ceux-ci** : pr. dém., masc. pl. ; a pour antécédent *amis* ; sujet du verbe *semblent*.

Certains pronoms n'ont pas d'antécédent, d'autres représentent une phrase entière. On n'indique généralement l'antécédent que lorsque c'est un mot.

169 — Procédés d'analyse des déterminants.

*Il entend **des** (1) rires étouffés, il s'éloigne de **la** (2) table.*
*Il n'a pas **de** (3) chance : il vient de heurter le coin **du** (4) buffet.*
*Il fait **quelques** (5) pas et s'immobilise, fait à nouveau **deux** (6) pas en avant et tente **sa** (7) chance. **Cette** (8) fois, ça y est : il a réussi à toucher quelqu'un.*
*Il lui demande **quel** (9) est son nom.*

1. **des** : art. indéf. masc. pl. ; détermine *rires*.
2. **la** : art. déf. fém. sing. ; détermine *table*.
3. **de** : art. part. fém. sing. ; détermine *chance*.
4. **du** : art. déf. contr. masc. sing. ; détermine *buffet*.
5. **quelques** : adj. indéf. masc. pl. ; détermine *pas*.
6. **deux** : adj. num. card. ; détermine *pas*.
7. **sa** : adj. poss. fém. sing. ; détermine *chance*.
8. **cette** : adj. dém. fém. sing. ; détermine *fois*.
9. **quel** : adj. interr. masc. sing. ; attribut du sujet *nom*.

170 — Procédés d'analyse de l'adjectif qualificatif.

*Il enlève son bandeau **blanc** (1) et le passe à Pierre, car il le sent **impatient** (2) de prendre le relais. Tous sont à nouveaux **silencieux** (3).*
*Pierre, **sûr** (4) de lui, s'avance à son tour, les bras tendus.*

1. **blanc** : adj. qual. masc. sing. ; épithète de *bandeau*.
2. **impatient** : adj. qual. masc. sing. ; attribut du C.O.D. *le*.
3. **silencieux** : adj. qual. masc. pl. ; attribut du sujet *tous*.
4. **sûr** : adj. qual. masc. sing. ; apposé à *Pierre*.

Procédés d'analyse des mots invariables.

*Il marche **prudemment** (1), **car** (2) il **ne** (3) veut **pas** (3) trébucher. **Au bout de** (4) quelques instants, il parvient à se diriger et à identifier un de ses camarades. **Puisqu'** (5) il a trouvé, il faut recommencer. François **et** (6) Mireille protestent : il est temps d'arrêter.*

1. **prudemment** : adv. ; C.C. de manière de *marche*.
2. **car** : conj. de coord. ; coordonne la prop. indép. qui précède à la prop. indép. qui suit.
3. **ne... pas** : loc. adv. de négation ; modifie *veut*.
4. **au bout de** : loc. prépos. ; introduit le C.C. de temps *quelques instants*.
5. **puisqu'** : conj. de sub. ; introduit la prop. sub. C.C. de temps.
6. **et** : conj. de coord. ; coordonne *François* et *Mireille*.

Procédés d'analyse du verbe.

*La fête était magnifique. Les enfants en **garderont** (1) longtemps le souvenir. Tous **se sont** (2) beaucoup **amusés**. Ils remercient François et Mireille **en partant** (3). Mireille, **fatiguée** (4) mais heureuse, doit **ranger** (5). Elle ne veut pas que François l'aide.*

1. **garderont** : v. *garder*, 1er groupe, voix active, mode indic., temps futur simple, 3e pers. du pl. ; verbe noyau.
2. **se sont amusés** : v. *s'amuser*, 1er groupe, voix pronominale, mode indic., temps passé composé, 3e pers. du pl. ; verbe noyau.
3. **en partant** : v. *partir* , 3e groupe, voix active, mode gérondif ; C.C. de temps de *remercient*.
4. **fatiguée** : v. *fatiguer*, 1er groupe, mode participe, employé comme adj., fém. sing. ; apposé à *Mireille*.
5. **ranger** : v. *ranger*, 1er groupe, mode infin., temps présent ; C.C. de *doit*.

ANALYSE PAR GROUPES FONCTIONNELS

173

■ Alors que l'analyse grammaticale prend pour unité le mot, et indique la nature et la fonction de chaque mot, l'analyse par groupes fonctionnels porte sur des **groupes de mots**.
Un énoncé se construit selon les étapes suivantes :
- 1. mots : *chien ; le ; os ; ronge ; son.*
- 2. groupes de mots : *son os.*
- 3. proposition : *Le chien ronge son os.*

■ L'analyse par groupes fonctionnels prend place au **niveau 2**, celui du **groupe de mots**.

174

Le groupe nominal et le groupe verbal.

■ *Le chien ronge son os.*
Cette phrase peut s'analyser en deux parties :
- **le groupe nominal** (G.N.), aussi appelé syntagme nominal (S.N.) : *Le chien.*
- **le groupe verbal** (G.V.) ou syntagme verbal (S.V.) : *ronge son os.*

On appelle **groupe nominal** (G.N.), un groupe dont le mot principal (**chef de groupe**) est un nom. On dit aussi que le groupe nominal est organisé autour d'un **nom-noyau**.
On appelle **groupe verbal** (G.V.), un groupe dont le mot principal (**chef de groupe**) est un verbe. Le groupe verbal est organisé autour du **verbe-noyau**.
On constate que la plupart du temps le découpage de la phrase en 2 groupes correspond au découpage obtenu en posant les questions :
– De quoi parle-t-on ? (D'un chien)
– Qu'en dit-on ? (Qu'il ronge son os)
On appelle le groupe qui désigne ce dont on parle **le thème**.
On appelle le groupe qui permet de dire quelque chose du sujet **le propos**.

175

Les autres groupes.

■ *Le chien du voisin ronge son os avec application.*

Chacun des deux groupes de cette phrase (G.N. et G.V.) peut être décomposé en sous-groupes. Ainsi :
- Le G.N. *le chien du voisin* =
  le chien : G.N. ; *du voisin* : G.N.
- Le G.V. *ronge son os avec application* =
  ronge : verbe ; *son os* : G.N. ; *avec application* : G.N.

On voit donc apparaître à l'intérieur du G.N. et du G.V. initial d'autres G.N. Pour éviter toute confusion, on peut numéroter chacun des différents G.N. :

Le chien (1) du voisin (2) ronge **son os (3) avec application (4)**.

Il est préférable, pour plus de précision, de particulariser chacun de ces G.N. en leur attribuant leur fonction dans la phrase :

1. **le chien** : G.N. sujet.

2. **du voisin** : G.N. compl. de nom.

3. **son os** : G.N. C.O.D.

4. **avec application** : G.N. C.C. de manière (ou G.N. prépositionnel).

Procédés d'analyse.

176

▨ *Le fils aîné de notre voisin a apporté des roses à notre fille.*

On distingue deux constituants dans cette phrase :

• **un G.N.** : *le fils aîné de notre voisin*

• **un G.V.** : *a apporté des roses à notre fille*

L'analyse par groupes fonctionnels consiste à décomposer progressivement la phrase : partant d'un G.N. et d'un G.V., on décompose chacun de ces constituants, soit en mots, soit en groupes qui se décomposent eux-mêmes en mots :

• **niveau 1 :**

Le fils aîné de notre voisin // a apporté des roses à notre fille.
    G.N.   G.V.

• **niveau 2 :**

Le fils aîné / de notre voisin // a apporté / des roses / à notre fille.
 G.N.S. G.N. compl. de nom V. G.N. C.O.D. G.N. C.O.S.
      G.N.   G.V.

• **niveau 3 :**

Le / fils / aîné / de / notre / voisin // a apporté /
art. déf. nom adj. prép. adj. poss. nom   verbe

des / roses / à / notre / fille.
art. indéf. nom prép. adj. poss. nom

• **L'analyse par groupes fonctionnels** s'effectue en partant du niveau 1 pour aboutir au niveau 3, mais sans toujours donner la fonction des mots au niveau 3.

• **L'analyse dite « grammaticale »** s'effectue au niveau 3 : elle donne la nature et la fonction de chaque mot.

L'analyse par groupes fonctionnels est plus simple parce qu'elle décompose plus progressivement la phrase. Néanmoins elle ne remplace pas à nos yeux l'analyse traditionnelle, qui s'avère indispensable et que l'on doit pratiquer régulièrement dans la mesure où elle explique par exemple les accords et en garantit la correction.

Il serait donc souhaitable de concevoir ces deux types d'analyse comme complémentaires et non comme concurrents.

■ *Le fils aîné de notre voisin a apporté des roses à notre fille.*

La phrase ci-dessus sera analysée comme suit :

autour du verbe noyau *a apporté*, nous distinguons trois groupes fonctionnels :

● **1. le fils aîné de notre voisin** : groupe fonctionnel sujet ; sa fonction est marquée par sa position avant le verbe. Il est composé du nom *fils* que complètent un autre nom *voisin* (complément du nom), un déterminant *le* (article défini) et un adjectif épithète *aîné*. Le nom *voisin* est lui-même déterminé par l'adjectif possessif *notre*.

● **2. des roses** : groupe fonctionnel C.O.D. Sa fonction est marquée par sa position après le verbe *a apporté*. Ce groupe est composé du nom *roses* qui est déterminé par l'article indéfini *des*.

● **3. à notre fille** : groupe fonctionnel C.O.S. Sa fonction est marquée par la préposition *à*. Il est composé du nom *fille* qui est déterminé par l'adjectif possessif *notre*.

ANALYSE LOGIQUE

- ■ « Analyser », c'est décomposer en unités. L'analyse logique prend pour unité la **proposition**. Faire l'analyse logique d'une phrase, c'est la découper en propositions, puis indiquer, pour chaque proposition, sa nature, son mot subordonnant s'il y en a un et sa fonction, lorsqu'elle est subordonnée.
Un énoncé se construit selon les étapes suivantes :
- 1. mots : *demain ; partons ; vacances ; nous ; en.*
- 2. groupes de mots : *en vacances.*
- 3. proposition : *Nous partons en vacances demain.*
- ■ L'analyse logique prend place au **niveau 3**, celui de la **proposition**.

Procédés d'analyse.

L'analyse logique doit se faire avec rigueur. Nous proposons donc à partir des phrases ci-dessous, une série d'analyses pour chacune des catégories de propositions existantes. Il est conseillé de se conformer aux formules, aux abréviations, à la ponctuation et à l'ordre des termes proposés.

Phrase simple.

Nous partons en vacances demain. **(1)**

1. Nous ... demain : proposition indépendante.

Phrases complexes.

- **Par coordination ou juxtaposition :**
Tous les bagages sont prêts **(1)** *et la voiture a été révisée* **(2)**.
« *Nous aurons sûrement du beau temps* **(3)**, *dit mon père* **(4)**, *la météo l'a annoncé* **(5)**. »

Phrase 1 : **1.** : proposition indépendante.
2. : proposition indépendante coordonnée à la précédente par la conjonction de coordination *et*.

Phrase 2 : **3.** : proposition indépendante.
4. : proposition incise.
5. : proposition indépendante juxtaposée.

● **Par subordination :**

> *Je pense* **(1)** *que la maison* **(2)** *que nous avons louée* **(3)** *sera très agréable* **(2)**. *La région est riche en curiosités* **(4)** *si bien que nous ferons des excursions tous les jours* **(5)**. *La mer étant toute proche* **(6)**, *nous irons même faire du bateau* **(7)**. *J'entends déjà* **(8)** *les vagues murmurer à mon oreille* **(9)**. *Je me demande* **(10)** *si je me ferai des amis* **(11)**. *En tout cas, j'espère* **(12)** *et je crois* **(13)** *que nous allons passer du bon temps* **(14)**.

Phrase 1 : **1.** : proposition principale.

2. : proposition subordonnée complétive introduite par la conjonction de subordination *que* ; C.O.D. de *pense*.

3. : proposition subordonnée relative explicative, introduite par le pronom relatif *que* ; complément de l'antécédent *maison*.

Phrase 2 : **4.** : proposition principale.

5. : proposition subordonnée conjonctive introduite par la locution conjonctive *si bien que* ; C.C. de conséquence de *est*.

Phrase 3 : **6.** : proposition subordonnée participiale ; C.C. de cause de *irons*.

7. : proposition principale.

Phrase 4 : **8.** : proposition principale.

9. : proposition subordonnée infinitive ; C.O.D. de *entends*.

Phrase 5 : **10.** : proposition principale.

11. : proposition subordonnée interrogative indirecte introduite par la conjonction de subordination *si* ; C.O.D. de *me demande*.

Phrase 6 : **12.** : proposition principale.

13. : proposition principale coordonnée à la précédente par la conjonction de coordination *et*.

14. : proposition subordonnée complétive introduite par la conjonction de subordination *que* ; C.O.D. de *espère* et *crois*.

A POSTROPHE

« Taxi ! »

L'apostrophe consiste à prononcer le nom d'une personne ou d'un animal pour l'appeler ou attirer son attention :

181

   Michel ! Taxi ! Médor !

Comment emploie-t-on l'apostrophe ?

182

■ L'apostrophe ne dépend d'aucun autre mot de la proposition :

Le mot en apostrophe peut être employé seul ; il constitue alors un mot-phrase :

   Garçon !

■ Employée dans une proposition, l'apostrophe peut :

● être isolée entre deux virgules :

   *Je souhaiterais, **cher ami**, que vous m'accompagniez.*

● être placée en tête de proposition :

   ***Cher ami**, je souhaiterais que vous m'accompagniez.*

● être placée en fin de proposition :

   *Je souhaiterais que vous m'accompagniez, **cher ami**.*

■ Elle est parfois précédée de l'interjection *Ô* ou d'un article défini :

   ***Ô nuit désastreuse !** (Bossuet)*
   *__Les__ **enfants**, au lit !*

Quels sont les mots ou groupes de mots qui peuvent être mis en apostrophe ?

183

● Un nom propre ou un nom commun :

   Michel ! Taxi !

● Un groupe nominal :

   ***Les enfants**, au lit !*

● Un pronom :

   *Viens ici, **toi**.*

APPOSITION (NOM EN)

« Le superflu, chose très nécessaire. »

184

■ Le terme **« apposition »**, emprunté au latin, signifie : **« poser à côté »**. En effet, le nom en apposition est placé à côté du nom dont il complète le sens. Il désigne obligatoirement le même être ou le même objet que le nom ou le pronom auquel il est apposé :

*Pierre, mon **frère** aîné, est en terminale. (Pierre = mon frère)*

■ Le nom en apposition sert à préciser l'identité, la nature ou une caractéristique de l'être ou de l'objet désigné par le nom auquel il est apposé :

*la ville **de Paris** ; une femme **médecin**.*
*Paris, **capitale de la France**, est visitée par de nombreux touristes.*

185 — Qu'est-ce qui distingue l'apposition du complément du nom ?

Comparons :

*La ville **de Paris** est très visitée.* **(1)**
*Les monuments **de Paris** sont très visités.* **(2)**

• Dans la phrase 1, le nom *Paris* est apposé au nom *ville*. L'apposition exprime une équivalence que l'on pourrait formuler de la sorte : Paris est une ville. Le nom *Paris* sert à préciser l'identité de la ville considérée.

• Dans la phrase 2, le nom *Paris* occupe la fonction de complément du nom *monuments*. Il n'y a plus de rapport d'équivalence : Paris n'est pas un monument.

186 — Comment le nom en apposition se construit-il ?

Trois constructions sont possibles :

• **Le nom en apposition suit directement, sans préposition ni virgule, le nom auquel il se rapporte ; il s'agit de l'apposition liée :**

*le roi **Louis XIV** ; une femme **médecin** ; mon ami **le jardinier**.*

On constate que le nom en apposition peut être un nom propre ou un nom commun. Il est, selon les cas, précédé ou non d'un déterminant :

*une femme médecin ; mon ami **le** jardinier.*

• **Le nom mis en apposition est relié au nom auquel il se rapporte par la préposition *de*, explétive mais non supprimable :**

*la ville **de** Strasbourg ; le mois **de** mai ; un amour **d'**enfant.*

~ Mais...

La préposition *de* est supprimable lorsque le nom auquel se rapporte l'apposition est un mot qui sert à parler d'un élément de la langue comme **terme, mot,** etc. ; on les appelle des mots métalinguistiques : *Le mot (de)* **liberté** *est universel.*

• **Le nom apposé est séparé par une pause à l'oral, une virgule à l'écrit, du nom auquel il est apposé ; il s'agit de l'apposition détachée :**

▨ *Pierre,* **mon frère,** *est en 5ᵉ.* **(1)** *Enfant, j'aimais courir à travers champs.* **(2)**

Dans la phrase 1, le groupe nominal apposé ne peut être déplacé sans changer de fonction :

▨ *Mon frère,* **Pierre,** *est en 5ᵉ.*

Le sens de la phrase reste le même, mais le nom *Pierre* qui était sujet devient apposé, et l'apposition *mon frère* devient sujet.

Dans la phrase 2, le nom apposé peut être déplacé :

▨ *J'aimais,* **enfant,** *courir à travers champs.*
▨ *J'aimais courir à travers champs,* **enfant.**

Attention !
• **Le nom apposé peut être séparé du nom auquel il se rapporte par les deux-points :**
J'ai acheté différentes sortes de fruits : **des pommes, des poires, des cerises.**
Les noms *pommes, poires, cerises* sont apposés au nom *fruits.*
• **Il ne faut pas confondre cette énumération de noms apposés avec une énumération de noms en fonction de C.O.D. :**
J'ai acheté **des pommes, des poires, des cerises.**

Comment le nom apposé s'accorde-t-il ? `187`

Le nom apposé s'accorde en genre et en nombre avec le nom ou le pronom auquel il se rapporte :

▨ *Pierre,* **l'époux** *de Jeanne.*
▨ *Jeanne,* **l'épouse** *de Pierre. Pierre et Paul,* **frères de Jean.**

Quelle est la nature et la fonction des mots construits avec un nom apposé ? `188`

■ Le nom apposé ne peut se rapporter qu'à un autre nom ou à un pronom :
▨ *La* **ville de Paris** *est très visitée ;* **celle de Lyon** *également.*

■ Un nom peut être apposé à un autre nom ou pronom occupant la fonction :
• **de sujet :**
▨ *Pierre,* **son frère,** *est en 5ᵉ.*

• **de complément d'objet :**

J'ai rencontré Pierre, son frère. J'ai parlé à Pierre, son frère.

• **de complément du nom :**

J'ai emprunté la voiture de Pierre, son frère.

Attention !
Cette caractéristique distingue le nom apposé de l'adjectif qualificatif ou du participe apposé. En effet, ce dernier est toujours apposé à un mot ou un groupe de mots occupant la fonction de sujet :
Pierre, petit et musclé, ne ressemble pas du tout à son frère.

■ Le nom apposé peut être lui-même déterminé par un adjectif qualificatif (phrase 1), un complément (phrase 2) ou une subordonnée relative (phrase 3) :

*Pierre, **élève sérieux et travailleur**, passe en 5e.* **(1)**
*Pierre, **garçon de talent**, réussira.* **(2)**
*Nous nous sommes vus rue Lepic, une **rue qui donne sur la place Blanche**.* **(3)**

189   *Quelles nuances le nom apposé permet-il d'exprimer ?*

Le G.N. apposé peut :

• **avoir une valeur descriptive :**

*L'homme, **petit vieillard bossu**, entra.*

• **donner un équivalent de sens sous forme de périphrase ; il constitue un groupe de mots synonyme du mot auquel il est apposé :**

*Le lion, **roi des animaux**. Paris, **capitale de la France**.*

• **apporter une caractéristique qui permet d'identifier l'être ou l'objet évoqué :**

*Pierre, **le frère de Paul**.* (à distinguer d'un autre Pierre, frère de Jean)
*Henri, **roi de France**.* (à distinguer de Henri, roi d'Angleterre)

190   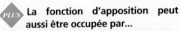 **La fonction d'apposition peut aussi être occupée par...**
• **un adjectif qualificatif** (➡ § 104 à § 109) :
*Le petit garçon, **impatient**, s'énerva.*
• **un adjectif verbal :**
*Sa théorie, **convaincante** et claire, nous a plu.*
• **un participe passé employé comme adjectif :**
*Sa robe, **brodée** à la main, est superbe.*

• **un pronom :**
*Le dernier, **celui-ci**, a cinq ans.*
• **un infinitif :**
*Je ne veux qu'une chose, **partir**.*
• **une subordonnée complétive :**
*Je ne souhaite qu'une chose, **que vous réussissiez**.*
• **une subordonnée relative :**
*Pierre, **qui habite la maison voisine**, est plus âgé que moi.*

ARTICLE (ABSENCE DE L')

« À bon chat bon rat »

Dans quels cas l'article est-il omis ?

- **Dans les locutions verbales :**
  prendre congé, perdre patience, avoir froid, avoir peur...
- **Dans les formules générales, certains proverbes ou dictons :**
  Noblesse oblige. Ils s'entendent comme larrons en foire.
- **Sur les étiquettes, les pancartes :**
  Appartement à vendre. Café.
- **Dans les titres (romans, œuvre, journaux) :**
  « Guerre et Paix ». « Sonate en si mineur ». Inondations dans le sud de la France.
- **Devant certains compléments :**
  *Il tremble **de froid**. (C.C. de cause) Un pantalon **de toile**. (C. du nom)
  Il est venu **sans argent**. (C.C. de manière) Il est reparti **en train**. (C.C. de moyen)*
- **Devant certains attributs :**
  *Il est **médecin**. (attribut du sujet)
  On l'a nommé **président**. (attribut du C.O.D.)*
- **En apostrophe :**
  Garçon ! Taxi !
- **Dans l'apposition :**
  *Paris, **capitale de la France,** est une mégapole.*
- **Dans certaines énumérations :**
  Femmes, enfants, vieillards, tous étaient venus.

~ *Mais...*

Dans la plupart de ces cas l'article est rétabli lorsque le nom est déterminé par un adjectif (phrase 1), un complément du nom (phrase 2) ou une proposition subordonnée relative (phrase 3) :
*Il a agi avec rapidité. → Il a agi avec **une grande** rapidité. (1)
J'ai faim. → J'ai **une** faim **de loup**. (2)
Il est venu sans argent. → Il est venu sans l'argent **que tu lui avais donné**.*

Quelques cas où le sens de la phrase tient à un mot : l'article...	• *Rex est un chien de **berger**.*
• *Il a pris **congé** de nous tard dans la nuit.*	≠ *Rex est le chien **du berger**.*
≠ *Il a pris **un congé**.*	• *Il n'a pas donné **suite** à ma demande.*
	≠ *Donne-moi **la suite** de ton devoir.*

ARTICLE DÉFINI

« Le petit chat est mort. »
(MOLIÈRE, *L'École des femmes*, II, 5)

193

L'**article défini** s'emploie devant un nom dénombrable et lui donne un sens réel déterminé, c'est-à-dire qu'il nous renseigne sur le nombre et l'identité de l'être ou de la chose désignés par ce nom. Il appartient à la classe des **déterminants** (➡ § 306 à § 310) du nom et **fait partie du groupe nominal** :

enfant : nom commun ; masc. sing. (sens du dictionnaire, en dehors de toute réalité)
L'enfant de la voisine joue dans la cour. (sens déterminé dans une réalité. Il y a un enfant, et non plusieurs, dans la cour et l'on sait de quel enfant il s'agit)

194   *Quelles sont les formes de l'article défini ?*

L'article défini présente trois séries de formes.

● **des formes simples :**

	SINGULIER	PLURIEL
MASCULIN	*le*	*les*
FÉMININ	*la*	*les*

● **des formes élidées :**
Au singulier, devant une voyelle ou un *h* muet, l'article défini remplace sa voyelle finale par une apostrophe et devient un article défini élidé :

l'argent ; l'amour ; l'histoire.

● **des formes contractées :**
Précédé des prépositions *à, de* ou *en*, l'article défini se contracte avec ces prépositions au masculin singulier devant une consonne ou un *h* aspiré et au masculin ou au féminin pluriel devant une voyelle, une consonne, un *h* muet ou aspiré :

	A		DE		EN
	masc.	fém.	masc.	fém.	
SINGULIER	*au (à le)*		*du (de le)*		
PLURIEL	*aux (à les)*		*des (de les)*		*ès (en les)*

Attention !
Ès est une forme vieillie qu'on ne trouve plus guère que dans quelques locutions :** *Il est licencié* **ès** *lettres.*

Comment l'article défini s'accorde-t-il ?

Il s'accorde en genre et en nombre avec le nom qu'il détermine :
le livre ; **la** table.
les livres ; **les** tables.

Qu'est-ce qui distingue l'article défini de l'article indéfini ?

L'article défini, à la différence de l'article indéfini *(un, une, des)*, introduit un nom qui désigne un être ou une chose :

• **soit connus de celui à qui l'on s'adresse :**

*En sortant de l'école, arrête-toi à **la** boulangerie.*

~ *Mais...*

*En sortant de l'école, arrête-toi dans **une** boulangerie. (n'importe laquelle)*

• **soit identifiables par celui à qui l'on s'adresse.** Cette identification peut se faire notamment grâce à un adjectif (phrase 1), un complément du nom (phrase 2) ou/et une proposition subordonnée relative (phrase 3) :

*Pour partir, je prendrai **le dernier** train.* **(1)**
*Pour partir, je prendrai **le** train **de 18 heures**.* **(2)**
*Pour partir, je prendrai **le** train **qui part à 18 heures**.* **(3)**

~ *Mais...*

*Pour partir, je prendrai **un** train.*

L'interlocuteur n'est pas en mesure ici d'identifier le train dont il s'agit ; s'il veut le faire, il doit poser une question du type : « Quel train ? »

~ *Mais...*

*Pour partir, je prendrai **le** train.*

L'emploi de l'article défini indique ici qu'il s'agit de partir par le train par opposition à tout autre moyen de transport.

Quelles nuances l'article défini permet-il d'exprimer ?

■ L'article défini permet d'exprimer :

• **une nuance démonstrative :**

*Regarde **le** clown là-bas.*

• **une nuance possessive :**

*J'ai mal à **la** gorge.*

- **une nuance d'habitude.** Il est équivalent de l'adjectif indéfini *chaque* :

  Je fais mes courses le vendredi soir.

- **une nuance affective, laudative ou péjorative** :

  Le beau feu d'artifice ! L'imbécile !

■ Il sert enfin à désigner :

- **une personne ou une chose unique** :

  Le soleil se lève à l'est.
  Les Durand.

- **une espèce** :

  Le chat est un mammifère.

- **une réalité abstraite, à valeur générale** :

  La curiosité est un vilain défaut.

198 **Des cas où l'élision n'a pas lieu...**
• L'article défini ne s'élide pas devant : *un* (chiffre ou numéro), *oui, huit, huitain(e), huitième, onze, onzième,* *uhlan, (h)ululement, yacht, ya(c)k, yankee, yoga, yoghourt, yogi, yole, youyou, yucca* et devant des noms propres comme *Yémen, Yang-tsé-kiang, Yucatan.*

Article indéfini

« Oh ! l'amour d'une mère ! amour que nul n'oublie ! »
(HUGO, *Les Feuilles d'automne*)

199 L'**article indéfini** s'emploie devant un nom dénombrable et lui donne un sens réel indéterminé, c'est-à-dire qu'il nous renseigne sur le nombre, mais pas sur l'identité de l'être ou de la chose désignés par ce nom. Il appartient à la classe des **déterminants** (➡ § 306 à § 310) du nom et **fait partie du groupe nominal** :

enfant : nom commun ; masc. sing. (sens du dictionnaire, en dehors de toute réalité)
Un enfant joue dans la cour. (sens indéterminé dans une réalité. Il y a un enfant, et non plusieurs, dans la cour, mais on ne sait pas de quel enfant il s'agit)

Quelles sont les formes de l'article indéfini ?

200

	SINGULIER	PLURIEL
MASCULIN	*un*	*des*
FÉMININ	*une*	*des*

Comment l'article indéfini s'accorde-t-il ?

201

Il s'accorde en genre et en nombre avec le nom qu'il détermine :

un livre ; *une* table.
des livres ; *des* tables.

Qu'est-ce qui distingue l'article indéfini de l'article défini ?

202

■ **Au singulier**, l'article indéfini, à la différence de l'article défini *(le, la)*, accompagne un nom qui désigne un être ou une chose :

● **soit qu'il n'est pas nécessaire d'identifier :**

*En sortant de l'école, arrête-toi dans **une** boulangerie. (n'importe laquelle)*

〜 *Mais...*
*En sortant de l'école, arrête-toi à **la** boulangerie. (celle que tu connais)*

● **soit inconnues de celui à qui l'on s'adresse :**

*J'ai trouvé **un** livre dans la rue. (Quel genre de livre ?)*

〜 *Mais...*
*J'ai trouvé le **petit** livre **vert**. (1)*
*J'ai trouvé le livre **de Papa**. (2) J'ai trouvé le livre **que tu avais perdu**. (3)*
Le livre dont il est question est facilement identifiable par celui à qui l'on s'adresse grâce à l'information apportée par l'adjectif (1), le complément du nom (2) ou/et la proposition subordonnée relative (3). On emploie donc l'article défini.

Attention !
Le nom précédé de l'article indéfini peut également être précisé par un adjectif, un complément du nom ou/et une proposition subordonnée relative :
*Demain, j'irai acheter **un** livre **de mathématiques**. (un livre non identifiable)*

〜 *Mais...*
*Demain, j'irai acheter **le** livre de mathématiques. (un livre précis)*

■ **Au pluriel, il exprime une quantité indéterminée,** par opposition notamment à l'adjectif numéral cardinal :

*J'ai trouvé **des** livres dans le grenier.*

∿ *Mais...*

*J'ai trouvé **trois** livres dans le grenier.*

Attention !
• **Devant un nom pluriel précédé d'un adjectif, on emploie de préférence *de* à la place de *des* :** *Il a **de** très beaux tableaux chez lui.*
• **De même, dans les tournures négatives :** *Il n'a pas **de** très beaux livres.*

---

203   *Quelles nuances l'article indéfini permet-il d'exprimer ?*

Il sert aussi :

• **à déterminer un nom qui évoque un spécimen, un échantillon d'une espèce, un objet d'une matière quelconque :**

*Il a **un** Picasso dans son salon. Il a **un** très beau marbre sur sa cheminée.*

• **à exprimer une valeur affective, laudative ou péjorative :**

*Il est d'**une** gentillesse ! C'est **un** poète ! Elle m'a parlé sur **un** ton !*

---

204   *PLUS* Il ne faut pas confondre...

• *des* (article indéfini) et *des* (article défini contracté = *de* + *les*) :
*Nous avons **des** amis en Angleterre.*
*Nous avons parlé **des** amis de Jean.*

• *un* (article indéfini) et *un* (adjectif numéral cardinal) : À l'origine, *un* était un numéral. Le sens permet de les différencier :
*J'attends **une** lettre.*
*Je n'ai reçu qu'**une** lettre cette semaine.*

ARTICLE PARTITIF

« Le temps, c'est de l'argent. »

205   L'**article partitif** s'emploie devant un nom non dénombrable, c'est-à-dire un nom désignant une masse, un produit qui ne peut être partagé en unités isolables. Il appartient à la classe des **déterminants** (➡ § 306 à § 310) du nom et **fait partie du groupe nominal** :

*Elle a acheté **de la** viande.*

> Le mot *viande* représente ici une masse, un produit. On ne peut dire :
> ■ **Elle a acheté deux viandes.*

Quelles sont les formes de l'article partitif ? 206

L'article partitif est formé de la préposition *de* suivie de l'article défini *le, la, les.*

	SINGULIER	PLURIEL
MASCULIN	*du (de l')*	*des*
FÉMININ	*de la (de l')*	

Attention !
Au singulier, *du* et *de la* s'élident en *de l'* devant une voyelle ou un *h* muet.

Comment l'article partitif s'accorde-t-il ? 207

Il s'accorde en genre et en nombre avec le nom qu'il détermine :
■ *du* poisson ; *de l'*or ; *de la* confiture ; *de l'*eau ; *des* chocolats ; *des* rillettes.

Qu'est-ce que l'article partitif sert à exprimer ? 208

• L'article partitif indique que l'on ne considère qu'une partie d'un tout, d'une masse, une certaine quantité d'un produit qui ne peut être partagé en unités isolables. C'est pourquoi on ne l'emploie qu'avec des noms non dénombrables :
■ *Il boit de l'eau. Il a mangé du chocolat.*

• L'article partitif ne s'emploie jamais devant des noms dénombrables (désignant des objets que l'on peut compter). Pour désigner des noms dénombrables, on emploie l'adjectif numéral ordinal ou l'article indéfini :
■ *Il a mangé deux chocolats. (deux unités prises dans une boîte)*
■ *Il a mangé des chocolats. (pris dans une boîte)*

Comment emploie-t-on l'article partitif ? 209

■ Au masculin singulier, on peut l'employer devant un nom de musicien, d'écrivain, de peintre :
■ *Il écoute souvent du Mozart. En ce moment, elle lit du Flaubert.*

■ *Du, de la, des* sont remplacés par *de* ou *d'* :

• **dans une tournure négative :**

Il ne mange jamais de chocolat.

• **en présence des adverbes *beaucoup, trop, assez* :**

Il mange trop de chocolat.

■ *Des* est remplacé par *de* ou *d'* lorsque le nom qu'il détermine est précédé d'un adjectif qualificatif :

Nous avons mangé de bons chocolats.

210

PLUS **Il ne faut pas confondre...**

• *de la* (article partitif) et *de la* (préposition + article défini) :

J'ai acheté de la laine pour te tricoter un gilet. **(1)**

Je me suis servie de la laine bleue pour te tricoter un gilet. **(2)**

Dans une tournure négative, l'article partitif *de la* devient *de* ; en revanche *de la* (préposition + article défini) ne change pas :

Je n'ai pas acheté de laine.

Je ne me suis pas servie de la laine bleue.

Par ailleurs, dans la phrase 1, l'article partitif appartient au G.N. *de la laine*, C.O.D. de *ai acheté* (construction directe).

Dans la phrase 2, la préposition *de* introduit le G.N. *la laine*, C.O.I. de *me suis servie* (construction indirecte).

• *des* (article partitif) et *des* (article indéfini) :

Du point de vue du sens, *des* n'est presque jamais un véritable article partitif, mais plutôt le pluriel de l'article indéfini *un* dans la mesure où l'article partitif, pour le sens, est aussi un article indéfini :

J'ai acheté des pommes.

J'aime manger des pommes.

• *du* (article partitif) et *du* (article défini contracté) :

Le chat boit du lait.

Le chien a bu le lait du chat.

Dans une tournure négative *du* partitif devient *de*, l'article défini contracté ne change pas :

Le chat ne boit pas de lait.

Le chien n'a pas bu le lait du chat.

UXILIAIRES

« On ne peut pas être et avoir été. »

211

On appelle **auxiliaires**, des verbes (➡ § 674 à § 689) comme *avoir* et *être* qui, vidés de leur sens propre, aident, comme leur nom l'indique, à la **conjugaison d'autres verbes** (auxiliaires de temps ou de conjugaison) ou à la **formation de périphrases verbales** (auxiliaires d'aspect ou de mode) :

> *J'ai chanté.* = présent de l'auxiliaire de temps *avoir* + p. passé = passé composé du verbe *chanter*.
> *Je suis parti.* = présent de l'auxiliaire de temps *être* + p. passé = passé composé du verbe *partir*.
> *Il est sur le point de partir.* = périphrase verbale (auxiliaire d'aspect)
> *Je dois travailler.* = périphrase verbale (auxiliaire de mode)

À quoi servent les auxiliaires ?

212

> *Pierre a une voiture.* **(1)**
> *Hier, Pierre a loué une voiture.* **(2)**

Dans la phrase 1, *avoir* est un **verbe** qui exprime la possession et situe le fait de posséder dans le présent par sa forme dite de « présent de l'indicatif ».
Dans la phrase 2, le verbe *avoir* a perdu à la fois son sens (possession) et sa valeur temporelle (présent) propres : associé au participe *loué*, il situe l'action dans le passé et forme le passé composé. On dit dans ce cas que *avoir* est un **auxiliaire de temps ou de conjugaison**.

Comparons :

> *Je vois Pierre qui vient.* **(1)** *Pierre vient de tomber.* **(2)**

Dans la phrase 1, le verbe *vient* exprime un mouvement en train de se faire.
Dans la phrase 2, il marque l'accomplissement récent de l'action de « tomber ».
On dit dans ce cas que *venir* est un **auxiliaire d'aspect ou un semi-auxiliaire**.

Comment emploie-t-on les auxiliaires avoir et être ?

213

■ Les auxiliaires de temps *avoir* et *être* servent à former les temps composés et surcomposés de tous les verbes, les leurs y compris. L'utilisation des auxiliaires *être* et *avoir* dans la formation des temps composés obéit aux règles suivantes :
• **Les temps composés des verbes transitifs à la voix active sont toujours formés avec l'auxiliaire *avoir* :**

> *j'ai mangé ; j'avais acheté ; j'eus donné…*

- **Les temps composés des verbes pronominaux sont toujours formés avec l'auxiliaire *être* :**

  *je me **suis** blessée ; ils se **seront** battus ; nous nous **étions** regardés.*

- **Les temps composés des verbes intransitifs sont formés tantôt avec l'auxiliaire *être*, tantôt avec l'auxiliaire *avoir*.**

Sont formés avec l'auxiliaire *être* les verbes intransitifs suivants : *accourir, advenir, aller, arriver, décéder, demeurer, descendre, devenir, échoir, éclore, entrer, intervenir, monter, mourir, naître, partir, parvenir, rentrer, repartir, ressortir, rester, retomber, retourner, revenir, sortir, survenir, tomber, venir.*

Les temps composés de tous les autres verbes intransitifs ainsi que les temps composés des auxiliaires *être* et *avoir*, sont formés avec l'auxiliaire *avoir* :

  j'ai été ; j'ai eu.

> **Attention !**
> **Certains verbes se conjuguent avec l'auxiliaire *avoir* ou *être* selon qu'ils ont un sens transitif (phrase 1) ou intransitif (phrase 2) :**
> *J'**ai descendu** tous les paquets à la cave.* **(1)**
> *Je **suis descendue** par l'ascenseur.* **(2)**

■ L'auxiliaire *être* est également l'auxiliaire de la voix passive :

  elle aime → *elle **est** aimée* (présent passif)
  elle a aimé → *elle **a été** aimée* (passé composé passif)

---

214   *À quoi servent les auxiliaires d'aspect (semi-auxiliaires) ?*

Il existe certains verbes, appelés parfois semi-auxiliaires qui, construits avec un infinitif, forment une périphrase verbale et servent à exprimer diverses nuances d'aspect. Les temps et les modes du verbe en français ne permettent de traduire qu'une action en cours d'accomplissement ou déjà accomplie ; si l'on veut nuancer un propos, on est obligé d'avoir recours aux périphrases verbales suivantes qui permettent de situer l'action par rapport à celui qui écrit ou qui parle :

Celui qui écrit ou qui parle se situe avant le début de l'accomplissement de l'action.	Celui qui écrit ou qui parle se situe à un point de la durée de l'accomplissement de l'action.	Celui qui écrit ou qui parle se situe après l'accomplissement de l'action.
Aller + infinitif : Je **vais** travailler.	*Commencer à* + infinitif : Je **commence** à travailler.	*Venir de* + infinitif : Je **viens de** travailler.

Être sur le point de + infinitif : Je *suis sur le point de* travailler.	Être en train de de + infinitif : Je *suis en train de* travailler.	Avoir fini de + infinitif : J'*ai fini de* travailler.
	Aller + participe présent ou gérondif : Le mal *va croissant.*	
	Finir de + infinitif : Je *finis de* travailler.	
	Se mettre à + infinitif : Je *me mets* à travailler.	

Attention !

• *Aller* + infinitif : cette périphrase ne s'emploie qu'au présent et à l'imparfait de l'indicatif : *Dépêche-toi, le train va partir. J'allais partir quand il est arrivé.*

• *Aller* + participe présent (ou gérondif) : cette périphrase exprime la progression de l'action ou de l'état en cours : *La situation va en empirant.*

• *Venir de* + infinitif : c'est le pendant d'*aller* + infinitif ; il exprime l'aspect inverse : *Je viens de travailler. Je travaille. Je vais travailler.*

À quoi servent les auxiliaires de mode ?

▲ **Comparons :**

Il travaille.
Il ne travaille pas.
Est-ce qu'il travaille ?
Il travaille !
Qu'il travaille.

Ces cinq phrases sont construites avec un sujet *(il)* et un verbe *(travaille)* identiques. Elles n'ont cependant pas le même statut : dans chaque phrase, l'énoncé est formulé sur un mode différent : l'affirmation, la négation, l'interrogation, l'exclamation, l'ordre. Ces différents modes d'énonciation constituent les modalités de la phrase. Certains auxiliaires expriment également la modalité. On les appelle semi-auxiliaires ou auxiliaires de mode. C'est le cas de :

• *Devoir* + infinitif ; cette périphrase permet :

– d'exprimer la nécessité :

■ Je *dois* travailler.

– d'atténuer une affirmation en probabilité :

J'ai dû me tromper.

• *Pouvoir* + **infinitif** permet :

– d'exprimer la possibilité :

*Je **peux** vous raccompagner, si vous le souhaitez.*

– d'atténuer une affirmation en probabilité :

*Il **pouvait** être cinq heures.*

• On peut considérer que ***vouloir, savoir* et *croire,*** lorsqu'ils sont suivis d'un infinitif, jouent le rôle d'auxiliaires de mode :

*Je **veux** partir.* (= affirmation de la volonté).

*Je **sais** conduire.* (= aptitude)

Ce sens de l'auxiliaire *savoir* est d'ailleurs traduit en anglais par « *can* » qui met bien en lumière cette nuance de possibilité.

*Je **crois** savoir la vérité.* (= affirmation atténuée en probabilité)

COMPLÉMENTS

216

Le **nom** peut occuper dans la phrase la fonction de **complément**, c'est-à-dire qu'il peut compléter d'autres mots de la phrase. Il peut se rattacher à :

• **un autre nom :**

   une voiture *à **pédales*** ; un verre ***d'eau*** ; une question **clef**.

• **un adjectif :**

   bleu *ciel* ; heureux *au jeu* ; fier *de sa réussite*.

• **un verbe :**

   Pierre a acheté *une voiture*.
   Pierre a vendu *sa voiture à Paul*.
   Pierre roule *à grande vitesse*.

• **un pronom :**

   Cette voiture est celle *de mon père*.

• **un adverbe :**

   Il a agi conformément *à mes instructions*.

Le nom détermine un nom.

217

Il est alors appelé **complément du nom** (➡ § 263 à § 269) ; il peut se construire :

• **indirectement,** par le relais d'une préposition :

   Le livre *de ma mère*.
   Un coffret *à bijoux*.

• **directement,** sans préposition, par simple juxtaposition :

   Elle a un côté *vieille France*.
   Le roi *Henri IV*.

Le nom détermine un adjectif.

218

Il est alors **complément de l'adjectif** (➡ § 242 à § 246) ; il peut se construire :

• **indirectement,** par le relais d'une préposition :

   C'est un comportement propre *aux enfants*.
   noir *de fumée* ; fou *de rage*.

• **directement,** dans le cas des adjectifs de couleur :

   vert *bouteille* ; bleu *ciel* ; jaune *paille*.

| 219 | *Le nom détermine un verbe.* |

■ Il peut être complément d'objet.

● **C.O.D.** Le verbe est déterminé par un complément de construction directe, c'est-à-dire construit sans préposition : il s'agit d'un **complément d'objet direct** ou **C.O.D.** (➠ § 247 à § 254) :

░ *Pierre a acheté **une voiture**.*

Le C.O.D. peut devenir l'agent du verbe dans une transformation passive :

░ ***Une voiture** a été achetée par Pierre.*

● **C.O.I.** Le verbe est déterminé par un complément de construction indirecte, c'est-à-dire construit avec une préposition : il s'agit d'un **complément d'objet indirect** ou **C.O.I.** (➠ § 255 à § 262) :

░ *Nous avons assisté **à une réunion**.*

● **C.O.S.** Le verbe est déterminé par deux compléments, l'un de construction directe, le C.O.D., l'autre de construction indirecte ; ce dernier est appelé **complément d'objet second** ou **C.O.S.** (➠ § 261) :

░ *Pierre a vendu sa voiture **à Paul**.*

■ Il peut être complément d'agent (➠ § 235 à § 241).

Le nom désignant l'être ou l'objet qui fait l'action occupe généralement la fonction de sujet. Lorsque le verbe est à la voix passive, il occupe la fonction de complément ; c'est le complément d'agent :

░ ***Pierre** a acheté une voiture.*
░ *Une voiture a été achetée **par Pierre**.*

■ Il peut être complément circonstanciel (➠ § 224 à § 234).

Les compléments circonstanciels sont généralement construits avec une préposition. Ils servent à exprimer les circonstances dans lesquelles se déroule l'action. Ils renseignent notamment sur :

● **le lieu :**

░ *Pierre se promène **dans le parc**.*

● **le moyen :**

░ *Pierre repart **par le train**.*

● **la cause :**

░ *Il a été condamné **pour fraude**.*

● **le temps :**

░ *Pierre repart **dans deux jours**.*

● **la manière :**

░ *Il travaille **avec acharnement**.*

● **le but :**

░ *Il travaille **pour ses enfants**.*

Il arrive que le complément circonstanciel soit construit directement :

░ *Mon père travaille **la nuit**. Bébé pèse **cinq kilos**.*

Le nom détermine un pronom.

220

Il peut être complément :

• **d'un pronom démonstratif** (➠ § 481) :

 Mon bureau et **celui de mon collègue** sont mitoyens.

• **d'un pronom indéfini** (➠ § 485) :

 Certains de mes amis sont convoqués demain.

• **d'un pronom interrogatif** (➠ § 507) :

 Lequel de ces enfants est le vôtre ?

Le nom détermine un adverbe.

221

Il peut être complément d'un **adverbe de circonstance** (manière, quantité) (➠ § 152 et § 153) :

 J'ai agi **conformément** à ses **instructions**.
 Il a **beaucoup** d'**amis**.

Les compléments peuvent être classés en : compléments essentiels/compléments circonstanciels.

222

Les grammaires nouvelles tendent à procéder par grands regroupements. C'est ainsi que les compléments ont été regroupés en deux catégories : les compléments **essentiels** et les compléments **circonstanciels**.
Le terme de « complément essentiel » est un terme récent.
Le terme de « complément circonstanciel », plus ancien, prend du même coup dans cette opposition complément essentiel/complément circonstanciel une signification nouvelle.
L'opposition complément essentiel/circonstanciel essaye de ne pas faire appel au sens, mais souligne des différences de comportement suivantes :

■ **Les compléments essentiels sont ceux qui sont étroitement liés au verbe :**

• ils ont un caractère **indispensable** :

 Il a acheté **une voiture**.

• ils peuvent difficilement **être déplacés** :

 *Une voiture il a acheté.

■ **Les compléments circonstanciels regroupent tous les compléments qui ne sont pas essentiels à la construction du verbe.**

- ils ne sont **pas indispensables** :

  *Il révise une leçon **chaque jour.***

- ils sont **relativement mobiles** :

  ***Chaque jour,** il révise une leçon. Il révise **chaque jour** une leçon.*

On obtient le classement suivant :

- **compléments essentiels** : le C.O.D. (phrase 1), le C.O.I. (phrase 2), le C.O.S. (phrase 3), mais aussi l'attribut (phrase 4) :

  *Il a commandé **une nouvelle voiture**. (1)*
  *Il s'est souvenu **de moi**. (2)*
  *On **lui** a proposé un nouveau poste. (3)*
  *Il est **médecin**. (4)*

- **compléments circonstanciels** : les compléments circonstanciels traditionnels exprimant le temps, le lieu, le moyen, le manière, la cause, le but...

  *Il part **en Australie** / **dans deux jours**.* **(C.C. de lieu / C.C. de temps)**

~ Mais...
L'opposition complément circonstanciel/essentiel présente des limites.
Soit la phrase : *Il habite **à Paris**.*

Le complément *à Paris*, présente les critères d'un complément essentiel : on ne peut ni le supprimer ni le déplacer. Pourtant, *à Paris* exprime les circonstances de l'action d'« habiter » et répond à la question « Où ? ». Cela signifie que le complément *à Paris* serait, du point de vue du sens, un complément circonstanciel, et du point de vue du comportement, un complément essentiel.
On voit ici les limites d'un tel classement. En effet, beaucoup d'autres compléments sont essentiels par leur comportement et circonstanciels par leur sens, c'est pourquoi on peut proposer un autre classement.

223

Les compléments peuvent aussi être classés en :
compléments de verbe/compléments de phrase.

Ce nouveau classement distingue les compléments qui ne modifient que le verbe de ceux qui apportent une information sur l'ensemble de la phrase.
Les différents compléments sont alors regroupés comme suit :

■ **Compléments de verbe :** les C.O.D., C.O.I., C.O.S., l'attribut, mais aussi certains compléments dits circonstanciels, étroitement liés au verbe et que l'on peut difficilement déplacer ou supprimer. C'est le cas des compléments construits avec des verbes qui exigent un apport d'information concernant :

- **le lieu :** *aller, habiter, résider, venir, parvenir, partir...* :

  *Il habite **à la campagne**. *Il habite.*

● **le temps** : *durer, continuer, se dérouler, se poursuivre, se terminer...* :
▨ *Le colloque se déroulera **sur trois jours**. *Le colloque se déroulera.*

● **la manière** : *travailler, agir, se conduire, réagir...* :
▨ *Il s'est conduit **avec élégance**. *Il s'est conduit.*

● **la mesure** : *peser, mesurer, valoir...* :
▨ *Bébé pèse **cinq kilos**. *Bébé pèse.*

■ **Compléments de phrase** : les compléments dits circonstanciels qui ne se comportent pas comme des complément de verbe, mais aussi le complément d'agent :

▌ *Il a fait quelques pas **(dans la cour)**.* (complément de phrase)
*Il est **dans la cour**.* (complément de verbe)
*Il a été agressé **(par deux voyous)**.* (complément de phrase)
*Elle a été élevée **par sa grand-mère**.* (complément de verbe)

Ce classement peut encore être affiné si l'on prend en considération que les compléments de verbe et de phrase sont tantôt construits directement, tantôt indirectement.

C OMPLÉMENTS CIRCONSTANCIELS

« Qui va à la chasse perd sa place. »

224

■ Les **compléments** (➠ § 216 à § 223) **circonstanciels** sont des **compléments du verbe**. Ils permettent de préciser dans quelles circonstances se déroule l'action exprimée par le verbe.

■ Un même verbe peut avoir plusieurs compléments circonstanciels. Le mot « circonstances » est à prendre au sens large, car ces compléments expriment non seulement des relations de **temps**, de **lieu**, de **manière**, de **cause**, mais encore le **but**, la **quantité**, la **conséquence**, la **condition**, la **comparaison** et bien d'autres nuances qui n'ont pas toujours un nom en grammaire.

Il / est parti / à Paris / ce matin / pour affaires / par le train.
    V   C.C. LIEU   C.C. TEMPS   C.C. CAUSE   C.C. MOYEN

225

Comment construit-on les compléments circonstanciels ?

■ La circonstance est exprimée :

• **soit par un complément construit sans préposition :**

*Il habite **un petit village**.*

Les compléments circonstanciels de ce type, construits sans préposition, sont ordinairement des noms seuls ou accompagnés d'un déterminant et exprimant une nuance de lieu, de temps, de quantité (prix, poids ou mesure) :

*Il habite **rue Victor-Hugo**.* **(C.C. de lieu)**
*Son père travaille **la nuit**.* **(C.C. de temps)**
*Ce livre coûte **cinquante francs**.* **(C.C. de « prix »)**
*Bébé pèse **cinq kilos**.* **(C.C. de « poids »)**
*Ils ont parcouru **cent kilomètres**.* **(C.C. de « distance »)**

• **soit par la préposition ou la locution prépositive qui l'introduit :**

*Il habite **dans un petit village**.* **(C.C. de lieu)**

Une même préposition peut, selon le contexte, prendre un sens différent et donc introduire des compléments circonstanciels de nuance différente :

*Il habite **à Paris**.* **(C.C. de lieu)**
*Il est parti **à cinq heures**.* **(C.C. de temps)**
*Il est venu **à bicyclette**.* **(C.C. de moyen)**

■ Les compléments circonstanciels sont la plupart du temps mobiles :

***Dans le jardin** les rosiers sont en fleurs.*
*Les rosiers sont en fleurs **dans le jardin**.*

> *Attention !*
> Dans la plupart des cas, le complément circonstanciel peut être supprimé sans que le sens général de la phrase soit modifié. Celle-ci perd simplement de sa précision : *Ils partent en vacances (en Italie).*

~ *Mais...*
Il habite à la campagne. (C.C. de lieu)
Dans ce cas, le complément circonstanciel ne peut être supprimé.

Qu'est-ce qui distingue un C.C. construit sans préposition d'un C.O.D. ?

226

Comparons :

La marchande pèse *les pommes.* (1) Bébé pèse *cinq kilos.* (2)

Le C.O.D. (1) peut toujours devenir le sujet du verbe mis au passif, alors que le C.C. (2) ne peut pas subir la même transformation :

Les pommes sont pesées par la marchande. *Cinq kilos sont pesés par Bébé.*

Comment classe-t-on les compléments circonstanciels ?

227

■ Les compléments circonstanciels sont classés selon des nuances de sens :
• le complément circonstanciel de **lieu** :
*Il habite **dans un village.***

• le complément circonstanciel de **temps** :
*Il arrive **dans cinq jours.***

• le complément circonstanciel de **cause** :
*Il sursaute **de peur.***

• le complément circonstanciel de **manière** :
*Il a accepté **de bon cœur.***

• le complément circonstanciel de **moyen** :
*Cet engin marche **à la vapeur.***

• le complément circonstanciel de **but** :
*Il concourt **en vue d'une médaille.***

■ À ces compléments, on en ajoute parfois d'autres :
• le complément circonstanciel d'**accompagnement** :
*Il est parti **avec ses parents.***

- le complément circonstanciel de **comparaison** :
  *Il s'est conduit **en chef**.*
- le complément circonstanciel de **condition** :
  ***Avec de l'obstination**, on arrive à ses fins.*
- le complément circonstanciel de **concession** :
  *Il est sorti **malgré la pluie**.*
- le complément circonstanciel de **destination** :
  *Je l'ai fait **pour mes enfants**.*
- le complément circonstanciel de **propos** :
  *Ils ont parlé **cinéma** toute la soirée.*
- le complément circonstanciel de **quantité** (poids, mesure, prix) :
  *Bébé pèse **cinq kilos**.*
  *Il a couru **dix kilomètres**.*
  *Ce meuble s'est vendu **plusieurs millions**.*

La liste de ces distinctions, fondées sur le sens, pourrait être allongée sans fin. C'est pourquoi, à l'exception des six compléments circonstanciels énoncés ci-dessus, on peut se limiter, pour tous les autres cas, à identifier la nature circonstancielle du complément, à en comprendre la nuance sans pour autant la nommer.

228 *Que sert à exprimer le complément circonstanciel de lieu ?*

Il permet d'exprimer **quatre nuances** :

- **le lieu où l'on est :**
  *Il habite **dans un petit village**.*

- **le lieu où l'on va :**
  *Il part **en Écosse**.*

- **le lieu d'où l'on vient :**
  *Il arrive **de Londres**.*

- **le lieu par où l'on passe :**
  *Nous sommes passés **par le raccourci**.*

Attention !
Généralement construit avec une préposition, il peut aussi être construit directement : *Il habite **un petit village**.*

Que sert à exprimer le complément circonstanciel de temps ?

229

Il permet d'exprimer deux nuances essentielles :
- **une date ; il répond dans ce cas à la question « quand ? » :**
  *Il faut tout préparer **avant son départ.***
- **une durée ; il répond dans ce cas à la question « combien de temps ? » :**
  *Il a été absent **pendant huit jours.***

Attention !
Généralement construit avec une préposition, il peut aussi être construit directement : *Il arriva **le surlendemain.***

Que sert à exprimer le complément circonstanciel de cause ?

230

Il indique pourquoi se déroule l'action exprimée par le verbe.
Il est introduit par les prépositions *de, par, pour* ou par les locutions prépositives *à cause de, faute de* :
  *Il est arrivé là **par hasard.***
  *J'ai été puni **à cause de toi.** Elle tremblait **de rage.***

Que sert à exprimer le complément circonstanciel de manière ?

231

Il indique de quelle manière se déroule l'action exprimée par le verbe.
Il est introduit par les prépositions *à, avec, de, en, par, sans* :
  *Il m'a regardé **avec consternation.***
  *Il marchait **à reculons.** Ils progressent **en file indienne.***
  *Elle n'a pas accepté **de gaieté de cœur.** Elle a obéi **sans une protestation.***

Attention !
Généralement construit avec une préposition, il peut aussi être construit directement : *Ne marche pas **pieds nus.***

Que sert à exprimer le complément circonstanciel de moyen ?

232

Il indique comment se déroule l'action exprimée par le verbe ; alors que le complément circonstanciel de manière représente le plus souvent un nom

abstrait (phrase 1), le complément circonstanciel de moyen représente un nom concret (phrase 2).
Il est introduit par les prépositions *à, avec, de, en , par* et la locution *grâce à* :

> *Il écrit **avec application**. (1)*
> *Il écrit **avec un stylo à encre**. (2)*

233

Que sert à exprimer le complément circonstanciel de but ?

Il indique dans quel dessein s'effectue l'action exprimée par le verbe.
Il est introduit par les prépositions *à, dans, pour* et les locutions *dans le dessein de, en vue de* :

> *Il lutte **pour la libération des prisonniers**.*
> *Il concourt **en vue d'une médaille**.*

Attention !
La locution *dans le but de* est incorrecte. Il faut employer *dans le dessein de* :
> *Il travaille **dans le dessein de réussir**.*

234

PLUS **D'autres mots ou groupes de mots peuvent occuper la fonction de complément circonstanciel :**
• **un adverbe ou une locution adverbiale :**
*Il roule **vite**. (manière)*
• **un infinitif prépositionnel :**
À t'entendre, il l'a fait exprès. (condition)
• **un gérondif :**
*Il lit **en mangeant**. (temps)*

• **un participe apposé :**
Épuisé, il alla se coucher tôt. (cause)
• **une proposition subordonnée conjonctive :**
*Dis-moi **quand tu pars**. (temps)*
• **un pronom personnel :**
*Elle va **avec lui**. (accompagnement)*
*Nous **en** venons. (lieu)*

COMPLÉMENT D'AGENT

« Celui qui a été vêtu par la Fortune est déshabillé par elle. »

235

Le **complément** (➠ § 216 à § 223) **d'agent** désigne l'être ou la chose par lequel est accomplie l'action exprimée par le **verbe passif** (➠ § 690 à § 696) :

> *La souris est mangée **par le chat**.*

À quoi sert le complément d'agent ?

• Comme son nom l'indique, le complément d'agent désigne celui qui agit, c'est-à-dire l'agent d'une action évoquée par un verbe à la voix passive :

  *La souris **est mangée par le chat**.*

• Si on met le verbe à la voix active, le mot ou le groupe de mots qui occupait la fonction de complément d'agent devient sujet :

  ***Le chat** mange la souris.*

Le mot ou groupe de mots qui occupait la fonction de sujet devient C.O.D.

Quels sont les verbes qui peuvent être construits avec un complément d'agent ?

Seuls ont un complément d'agent les verbes qui peuvent exister à la voix passive :

• **les verbes transitifs directs,** c'est-à-dire les verbes qui peuvent être construits avec un C.O.D. à la voix active :

  *manger : La souris **a été mangée** par le chat.*
  *détruire : La maison **a été détruite** par un incendie.*

• **trois verbes transitifs indirects :** *pardonner, obéir, désobéir* :

  *Si vous les écoutez, vous **serez obéi** de vos enfants.*
  *Vous **avez été pardonné** par tous.*

• **certains verbes intransitifs** lorsqu'ils sont employés avec un sens transitif :

  *Il **a été démissionné** par son chef.*
  *Ces événements **ont été** très mal **vécus** par mes parents.*

Par quelles prépositions le complément d'agent est-il introduit ?

Le complément d'agent est introduit par les prépositions *par* et *de*.
Aucune règle ne fixe l'emploi de ces prépositions, néanmoins :

• *de* s'emploie souvent avec les verbes pris au sens **figuré**, alors que *par* s'emploie de préférence avec les verbes pris au sens **propre** :

  *Le rocher est submergé **par les vagues**. Je suis submergé **de travail**.*

• *de* s'emploie plutôt avec les verbes exprimant un **sentiment**, alors que *par* s'emploie de préférence avec des verbes exprimant une **action concrète** :

  *Il est respecté **de tous**. La maison a été détruite **par les flammes**.*

- **de** s'emploie souvent devant un **nom sans déterminant**, alors que **par** s'emploie plutôt devant un **nom précédé d'un déterminant** :

  *La maison est envahie **d'enfants**.*
  *La maison est envahie **par les enfants**.*

239

Le verbe à la voix passive est-il toujours construit avec un complément d'agent ?

- De très nombreuses constructions à la voix passive ne comportent pas de complément d'agent. C'est le cas notamment lorsque celui qui parle ou écrit estime qu'il n'est pas important de préciser quel est l'agent de l'action. Cela revient à mettre l'accent sur le résultat de l'action :

  Cet édifice a été construit en 1890.
  Elle est très appréciée.

- On peut néanmoins mettre ces phrases à la voix active en employant le pronom personnel *on* comme sujet :

  ***On** a construit cet édifice en 1890.*
  ***On** l'apprécie beaucoup.*

240

Quels sont les mots ou groupes de mots pouvant occuper la fonction de complément d'agent ?

La fonction de complément d'agent peut être occupée par :

- **un nom ou un groupe nominal :**

  *Il a été élu délégué par **les élèves de sa classe**.*

- **un pronom :**

  *Elle est aimée de **lui**.*
  *Elle est appréciée de **tous**.*

- **une proposition subordonnée relative :**

  *Je suis révoltée par **ce qu'il a fait**.*

241

PLUS Il ne faut pas confondre... • Le **complément d'agent** et le **complément circonstanciel**, introduits par *par* : *Il a été élu **par ses collègues**.* (C. d'agent) *Il a été élu **par erreur**.* (C.C. de cause)	• Seul le complément d'agent peut devenir sujet de la phrase à la voix active : *Ses collègues l'ont élu.* On ne peut pas dire : **Une erreur l'a élu.* **On dira plutôt :** *On l'a élu par erreur.*

COMPLÉMENT DE L'ADJECTIF QUALIFICATIF

« Heureux au jeu, malheureux en amour. »

> Le **complément** (➡ § 216 à § 223) de l'**adjectif** (➡ § 42 à § 48) est un complément **déterminatif** qui sert à préciser le sens de l'adjectif qualificatif auquel il est relié par une préposition ; il forme avec l'adjectif un **groupe adjectival** :
>
> Michel est **fort en mathématiques**.

242

À quoi sert le complément de l'adjectif qualificatif ?

243

Le complément de l'adjectif qualificatif sert :

• **à préciser le sens de l'adjectif** :

Michel est **fort**. Michel est **fort en mathématiques**.

• **à modifier le sens de l'adjectif qualificatif** :

Elle est **riche**. **(1)**
Elle est **riche de son expérience**. **(2)**

Le complément de l'adjectif qualificatif n'est pas indispensable, sauf lorsqu'un même adjectif peut être employé dans un sens propre (phrase 1) ou figuré (phrase 2).

> **Attention !**
> • **Certains adjectifs sont toujours suivis d'un complément** :
>   Il est **désireux de bien faire**. Il est **enclin à jouer**.
> • **Certains adjectifs comme *mortel, rectangulaire, équestre*, etc., ne peuvent jamais être suivis d'un complément** : Tous les hommes sont **mortels**.

Comment le complément de l'adjectif qualificatif est-il construit ?

244

• Le complément de l'adjectif qualificatif est introduit par les prépositions *à* ou *de* :

Vous êtes **apte à ce poste**. Il est **fier de son fils**.

• Il peut être également introduit par les prépositions *avec, dans, en, envers, par, pour, sur…* :

Il est **gentil avec tous**. Il est **habile dans sa spécialité**. Il est **fort en grammaire**.
Il est **reconnaissant envers vous**. Il est **inflexible par devoir**.
Il est **bon pour les pauvres**. Il est **rassuré sur son avenir**.

> **Attention !**
> **Un même adjectif peut être construit avec des prépositions différentes** :
>   Il est **heureux au jeu**. Il est **heureux en amour**. Il est **heureux de votre succès**.

- Le complément de l'adjectif au comparatif est introduit par *que* :
  ▢ *Il est **plus (aussi, moins) grand que son frère**.*
- Le complément de l'adjectif au superlatif est introduit par *de* :
  ▢ *C'est **le plus grand de tous mes élèves**.*

245 ### Quelles nuances le complément de l'adjectif qualificatif permet-il d'exprimer ?

Le complément de l'adjectif qualificatif peut exprimer des nuances variées :
- **le moyen :**
  ▢ *Ma tirelire est **pleine de pièces**.*
- **la cause :**
  ▢ *Il est **vert de peur**.*
- **l'origine :**
  ▢ *Elle est **originaire du Perche**.*
- **la destination :**
  ▢ *Il est **généreux envers les autres**.*
- **le point de vue :**
  ▢ *Il est **fort en mathématiques**.*

Attention !
Un même adjectif peut être construit avec deux compléments exprimant des nuances différentes : *Il est **fort en mathématiques** / **à l'écrit**.*

246 ### Quels sont les mots ou groupes de mots pouvant occuper la fonction de complément de l'adjectif ?

La fonction de complément de l'adjectif peut être occupée par :
- **un nom ou un groupe nominal :**
  ▢ *Il est **capable de progrès spectaculaires**.*
- **un pronom :**
  ▢ *Il a été **bon pour moi**.*
- **un infinitif :**
  ▢ *Elle est **heureuse de vivre**.*
- **une proposition subordonnée complétive :**
  ▢ *Je suis **content que vous vous plaisiez ici**.*

COMPLÉMENT D'OBJET DIRECT

« Qui vole un œuf, vole un bœuf. »

■ Le complément (➡ § 216 à § 223) d'objet direct (C.O.D.) est un complément du verbe. Il désigne l'être ou la chose sur lesquels s'exerce l'action exprimée par le verbe et qu'effectue le sujet :

> Le chat poursuit **la souris.**
> S   V   C.O.D.

■ Il est parfois appelé **complément essentiel** ou **complément de verbe** (➡ § 222 et § 223). Il fait partie du groupe verbal.

`247`

À quoi sert le C.O.D. ?

`248`

Le chat poursuit la souris.

Du point de vue du sens, le verbe *poursuit* exprime une action. Du point de vue de la fonction dans la phrase, il établit une relation entre deux termes :

● Le premier terme *le chat* constitue la « source » de la relation : il occupe la fonction de **sujet** du verbe *poursuit*.

● Le second terme *la souris* constitue la « destination » de la relation : il occupe la fonction de **C.O.D.** du verbe *poursuit*. Le C.O.D. représente donc l'être ou la chose sur lesquels porte l'action exprimée par le verbe.
Le verbe *poursuivre,* comme tous les verbes construits avec un C.O.D., est dit **transitif direct** (du latin *transire*, passer) parce que c'est par lui que passe la relation entre le sujet et le C.O.D. sans l'intermédiaire d'une préposition.

> *Attention !*
> Le verbe transitif direct accompagné de son seul sujet a un sens incomplet :
> *Le chat poursuit.

Qu'est-ce qui distingue le C.O.D. du C.O.I. ?

`249`

Comparons :

Le chat poursuit **la souris.** (1) Le chat pense **à la souris.** (2)

Dans la phrase 1, le complément d'objet (C.O.D.) est construit directement, sans l'intermédiaire d'aucune préposition. Dans la phrase 2, le complément d'objet (C.O.I.) est construit indirectement : il est introduit par la préposition *à*.

> *Attention !*
> Le verbe *pense* est transitif indirect et non transitif direct puisque le complément d'objet est introduit par une préposition.

250 | ### Qu'est-ce qui distingue le C.O.D. d'un C.C. construit sans préposition ?

Comparons :

Le forgeron travaille **le fer**. (1)
Mon père travaille **la nuit**. (2)

■ Dans la phrase 1, le C.O.D. *le fer* répond à la question « quoi ? » posée après le verbe, tandis que dans la phrase 2, le C.C. de temps *la nuit* répond à la question « quand ? ». Les autres C.C. répondent aux questions du type : quand, où, pourquoi, comment, etc.
Par ailleurs, **le C.O.D. peut toujours devenir le sujet du verbe à la voix passive :**

Le fer est travaillé par le forgeron.

Le complément circonstanciel ne peut pas subir la même transformation.

■ À la différence du C.C., le C.O.D. :

• **n'est pas mobile :**

La nuit mon père travaille.
Le fer le forgeron travaille.

• **est difficilement supprimable :**

Le chat poursuit **la souris** *(dans la maison)*. *Le chat poursuit **dans la maison**.

251 | ### Qu'est-ce qui distingue le C.O.D. de l'attribut ?

Comparons :

Le chat poursuit **la souris**. (1)
Le chat est **un carnivore**. (2)

• À la différence de l'attribut, le C.O.D. (phrase 1) n'est jamais un adjectif et ne peut jamais être remplacé par un adjectif. En revanche, le nom ou le G.N. attribut (phrase 2) peut être remplacé par un adjectif de même fonction :

Le chat est **affectueux**.

• À la différence de l'attribut, le C.O.D. désigne un autre être ou une autre chose que le sujet :

Le chat poursuit **la souris**. (Le chat n'est pas une souris !)
Le chat est **un carnivore**. (le chat = un carnivore)

Attention !
Le seul cas où le sujet peut désigner la même personne que le C.O.D. est celui des verbes de forme pronominale : Le chat **se** lave. (le chat = se)

Quels sont les mots ou groupes de mots pouvant occuper la fonction de C.O.D. ?

- **Un nom ou un groupe nominal :**
  Le chat poursuit **la souris.**

- **Un pronom personnel, démonstratif, possessif, indéfini, relatif, interrogatif... :**
  Il **la** poursuit. **(pronom personnel)**
  La souris **que** poursuit le chat est grise. **(pronom relatif)**
  Qui le chat poursuit-il ? **(pronom interrogatif)**

- **Un infinitif :**
  Le chat aime **chasser.**

- **Une proposition subordonnée complétive :**
  Je veux **que tu viennes.**

- **Une proposition subordonnée interrogative indirecte :**
  Dis-moi **si tu viendras.**

- **Une proposition subordonnée infinitive :**
  Je regarde **les enfants jouer.**

- **Une proposition subordonnée relative sans antécédent :**
  Embrassez **qui vous voudrez.**

- Les pronoms personnels *le, la, les, l'*, variables en genre et en nombre, occupent toujours la fonction de C.O.D. :
  Il contemple le (la) paysage (mer). → Il **le (la)** contemple.
  Il admire le paysage. → Il **l'**admire.
  Il a rangé ses livres (affaires). → Il **les** a rangé(e)s.

Attention !
Les pronoms personnels **en, me, te, se, nous, vous** peuvent occuper des fonctions différentes tout en conservant la même forme :
  Il mange **du pain.** Il **en** mange. **(en** : C.O.D. du verbe *mange)*
  Il se sert **de son vélo.** Il s'**en** sert. **(en** : C.O.I. du verbe *sert)*
  Ils **se** sont regardés. **(se** : C.O.D. du verbe *sont regardés)*
  Ils **se** sont succédé. **(se** : C.O.I du verbe *sont succédé)*

Quelle place le C.O.D. occupe-t-il dans la phrase ?

- Il est important d'identifier le C.O.D. et de repérer sa place par rapport au verbe. En règle générale, le C.O.D. se place **après le verbe** :
  Le chat **poursuit** **la souris.**

∿ Mais...

Le C.O.D. se trouve placé avant le verbe :

• Dans les phrases interrogatives avec inversion du sujet :
Quelle place occupez-vous ? *Que voulez-vous* ?

• Dans les phrases exclamatives :
Quelle jolie robe vous avez !

• Lorsque le C.O.D. est un pronom relatif :
La robe que vous portez est très jolie.

• Lorsque le C.O.D. est un pronom personnel :
Plus j'écoute cette musique, plus je l'aime.

254

PLUS **Il ne faut pas confondre...**

• **un nom C.O.D.** précédé de l'article partitif (phrase 1) **et un nom C.O.I.** construit avec la préposition *de* (phrase 2) :
Il réclame de l'eau. **(1)**
Il rêve de l'Orient. **(2)**
Dans la phrase 1, le verbe *réclamer* est transitif direct ; dans la phrase 2 le verbe *rêver* est transitif indirect.

• **les verbes** *se souvenir* et *se rappeler* :
Je ne me rappelle plus son nom.
➠ *Je ne me le rappelle plus.*

Je ne me souviens plus de son nom.
➠ *Je ne m'en souviens plus.*
Le verbe *se rappeler* est transitif direct.
Il est donc incorrect de dire :
*Je ne me rappelle plus de son nom.
*Je ne m'en rappelle plus.
Le verbe *se souvenir* est transitif indirect.

• **un C.O.D.** (phrase 1) **et un sujet réel** (phrase 2) :
Il a une maison sur la côte. **(1)**
Il y a une maison sur la côte. **(2)**

C OMPLÉMENT D'OBJET INDIRECT

« Qui donne aux pauvres prête à Dieu. »

255

■ Le **complément** (➠ § 216 à § 223) d'**objet indirect** (C.O.I.) est un **complément du verbe**. Il désigne, par l'intermédiaire d'une préposition, l'être ou la chose sur lesquels s'exerce l'action exprimée par le verbe et qu'effectue le sujet :

Emma sourit à son père.

■ Il est parfois appelé **complément essentiel** ou **complément de verbe** (➠ § 222 et § 223). Il fait partie du groupe verbal.

À quoi sert le C.O.I. ?

256

Emma sourit à son père.

Du point de vue du sens, le verbe *sourit* exprime une action. Du point de vue de la fonction dans la phrase, il établit une relation entre deux termes :

• Le premier terme **Emma** constitue la « source » de la relation : il occupe la fonction de **sujet** du verbe *sourit*.

• Le second terme **son père** constitue la « destination » de la relation : il occupe la fonction de **C.O.I.** du verbe *sourit*. Comme le C.O.D., le C.O.I. représente l'être ou la chose sur lesquels porte l'action exprimée par le verbe. Le verbe *sourire* est dit **transitif indirect** (du latin *transire*, passer) : c'est par lui que passe la relation entre le sujet et le C.O.I., et ce, par l'intermédiaire d'une préposition.

Qu'est-ce qui distingue le C.O.I. du C.O.D. ?

257

Comparons :

Emma sourit à son père. **(1)** *Le chat poursuit la souris.* **(2)**

• Dans la phrase 1, le complément d'objet est construit indirectement, par l'intermédiaire de la préposition *à*.

Dans la phrase 2, le complément d'objet est construit directement, sans l'intermédiaire d'aucune préposition.

Attention !
Le verbe **poursuit** est transitif direct et non transitif indirect puisque le complément d'objet n'est pas introduit par une préposition.

• Le C.O.I. ne peut jamais devenir sujet de la phrase passive contrairement au C.O.D. :

La souris est poursuivie par le chat.

Qu'est-ce qui distingue le C.O.I. du C.C. ?

258

Comparons :

Emma sourit à son père. **(1)** *Emma sourit de plaisir.* **(2)**

• Dans la phrase 1, on ne pourrait utiliser une préposition autre que *à*.

Dans la phrase 2, on pourrait utiliser diverses prépositions :

*Emma sourit **par** habitude. Emma sourit **avec** gentillesse.*
*Emma sourit **pour** montrer sa joie.*

● Le C.O.I. est toujours construit avec les prépositions *à* et *de* ; le C.C. peut être introduit par diverses prépositions qui ne dépendent pas du verbe choisi.

● Le C.O.I. joue le rôle de destination dans la relation exprimée par le verbe et qu'effectue le sujet. Il répond aux questions : *à qui ? à quoi ? de qui ? de quoi ?*

● Le C.C. précise les circonstances dans lesquelles se déroule l'action exprimée par le verbe. Il répond aux questions : *quand ? où ? comment ? à cause de quoi ?* etc.

259 ### Quels sont les mots ou groupes de mots qui peuvent occuper la fonction de C.O.I. ?

● **Un nom ou un G.N. :**

Emma sourit à son père.

● **Un pronom personnel, démonstratif, possessif, indéfini, relatif, interrogatif... :**

Elle lui sourit. **(pronom personnel)**
Elle a cassé le vase auquel tu tenais tant. **(pronom relatif)**
À qui Emma sourit-elle ? **(pronom interrogatif)**

● **Un infinitif :**

Emma commence à sourire.

● **Une proposition subordonnée complétive :**

Je m'attends à ce qu'il vienne.

● **Une proposition subordonnée relative :**

Il pense à ce qu'il leur dira.

260 ### Quelle place le C.O.I. occupe-t-il dans la phrase ?

En règle générale, le C.O.I. se place **après le verbe** :

Emma sourit à son père.

∼ *Mais...*
Le C.O.I. se trouve placé avant le verbe :
● Lorsque ce verbe est complété par un autre complément (un C.O.D.) :
À ses parents, il dit toujours la vérité.
● Quand on veut le mettre en relief ; il est alors repris par un pronom personnel :
De ce voyage, j'en rêve toutes les nuits.
● Dans les phrases interrogatives avec inversion du sujet :
À quoi pensez-vous ?
● Lorsque le C.O.I. est un pronom relatif :
La personne à qui tu as téléphoné est arrivée.

• Lorsque le C.O.I. est un pronom personnel :
*Plus je **lui** parle, plus je l'apprécie.*

Qu'appelle-t-on complément d'objet second (C.O.S.) ? `261`

Le C.O.I. prend le nom de C.O.S. lorsqu'il est employé dans une phrase comportant déjà un C.O.D. ou un C.O.I. :

*On ne prête qu'**aux riches**.* **(C.O.I.)**
*Pierre a hérité **une maison / de son oncle**.* **(C.O.D. / C.O.S.)**

Qu'appelle-t-on complément d'attribution ? `262`

• Le terme « complément d'attribution » est plus ancien : comme son nom l'indique, il sert à désigner des C.O.S. utilisés avec des verbes tels que *donner, offrir, prêter* mais aussi *dire, raconter...* Avec des verbes du type *donner, céder, offrir, prêter (quelque chose) à quelqu'un*, le C.O.I. ou C.O.S. est parfois appelé complément d'attribution dans la mesure où il indique à qui s'adresse l'action ou qui elle concerne :

*Il a donné son manteau **à un pauvre**.*
*La maîtresse raconte une histoire **aux élèves**.*

• Les compléments d'attribution sont toujours des C.O.S. L'inverse est faux :

*Je pense du bien **de lui**.* **(C.O.S.)**

COMPLÉMENT DU NOM (COMPLÉMENT DÉTERMINATIF)

« Plaie d'argent n'est pas mortelle. »

Le mot ou groupe de mots **complément** (➠ § 216 à § 223) **du nom**, parfois appelé complément **déterminatif**, précise le sens du nom dont il est complément ; il **fait partie du groupe nominal** : `263`

*Elle s'est acheté une bague. Elle s'est acheté une bague **en argent**.*

264 À quoi sert le complément du nom ?

> La maison **des voisins** est à vendre. **(1)**
> La maison **voisine** est à vendre. **(2)**
> La maison **qui appartient aux voisins** est à vendre. **(3)**

• Le complément du nom (1) permet, comme l'adjectif qualificatif épithète (2) ou la proposition subordonnée relative (3), de compléter le nom. Il est une expansion du G.N. :

• Le complément du nom peut être supprimé sans que le sens change :

> La maison **(des voisins)** est à vendre.

265 Comment emploie-t-on le complément du nom ?

■ Le complément du nom est souvent joint au nom par la préposition de ; il peut aussi être introduit par à, contre, en, par, pour, sur :

> une robe **à pois** ; une bague **en argent** ; un abri **contre le vent** ;
> la preuve **par neuf** ; les toilettes **pour dames** ; un appartement **sur cour**.

Attention !
Il arrive que le complément du nom soit construit directement, sans préposition : J'ai lu un livre sur l'affaire **Dreyfus**.

■ Il marque des rapports variés et indique, par rapport au nom complété :

• **le possesseur :**

> La maison **des voisins** est à vendre.

• **la matière :**

> Elle s'est acheté une bague **en argent**.

• **la qualité :**

> C'est un homme **de génie**.

• **le temps, l'époque :**

> Nous passerons les fêtes **de Pâques** ensemble.

• **le lieu :**

> La bataille **de Marignan** s'est déroulée en 1515.

• **l'origine :**

> Je préfère les vins **de Bordeaux** aux vins **de Bourgogne**.

• **la manière :**

> Je ne fais jamais d'achats **à crédit**.

- la destination, le but :
  *La tenue **de soirée** est de rigueur.*
- la cause, le moyen :
  *Sous le choc, elle poussa un cri **de douleur**.*
- le contenu :
  *Passe-moi une cuillère **à soupe**.*
- la quantité (prix, poids, mesure) :
  *Ils ont chez eux des tableaux **de plusieurs millions**.*
  *J'ai acheté un poulet **de deux kilos**.*
  *J'ai croisé un homme **de deux mètres**.*
  *Ils ont un fils **de dix ans**.*
  *Ce chien a parcouru une distance **de vingt kilomètres** en courant.*
- l'auteur :
  *J'ai lu tous les romans **de Flaubert**.*

Quelle place le complément du nom occupe-t-il par rapport au nom qu'il complète ?

266

■ Le complément du nom se place généralement après le nom qu'il complète :
*La maison **des voisins** est à vendre.*

■ Il arrive pourtant qu'il soit placé avant le nom :
- dans une phrase interrogative :
  ***De quels romans** Flaubert est-il **l'auteur** ?*

- dans la langue soutenue, recherchée :
  ***De son père**, il a tous **les traits de caractères**.*

Dans quels cas le complément du nom se met-il au singulier, dans quels cas se met-il au pluriel ?

267

■ Le complément du nom se met au **singulier** lorsqu'il désigne la **matière, l'espèce ou la classe** :

*des années **de service**, des bourdonnements **d'oreille**, des champs **de bataille**, des champs **de blé**, des chefs **de bureau**, des chefs **d'orchestre**, des cartes **de visite**, des coins **de rue**, des corps **d'armée**, des coups **de canon** ; **de dent** ; **de griffe** ; **de pied** ; **de poing**, des cours **d'eau**, des draps **de lit**, des draps **de coton**, des états **de service**, des extraits **de naissance**, des fruits **à noyau**, des garçons **de café**, des habits **d'enfant**, des hommes **de métier**, des machines* à **vapeur**, des maîtres **de danse**, des manches **à balai**, des manches **de couteau**, des matériaux **de construction**, des mères **de famille**, des noms **de famille**, des peaux **de lapin**, des poignées **de main**, des plumes **d'oie**, des projets **de loi**, des salles **de cinéma**, des salles **de spectacle**, des têtes **de mule**, des vers **à soie**, des verres **à vin**, des voies **de communication**.

■ Le complément du nom se met au **pluriel** lorsqu'il désigne **des êtres ou des objets évoquant une quantité plurielle** :

des articles **de journaux**, un battement **de mains**, des boucles **d'oreilles**, une compagnie **d'assurances**, une compote **de pommes**, un conte **de fées**, un état **de choses**, un fruit **à pépins**, une levée **de boucliers**, un mal **de dents**, des noms **de lieux**, des noms **de personnes**, des noms **de fleuves**, des noyaux **de pêches**, des peaux **de bêtes**, un homme **d'affaires**, un pot **de fleurs**, un papier **à lettres**, un pays **de montagnes**, une ville **d'eaux**, des troncs **d'arbres**, un sac **de pommes de terre**, des blancs **d'œufs**.

■ Dans un grand nombre de cas, le complément du nom se met indifféremment **au singulier ou au pluriel** :

de la confiture **de groseille(s)**, un mur **de brique(s)**, du pain **d'épice(s)**, une salle **de bain(s)**, des toiles **d'araignée(s)**...

■ Après des **espèces de**, des **sortes de**, il se met généralement au pluriel :

Il y a deux sortes **d'hommes**.
Il y a différentes espèces **d'oiseaux**.

∿ **Mais...**
Lorsque le complément du nom est un nom abstrait, il reste la plupart du temps au singulier : Il y a plusieurs sortes **d'intelligence**.

268

Quels sont les mots ou groupes de mots pouvant occuper la fonction de complément du nom ?

La fonction de complément du nom peut être occupée par :

● **un nom ou un G.N. :**
J'ai lu tous les romans **de Flaubert**. Il a reçu l'accord **de tous les participants**.

● **un pronom personnel, démonstratif, possessif, indéfini :**
C'est la responsabilité **de tous**. Il faut encourager le don **de soi**.

● **un adverbe :**
Les gens **d'ici** sont très accueillants.

● **un infinitif :**
Une machine **à coudre**.

- une proposition subordonnée complétive :
  *L'espoir **qu'il reviendra** me fait vivre.*

- une proposition subordonnée relative :
  *Il a acheté le livre **que je lui avais conseillé.***

 Le sens du complément du nom change selon la préposition :
une tasse à café/de café
une cuillère à soupe/de soupe
un verre à vin/un verre de vin...
• **Tous les groupes nonimaux prépositionnels ne sont pas des compléments du nom :**

*Elle a apporté un panier **de cerises**. (1)*
*Elle a rempli son panier **de cerises**. (2)*
Dans la phrase 1, *de cerises* est un complément du nom ; il ne peut être déplacé.
Dans la phrase 2, *de cerises* est un complément circonstanciel de moyen ; il peut être déplacé :
*Elle a rempli **de cerises** son panier.*

269

CONCORDANCE DES TEMPS

« Si j'avais su je ne serais pas venu. »

270

La **concordance des temps** consiste à appliquer des **règles d'accord** dans le domaine de l'emploi des **temps du verbe** :

*J'**ai cassé** le vase que tu m'**avais offert**.*
  passé composé   plus-que-parfait

Il est impossible de dire :

*J'ai cassé le vase que tu m'auras offert.

Qu'appelle-t-on concordance des temps ?

271

- **Soit une phrase simple** à un verbe, prononcée par Jean :
  *Pierre **a réussi** son examen. (1)*

Cette phrase ne comporte qu'un verbe au passé composé. Le choix du temps de ce verbe a été fait par Jean en fonction de l'époque qu'il veut désigner, à savoir le passé. Le point de référence est le moment où il parle : on comprend donc que le succès de Pierre est antérieur au moment où Jean parle.

• **Soit une phrase complexe** à deux verbes, prononcée également par Jean :

 Pierre m'a dit / qu'il avait réussi son examen. **(2)**

Le choix du temps du verbe *a dit* correspond, comme dans la phrase 1, au moment où Jean parle. En revanche, le temps du verbe *avait réussi* a été choisi par référence au moment où Pierre a parlé, moment passé, puisque le succès de Pierre est antérieur au moment où il en fait part à Jean.

Le choix du temps du second verbe (= verbe de la proposition subordonnée) est donc conditionné par le temps du premier (= verbe de la proposition principale). C'est cette dépendance que l'on appelle **concordance**.

Si l'on considère que le plus-que-parfait sert toujours à exprimer l'antériorité par rapport à un moment passé, le choix de *avait réussi* a été dicté par la situation dans laquelle se trouvait Jean. Dans une autre situation, Jean aurait pu employer un autre temps, par exemple :

 Pierre m'a dit qu'il réussira son examen.

La concordance des temps est donc l'application de la valeur des temps.

---

272 *Comment s'applique la concordance des temps à l'indicatif ?*

Il faut distinguer **deux cas** correspondant aux trois périodes du temps que sont le présent, le passé et le futur (➡ § 273 et § 274).

---

273 *Comment s'applique la concordance des temps lorsque le verbe principal est au présent ou au futur ?*

Le verbe subordonné prend le temps voulu par le sens :

 *Je **sais** qu'il **travaille**.*
  présent   présent

• Dans ce cas, il y a **simultanéité** entre le fait exprimé par le verbe principal et celui exprimé par le verbe subordonné.

 *Je **sais** qu'il **a travaillé**. (qu'il travaillait, qu'il avait travaillé)*
  présent   passé

• Dans ce cas, il y a **antériorité** du fait exprimé par le verbe subordonné par rapport à celui exprimé par le verbe principal.

 *Je **sais** qu'il **travaillera**. (qu'il aura travaillé)*
  présent   futur

• Dans ce cas, il y a **postériorité** du fait exprimé par le verbe subordonné par rapport à celui exprimé par le verbe principal.

Comment s'applique la concordance des temps lorsque le verbe principal est au passé ?

274

Le verbe subordonné se met :

• **À l'imparfait** pour exprimer un fait **simultané** à celui exprimé par le verbe principal :

Je savais (j'ai su, je sus) qu'il travaillait.

• **Au plus-que-parfait** pour exprimer un fait **antérieur** à celui exprimé par le verbe principal :

Je sus (j'ai su, je savais) qu'il avait travaillé.

• **Au conditionnel présent** pour exprimer un fait **postérieur** à celui exprimé par le verbe principal. Cette valeur du conditionnel présent est d'ailleurs appelée **futur du passé :**

J'ai su (je sus, je savais) qu'il travaillerait.

• **Au conditionnel passé** pour exprimer un fait **antérieur** (phrase 1) à **un autre fait** (phrase 3) **lui-même postérieur** à celui exprimé par le verbe principal (phrase 2) :

J'ai su (je sus, je savais) **(1)** *qu'il viendrait* **(3)** *dès qu'il aurait fini* **(2)**.

Attention !
Après un verbe principal au passé, le verbe subordonné peut se mettre :
• **Au présent** pour exprimer une vérité générale ou bien un fait qui dure encore au moment où l'on parle :
J'ai appris que deux et deux font quatre. (= vérité générale)
J'ai appris que tu travailles à l'étranger. (= en ce moment)
• **Au passé simple** après des verbes exprimant un événement tel que *il arriva que, il advint que, ce fut alors que* ou des conjonctions et locutions conjonctives comme *quand, dès que, lorsque...* :
Il advint qu'on identifia le véritable coupable.
Il courut chez elle dès qu'il apprit la nouvelle.
• **Au futur** ou au **futur antérieur** au lieu du conditionnel pour exprimer que l'on considère les faits à venir comme certains :
Ils m'ont dit qu'ils repartiront samedi.

Comment s'applique la concordance des temps au subjonctif ?
275

Il faut là encore distinguer **deux cas** (➨ § 276 et § 277).

276 ### Comment s'applique la concordance des temps lorsque le verbe principal est au présent ou au futur ?

Le verbe subordonné se met :

● au **présent du subjonctif** pour exprimer un fait simultané à celui exprimé par le verbe principal :

Je **regrette** qu'il **soit** absent. (= maintenant ou demain)

Attention !
Il n'existe pas de futur du subjonctif ; le présent du subjonctif vaut pour le présent comme pour l'avenir :
Je **regrette** qu'il ne **soit** pas là demain.

● au **passé du subjonctif** pour exprimer :

– un fait antérieur à celui exprimé par le verbe principal :
Je **regrette** qu'il **ait été** absent.

– un fait postérieur à celui exprimé par le verbe principal :
Je **souhaite** qu'il **ait fini** demain.

277 ### Comment s'applique la concordance des temps lorsque le verbe principal est au passé ?

Le verbe subordonné se met :

● à l'**imparfait du subjonctif** pour exprimer un fait simultané, concomitant avec celui exprimé par le verbe principal :

J'**ai regretté** (hier) qu'il **fût** absent. (hier ou plus tard)

● au **plus-que-parfait du subjonctif** pour exprimer un fait antérieur à celui exprimé par le verbe principal :

J'**ai regretté** qu'il **eût été** absent.

Cette règle, appelée la **règle 1-3, 2-4** peut être schématisée comme suit après avoir numéroté chacun des quatre temps du subjonctif :

Je veux	*qu'il parte :*	1 (présent)
	qu'il partît :	2 (imparfait)
Je voulais	*qu'il soit parti :*	3 (passé)
	qu'il fût parti :	4 (plus-que-parfait)

Attention !
Lorsque le verbe principal est au conditionnel présent, on doit normalement appliquer la règle 2-4 :
Je **regretterais** qu'il **fût** absent.

Mais l'usage a généralisé l'emploi de la **règle 1-3** :
Je **regretterais** qu'il **soit** absent.
La langue parlée tend d'ailleurs à généraliser la règle **1-3** même après un verbe principal au passé. Cela est sans doute dû au fait que les formes du subjonctif imparfait sont bien souvent dissonantes :
Il **exigeait** que nous **fussions** à l'heure et que nous **tinssions** nos promesses.

ONJONCTION DE COORDINATION

« Je pense, donc je suis. »
(DESCARTES, *Discours de la Méthode.*)

■ La **conjonction** est un mot invariable qui, comme son nom l'indique (jonction), sert à **joindre** deux mots, deux groupes de mots ou deux propositions.

278

■ On distingue deux sortes de conjonctions :

● **Les conjonctions de coordination** :
Ton père **et** ta mère sont là.

● **Les conjonctions de subordination** (➡ § 284 à § 292) :
J'espère **que** ton père est là.

Sous quelles formes se présentent les conjonctions de coordination ?

279

Elles se présentent :

● **au sens restreint**, sous la forme de 7 mots simples **(conjonctions)** : *mais, ou, et, donc, or, ni, car.*

● **au sens large**, sous la forme de mots ou **locutions conjonctives** de nature diverse – surtout des **adverbes**, parfois appelés **adverbes de liaison** – pouvant jouer le même rôle dans la phrase : *à savoir, au contraire, ainsi, alors, aussi, bref, c'est-à-dire, c'est pourquoi, cependant, d'ailleurs, de plus, du moins, du reste, en effet, en outre, en somme, en revanche, enfin, ensuite, même, néanmoins, par conséquent, par suite, pourtant, puis, seulement, toutefois,* etc. :

Elle passe un concours, **donc (c'est pourquoi, alors)** elle ne sort pas.
Elle passe un concours, **aussi** ne sort-elle pas.

La conjonction peut se trouver dans des constructions symétriques ou parallèles sous la forme : *et... et, ni... ni, ou... ou, d'une part... d'autre part, non seulement... mais encore, soit... soit* :

▨ *Je n'aime **ni** les fruits **ni** les légumes. **Ou** tu fais ce que je te dis, **ou** je te punis.*

280 — À quoi servent les conjonctions de coordination ?

Elles servent à coordonner :

● **soit deux mots ou groupes de mots de même nature et de même fonction :**

▨ *Il a un **chien** et deux **chats**.* (noms, C.O.D.)
Toi et moi sommes inséparables. (**pronoms**, sujets)
*Il est **doux** et **patient**.* (**adjectifs**, attributs)
*Ils resteront **demain** et **après-demain**.* (adverbes, C.C. de temps)

Attention !
La conjonction de coordination peut unir deux mots qui appartiennent à des classes de mots différentes, mais qui ont une nature équivalente :
● Un nom et son équivalent (pronom ou autre) :
*Mon **frère et moi** sommes invités à une fête.*
*Mon **frère et beaucoup de ses amis** étaient là.*
● Un adjectif qualificatif et son équivalent (participe passé ou autre) :
*Il est **sale** et mal **habillé**.*

● **soit deux propositions de même nature et de même fonction :**

▨ *Il est parti et je suis restée.* (prop. indép.)
Je veux et j'exige que vous lui fassiez des excuses. (prop. princ.)
*Je veux **que vous lui fassiez des excuses** et **que vous vous réconciliez**.* (prop. sub. compl.)

281 — Comment emploie-t-on les conjonctions de coordination ?

■ **Pour être coordonnés, les mots ou groupes de mots doivent non seulement avoir la même nature, mais la même fonction.**

● Il est incorrect de dire :

▨ **Il est parti **en Italie** et **pour quinze jours**.*
          C.C. de lieu   C.C. de temps

● De même il est incorrect de coordonner deux propositions subordonnées de fonction différente :

▨ **Il est parti **avant que tu n'arrives** et **pour que tu ne le voies pas**.*
    prop. sub. C.C. de temps   prop. sub. C.C. de but

- En revanche, on peut coordonner deux propositions de nature différente :
J'ai beaucoup de travail et **je préfère** *que tu me laisses seule.*
        prop. indépendante   prop. principale

■ Deux termes coordonnés peuvent avoir un complément commun :
*Il **aime** et **respecte** ses parents.*
Le G.N. *ses parents* est à la fois C.O.D. du verbe *aime* et du verbe *respecte.*

〜 *Mais...*
Il est incorrect de coordonner deux compléments de fonction différente pour en faire un complément commun : **Il aime et obéit à ses parents.*
Dans la phrase *Il aime ses parents*, le G.N. *ses parents* est C.O.D. du verbe *aime.*
Dans la phrase *Il obéit à ses parents*, le G.N. *ses parents* est C.O.I. du verbe *aime.*
Il faut donc dire : *Il aime ses parents et leur obéit.*

■ Lorsqu'il y a plus de deux termes coordonnés, *ou* comme *et*, n'est généralement exprimé qu'entre les deux derniers :
*Voulez-vous une pomme, une poire **ou** une orange ?*
*Je voudrais des pommes, des poires **et** des oranges.*
À l'inverse, *ni*, *soit* et *tantôt* sont repris devant chacun des termes :
*Je ne veux **ni** pomme, **ni** poire, **ni** pêche.*
*Je voudrais **soit** des pommes, **soit** des poires, **soit** des pêches.*
*Il veut **tantôt** des pommes, **tantôt** des poires, **tantôt** des pêches.*

■ La conjonction *ni* peut être employée seule :
- en corrélation avec *sans* :
*« **Sans** toit **ni** loi. »*

- pour coordonner deux propositions négatives :
*Il ne fume **ni** ne boit.*

- pour coordonner deux propositions subordonnées dépendant d'une proposition principale négative :
Je ne crois pas *qu'il téléphonera **ni** qu'il écrira.*

- la plupart du temps, elle est répétée, en corrélation avec *ne* :
*Je **ne** veux **ni** chien **ni** chat. **Ni** ses parents **ni** ses amis **ne** sont venus.*

Quelles sont les nuances de sens exprimées par les conjonctions de coordination ?

282

■ Les conjonctions de coordination peuvent exprimer des nuances variées :
- l'addition *(et, ni)* :
*J'ai acheté des pommes **et** des poires.*

- **la négation** (*ni*) :
  *Il ne fume **ni** ne boit.*
- **l'alternative** (*ou, ou bien, ou...ou, soit...soit, tantôt...tantôt*) :
  *Je voudrais avoir un chien **ou** un chat.*
- **l'opposition** (*mais, pourtant, au contraire, en revanche, cependant, néanmoins*) :
  *J'aime les chiens, **mais** je n'aime pas les chats.*
- **la cause** (*car, en effet*) :
  *Tu seras puni **car** tu m'as désobéi.*
- **la conséquence** (*donc, c'est pourquoi, par conséquent*) :
  *Tu m'as désobéi, **donc** tu seras puni.*
- **la transition** (*or, or donc*) :
  *Tu sais que tu dois m'obéir, **or** tu m'as désobéi : tu seras **donc** puni.*
- **l'explication** (*à savoir, c'est-à-dire, soit*) :
  *Quel est le héros, **c'est-à-dire** le personnage principal de cette histoire ?*
- **la gradation** (*de plus, en outre, mais aussi*) :
  *Il travaille mal, il parle en classe. **De plus,** il est insolent.*

Attention !
Les nuances de sens exprimées par les conjonctions de coordination peuvent être également exprimées par des conjonctions de subordination. Il faut veiller à ne pas confondre deux propositions indépendantes coordonnées par une conjonction de coordination (phrase 1) et un système : proposition principale + conjonction de subordination + proposition subordonnée (phrase 2) :
*Elle est absente, **car** elle est malade.* **(1)**
*Elle est absente, **parce qu'**elle est malade.* **(2)**

■ Il arrive qu'une même conjonction de coordination exprime des nuances différentes. C'est le cas notamment de :
- *et* qui peut exprimer :
– **l'addition :**
  *Je voudrais des carottes **et** des poireaux.*
– **l'insistance :**
  *Alouette ! Je te plumerai **et** la tête **et** les yeux **et** le bec **et** le cou.*
– **la succession :**
  *Il frappa **et** entra (= puis entra).*
– **la conséquence :**
  *Les routes sont verglacées **et** les voitures risquent de déraper.*

– **l'opposition :**

▨ *Il a de bonnes notes **et** toi pas.*

– **la surprise ou l'indignation :**

▨ ***Et** tu oses t'en vanter !*

Dans cette phrase, la conjonction *et* ne relie pas deux termes entre eux. Elle joue plutôt le rôle d'une interjection.

● *Mais* qui peut exprimer :

– **l'opposition :**

▨ *Il a de bonnes notes, **mais** toi pas.*

– **la restriction :**

▨ *Je veux bien, **mais** à une condition.*

– **la surprise ou l'indignation :**

▨ ***Mais** qu'est-ce que tu as fait !*

Dans cette phrase, la conjonction *mais* ne relie pas deux mots entre eux. Elle joue plutôt le rôle d'une interjection.

● *Ou* qui peut exprimer l'alternative avec deux nuances différentes :

– **une nuance de choix** (= ou bien) :

▨ *Elle arrive demain **ou** après-demain.*

– **une nuance d'exclusion** (= ou au contraire) :

▨ *La bourse **ou** la vie !*

– **l'équivalence :**

▨ *« Dom Juan **ou** le Festin de pierre. »*

PLUS **Faut-il écrire *ou* ou *où* ?**

● Lorsqu'il s'agit de la conjonction de coordination, *ou* ne porte pas d'accent grave et peut être remplacé par *ou bien* : *Tu veux une pomme **ou** une poire ?*

● *Où* pronom relatif ou adverbe interrogatif s'écrit avec un accent grave. Il exprime une nuance de lieu et la substitution avec *ou bien* n'est plus possible : *Je vais te monter la maison **où** je suis née.*

283

CONJONCTION DE SUBORDINATION

« [...] Les « quoique » sont toujours des « parce que » méconnus [...] »
(PROUST, *À la recherche du temps perdu*)

■ La **conjonction** est un mot invariable qui, comme son nom l'indique (jonction), sert à **joindre** deux mots, deux groupes de mots ou deux propositions.

■ On distingue deux sortes de conjonctions :

• **Les conjonctions de coordination** (➡ § 278 à § 283) :

　Ton père et ta mère sont là.

• **Les conjonctions de subordination :**

　J'espère que ton père est là.

Sous quelles formes se présentent les conjonctions de subordination ?

Elles se présentent sous la forme :

• **d'un mot (conjonction)** : *comme, lorsque, puisque, quand, que, quoique, si.*

• **d'une locution conjonctive** : *à condition que, au cas où, afin que, ainsi que, après que, avant que, bien que, de même que, de peur que, dès que, parce que, pour que, sans que, sitôt que, tandis que...* La plupart des locutions conjonctives sont formées avec *que*, soudé ou non au premier élément.

À quoi servent les conjonctions de subordination ?

Elles servent à relier une proposition subordonnée à une proposition principale ou à une autre proposition subordonnée et permettent de marquer le rapport de subordination qui existe entre deux propositions :

　Je veux **(1)** / *que* **(2)** *tu fasses ton travail* **(3)**.
(1) : prop. princ. ; **(2)** : conj. de sub. ; (3) : prop. sub.

　Je veux **(1)** / *que* **(2)** *tu termines ton travail* **(3)** / *afin que* **(4)** *je l'examine* **(5)**.
(1) : prop. princ. ; **(2)** : conj. de sub. ; (3) : prop. sub. **(4)** : loc. conj. ; (5) : prop. sub.

Quels rapports de subordination les conjonctions de subordination servent-elles à exprimer ?

Elles marquent des rapports de subordination divers et peuvent introduire :

■ **Soit une proposition subordonnée complétive** par *que* :

　J'espère que tu viendras.

■ **Soit une proposition subordonnée circonstancielle :**

● **de temps :** *après que, avant que, dès que, jusqu'à ce que, lorsque, quand, tandis que...* (➠ § 590 à § 596) :

▨ *Quand j'en ai le temps, j'aime lire des romans d'aventure.*

Attention !
La locution conjonctive *après que* est suivie d'un verbe à l'indicatif, *avant que* d'un verbe au subjonctif :
Après qu'il __a eu fini__ de dîner, il s'est mis au lit. Pars __avant qu'il__ ne te __voie__.

● **de cause :** *attendu que, comme, étant donné que, parce que, puisque, sous prétexte que, vu que...* (➠ § 553 à § 560) :

▨ *Vous devez gagner __parce que vous êtes les meilleurs__.*

● **de conséquence :** *au point que, de façon que, de sorte que, si... que, tant... que, tellement... que...* (➠ § 583 à § 589) :

▨ *Il a __tellement__ pleuré __que ses parents ont fini par céder__.*

● **de but :** *afin que, à seule fin que, de crainte que, de peur que, pour que...* (➠ § 546 à § 552) :

▨ *Il se bat __pour que les prisonniers soient libérés__.*

● **de concession :** *alors que, bien que, même si, pour... que, quelque... que, quoique, tout... que...* (➠ § 568 à § 575) :

▨ *Il n'a pas d'amis __bien qu'il soit très gentil__.*

● **de condition :** *à condition que, à moins que, pourvu que, si, soit que... soit que...* (➠ § 576 à § 582) :

▨ *J'irai __à condition que tu m'accompagnes__.*

● **de comparaison :** *à mesure que, ainsi que, autant que, comme, comme si, de même que, moins que, plus que...* (➠ § 561 à § 567) :

▨ *Il a agi __comme je l'avais prévu__.*

L'ensemble de ces propositions (1 complétive + 7 circonstancielles) sont appelées **propositions subordonnées conjonctives**.

Comment éviter les confusions sur la nature de que ?   **288**

Conjonction de subordination, elle introduit :

● soit une subordonnée complétive :

▨ *Je veux __que tu m'accompagnes__.*

● soit une subordonnée circonstancielle :

– **de temps :**

▨ *Je ne partirai pas __que tu n'aies fait des excuses__.*

– **de cause :**
  *Qu'as-tu dit **qu'il rie tant** ?*
– **de conséquence :**
  *Il est bête **que c'en est à pleurer.***
– **de but :**
  *Approche, **que je t'embrasse.***
– **de comparaison :**
  *Il est plus intelligent **que tu ne crois.***

● soit n'importe quelle subordonnée circonstancielle. *Que* remplace alors une conjonction de subordination qu'on ne veut pas répéter :
  *Si tu viens et **que je ne suis pas là**, attends-moi.*

Attention !
Il ne faut pas confondre *que* **avec :**
● **Le pronom relatif** qui introduit une subordonnée relative :
  *L'homme **que tu aperçois là-bas** est mon père.*
● **Le pronom interrogatif :**
– soit dans une interrogation directe : ***Que** voulez-vous ?*
– soit dans une interrogation indirecte : *Je ne sais **que** faire.*
● **L'adverbe interrogatif :** ***Que** ne le disiez-vous plus tôt ?*
● **L'adverbe exclamatif :** ***Que** vous êtes belle !*
● **L'adverbe dans la locution adverbiale restrictive** *ne... que* :
  *Je **n'ai que** vingt francs.*
● **La conjonction-particule du subjonctif dans une proposition indépendante :**
  ***Que** Dieu vous bénisse !*

289 *Comment éviter les confusions sur la nature de* **quand** *?*

Conjonction de subordination, elle introduit une subordonnée circonstancielle :
● **de temps :**
  Quand je serai grande, je serai infirmière.

● **de condition (hypothétique) :**
  Quand bien même tu essayerais, tu n'y arriverais pas.

Attention !
● **Il ne faut pas confondre** *quand* **avec l'adverbe interrogatif :**
– soit dans une interrogation directe : *Quand arrive-t-il ?*
– soit dans une interrogation indirecte : *Dites-moi quand il doit arriver.*
● **Quand ne doit pas être confondu avec la locution prépositive** *quant à* **qui signifie « en ce qui concerne » :** *Quant à moi, je n'irai pas.*

Comment éviter les confusions sur la nature de comme ? `290`

Conjonction de subordination, elle introduit une subordonnée circonstancielle :
- **de cause :**

   Comme tu as été gentil, je vais te récompenser.

- **de temps :**

   Il est arrivé, comme je sortais.

- **de comparaison :**

   Il a agi comme je le lui avais demandé.

> *Attention !*
> **Il ne faut pas confondre *comme* avec :**
> - **L'adverbe exclamatif :** *Comme elle est belle !*
> - **L'adverbe interrogatif dans l'interrogation indirecte :** *Regarde comme il a fait.*
> - **L'adverbe de manière :** *J'étais comme pétrifiée.*

Comment éviter les confusions sur la nature de si ? `291`

Conjonction de subordination, elle introduit une subordonnée circonstancielle :
- **de condition :**

   Si je pouvais, je le ferais.

- **de temps :**

   Si je dis quelque chose, elle dit le contraire.

> *Attention !*
> **Il ne faut pas confondre *si* avec :**
> - **L'adverbe interrogatif dans l'interrogation indirecte :** *Il me demande si je viens.*
> - **L'adverbe exclamatif :** *Regarde si elle est belle !*
> - **L'adverbe d'intensité :** *Je suis si heureuse.*
> - **L'adverbe d'affirmation :** *Tu n'es pas contente ? Si.*

 Faut-il écrire...
• *parce que* ou *par ce que* ?
Parce que est une locution conjonctive introduisant une subordonnée circonstancielle de cause :
Je suis partie parce qu'il m'agaçait.
La conjonction *car* peut la remplacer.
Par ce que est constitué de *par* (préposition) + *ce* (antécédent) + *que* (pr. relatif) :
Je suis révoltée par ce que tu me dis.

• *quoique* ou *quoi que* ? `292`
Quoique est une conjonction de subordination introduisant une subordonnée circonstancielle de concession :
Personne ne l'aime quoiqu'il soit gentil.
Elle peut être remplacée par *bien que.*
Quoi que est constitué d'un antécédent et d'un pronom relatif :
Quoi que tu dises, je ne te crois pas.
Il équivaut à : *n'importe quoi que.*

131

Déclarative (PHRASE)

« La négation a toujours une affirmation opposée. »

(Aristote)

293 ■ La **phrase déclarative** permet d'indiquer l'attitude que l'on adopte à l'égard du fait que l'on énonce. Elle constitue avec les phrases interrogative (➡ § 352 à § 359), exclamative (➡ § 311 à § 313) ou impérative (➡ § 331 à § 333) une **modalité de la phrase** :

> *Il s'en va.* (modalité déclarative : on constate, on informe)
> *Il s'en va ?* (modalité interrogative : on interroge, on s'interroge)
> *Lui, s'en aller !* (modalité exclamative : on s'étonne, on s'indigne)
> *Qu'il s'en aille !* (modalité impérative : on ordonne, on exige)

■ On distingue deux types de phrases déclaratives :

• **Les phrases affirmatives :**

> *Il a terminé son travail.*

• **Les phrases négatives :**

> *Il n'a pas terminé son travail.*

294 *Quelles sont les différentes nuances exprimées par la phrase déclarative affirmative ?*

Une phrase affirmative exprime qu'un fait est. Elle peut se présenter comme :

• **une affirmation catégorique (totale) :**

> *J'ai mal aux dents. Il a réussi son examen. Il reviendra.*

Le mode employé est l'**indicatif**, le seul qui affirme la réalité d'une action. Néanmoins, on peut rencontrer :

– le **conditionnel** lorsque l'affirmation formulée dépend d'une condition non réalisée :

> *Si je travaillais (j'avais travaillé), je **réussirais** (j'**aurais réussi**) mon examen.*

– l'**infinitif** lorsque le fait énoncé est présenté comme la conséquence logique d'un autre ; c'est ce qu'on appelle l'infinitif de narration :

> *Elle se mit soudain dans une rage folle et lui lança de terribles injures – et lui de **continuer** à lire son journal, comme si de rien n'était.*

• **une affirmation atténuée exprimant un désir ou un ordre.** Cette atténuation se fait par :

– l'emploi du **futur de l'indicatif** :

> *Je vous **serai** reconnaissante de sortir.*

– l'emploi du **conditionnel** :

    *Je **voudrais** un petit pain au chocolat.*

● **une affirmation « sous réserve »** :

Lorsqu'on veut énoncer un fait sans engager sa parole, soit parce que celui-ci est non confirmé ou non vérifié, on emploie le **conditionnel** :

    *Les alpinistes portés disparus **auraient été retrouvés**.*

    *Le Président **envisagerait** de démissionner.*

Ce type de formulation se rencontre fréquemment dans la presse écrite ou parlée.

● **l'affirmation d'un fait non certain** ; la probabilité est exprimée :

– au moyen de verbes comme *pouvoir, devoir, sembler, paraître* :

    *Il **peut (doit)** être midi. Il **semble (paraît)** aller mieux.*

– au moyen du **futur antérieur** :

    *Il **aura eu** un empêchement.*

Quelles sont les différentes nuances exprimées par la phrase déclarative négative ?

295

■ Une phrase négative exprime qu'un fait n'est pas. Elle est la négation d'une phrase affirmative. Les nuances propres exprimées par la phrase affirmative peuvent donc s'appliquer dans la phrase négative. On peut distinguer :

● **la négation catégorique** :

    *Je n'**ai** pas mal aux dents.* **(indicatif)**

    *Il n'**a** pas **réussi** son examen.* **(indicatif)**

    *Il ne **reviendra** pas.* **(indicatif)**

    *Si je ne travaillais pas, je ne **réussirais** pas mon examen.* **(conditionnel)**

    *Si je n'avais pas travaillé, je n'**aurais** pas **réussi** mon examen.* **(conditionnel)**

    *Elle se mit soudain dans une rage folle et lui lança de terribles injures – et lui de ne pas **broncher**.* **(infinitif)**

● **une négation atténuée exprimant un désir ou une défense** :

    *Je n'**aimerais** pas qu'il me voie dans cet état.* **(conditionnel)**

    *Je ne **voudrais** pas qu'il s'en aille.* **(conditionnel)**

● **une négation « sous réserve »** :

    *Les alpinistes portés disparus n'**auraient** pas **été retrouvés**.* **(conditionnel)**

    *Le Président n'**envisagerait** pas de démissionner.* **(conditionnel)**

● **la négation d'un fait non certain** :

    *Il ne **peut** pas être midi. Il ne **doit** pas être midi.* **(indicatif)**

    *Il ne **semble** pas aller mieux. Il ne **paraît** pas aller mieux.* **(indicatif)**

    *Il n'est pas arrivé : il n'**aura** pas **pu** attraper le train.* **(indicatif)**

● **la restriction :**

Je n'ai fait que la moitié de mon travail.

■ Dans une phrase négative, la coordination se fait au moyen de la conjonction *ni* :

Je n'ai ni chien ni chat.

■ Dans une phrase affirmative, elle se fait au moyen de *et* :

J'ai un chien et un chat.

■ **Sur l'emploi des adverbes de négation** ➟ **§ 160 à § 163.**

296

PLUS **La phrase négative au service du style...**

● On peut, par souci d'atténuation, éviter l'emploi d'un mot au profit de son contraire nié : pour *aimer* on dira *ne pas détester* :

Va, je ne te hais point ! (*Le Cid*)
C'est le principe de la **litote.**
● À l'inverse, la phrase négative peut être transformée en une phrase affirmative :
Il n'est pas gentil. = *Il est méchant.*

DEGRÉS DE SIGNIFICATION DE L'ADJECTIF QUALIFICATIF : COMPARATIF ET SUPERLATIF

« Les plus courtes erreurs sont toujours les meilleures. »
(MOLIÈRE, *L'Étourdi,* IV, 3)

297

■ La qualité, la caractéristique d'un être ou d'une chose exprimée par l'adjectif (➟ **§ 42 à § 48**) qualificatif peut être évaluée par **comparaison** (➟ **§ 561 à § 567**) :

● **soit avec la même qualité retrouvée dans un autre être ou une autre chose :**

Paul est aussi (moins, plus) grand que Pierre.

● **soit avec une autre qualité :**

Paul est aussi (moins, plus) grand que fort.

■ Cette **évaluation comparative** est exprimée par les **degrés de signification de l'adjectif qualificatif.**

Quels sont les différents degrés de signification de l'adjectif qualificatif ?

298

On en distingue deux :

■ **Le comparatif, qui comporte trois nuances :**
- le comparatif de supériorité :
  *Paul est **plus grand** que Pierre.*
- le comparatif d'égalité :
  *Paul est **aussi grand** que Pierre.*
- le comparatif d'infériorité :
  *Paul est **moins grand** que Pierre.*

■ **Le superlatif, qui comporte deux nuances :**
- le superlatif de supériorité relatif ou absolu :
  *Paul est **le plus grand**. Paul est **très grand**.*
- le superlatif d'infériorité relatif ou absolu :
  *Paul est **le moins grand**. Paul est **très peu grand**.*

Lorsqu'un adjectif qualificatif n'est ni au comparatif ni au superlatif, c'est-à-dire lorsqu'il exprime une qualité simple, on dit parfois qu'il est au degré **positif**.

Comment forme-t-on le comparatif ?

299

● **Le comparatif de supériorité** se forme en faisant précéder l'adjectif qualificatif de l'adverbe *plus* :
  *Paul est **plus** grand.*

● **Le comparatif d'égalité** se forme en faisant précéder l'adjectif qualificatif de l'adverbe *aussi* :
  *Paul est **aussi** grand.*

● **Le comparatif d'infériorité** se forme en faisant précéder l'adjectif qualificatif de l'adverbe *moins* :
  *Paul est **moins** grand.*

〰 **Exceptions :**
Trois comparatifs de supériorité sont irréguliers, ils sont constitués d'une forme unique. Il s'agit de :
● *meilleur*, comparatif de *bon* : *Ce gâteau est bon, mais celui-ci est **meilleur**.*
● *moindre*, comparatif de *petit* : *Il épie mes **moindres** faits et gestes.*
● *pire*, comparatif de *mauvais*. Il existe une forme neutre vieillie de *pire* que l'on rencontre dans la langue littéraire : *C'est encore **pire**. C'est encore **pis**.*

- **Moindre** et **pire** sont délaissés au profit de *plus petit* et *plus mauvais*. *Moindre* se trouve surtout dans des expressions toutes faites telles que : *moindre mal*, de **moindre** *importance*.
Pire qualifie un état tandis que *plus mauvais* caractérise une substance : *La situation est* **pire** *depuis quelques temps. C'est le* **plus mauvais** *repas que j'aie mangé.*

Attention !
- **Il est incorrect de faire précéder** *pire* **de l'adverbe** *moins*.
- **Étymologiquement,** *majeur, mineur, supérieur, inférieur, antérieur, postérieur* **sont des comparatifs de supériorité :**
    majeur (= plus grand) ; mineur (= plus petit).
Ils sont aujourd'hui considérés comme des adjectifs qualificatifs au degré positif.

---

300   *Que sert à exprimer le comparatif ?*

Il établit un rapport d'égalité, d'infériorité ou de supériorité :

- **soit avec la même qualité considérée dans un autre être ou une autre chose :**
    Paul est **plus (aussi, moins) grand** *que Pierre.*
L'adjectif qualificatif *grand* qualifie à la fois Paul et Pierre. Les différentes nuances du comparatif indiquent que la taille de Paul est supérieure, égale ou inférieure à celle de Pierre.

- **soit avec une autre qualité considérée dans le même être ou la même chose, ou dans un autre être ou une autre chose :**
    Paul est **plus (aussi, moins) grand** *que fort.*
Les deux adjectifs qualificatifs (*grand* et *fort*) qualifient Paul. Les différentes nuances du comparatif indiquent que la caractéristique de taille chez Paul est plus importante, aussi importante ou moins importante que la caractéristique de force.
    Paul est aussi grand que Pierre est fort.
Les deux adjectifs qualificatifs (*grand* et *fort*) qualifient Paul et Pierre. Le comparatif d'égalité établit une comparaison entre deux qualités différentes attribuées à deux personnes différentes.

---

301   *Comment emploie-t-on le comparatif ?*

■ La plupart du temps, l'adjectif est suivi de *que* qui introduit le deuxième terme de la comparaison appelé **complément du comparatif** :
    Paul **(1)** *est* **plus/aussi/moins (2) grand (3)** *que* Pierre **(4)**.
(1) : premier terme de comparaison ; **(2)** : adverbe ; **(3)** : adjectif qualificatif ; **(4)** : deuxième terme de comparaison.

■ Le complément du comparatif peut être :

• **un nom ou un G.N. :**

   *Paul est plus grand que **son frère**.*

• **un pronom :**

   *Paul est plus grand que **toi**.*

• **un adjectif :**

   *Paul est plus grand que **fort**.*

• **un adverbe :**

   *Paul est plus grand qu'**avant**.*

• **un complément circonstanciel :**

   *Paul est plus grand que **l'année dernière**.*

Attention !
Le complément des adjectifs *supérieur, inférieur, antérieur, postérieur* est introduit par *à* et non par *que* : *Il est meilleur que toi. Il est supérieur à toi.*

■ **Sur la subordonnée circonstancielle de comparaison** ➡ § 561 à § 567.

Comment forme-t-on le superlatif ?

302

• Le **superlatif de supériorité relatif** est formé du comparatif de supériorité précédé de l'article défini *le, la, les* :

   *Paul est **le plus grand**.*

• Le **superlatif de supériorité absolu** se forme en faisant précéder l'adjectif qualificatif de l'adverbe *très* :

   *Paul est **très grand**.*

• Le **superlatif d'infériorité relatif** est formé du comparatif d'infériorité précédé de l'article défini *le, la, les* :

   *Paul est **le moins grand**.*

• Le **superlatif d'infériorité absolu** se forme en faisant précéder l'adjectif qualificatif des adverbes *très* et *peu* :

   *Paul est **très peu grand**.*

~ *Exceptions :*
De même qu'il existe trois comparatifs irréguliers, il existe trois superlatifs relatifs irréguliers : *le meilleur,* superlatif de *bon, le moindre,* superlatif de *petit, le pire* (et *le pis*), superlatif de *mauvais.*

● Il n'existe pas de superlatif d'égalité.

● Dans le superlatif de supériorité ou d'infériorité absolu, l'adverbe *très* peut être remplacé par d'autres adverbes comme *fort, extrêmement, bien...* :

  *Paul est **fort** grand.*

303 — *Que sert à exprimer le superlatif ?*

■ Le **superlatif relatif** exprime qu'une qualité est poussée au plus haut ou au plus bas degré chez un être ou dans une chose par comparaison à d'autres êtres ou d'autres choses :

  *Paul est **le plus grand** de tous mes amis.*

■ Le **superlatif absolu** exprime qu'une qualité est portée à un très haut degré dans une chose ou chez un être, sans qu'il soit question de les comparer avec d'autres choses ou d'autres êtres possédant la même qualité :

  *Paul est **très grand**.*

■ Certains adjectifs, de par leur sens, équivalent à des superlatifs de supériorité. C'est le cas :

● de dérivés formés notamment avec le suffixe *-issime* :

  grandissime ; richissime...

● d'adjectifs composés, notamment avec des préfixes comme *extra-, archi-, sur-, hyper-* :

  archigrand ; extra(-)fin ; hypertendu ; surdoué...

304 — *Comment emploie-t-on le superlatif ?*

■ Le **superlatif relatif** est généralement suivi d'un complément, appelé complément du superlatif et introduit par la préposition *de* :

  *Paul est le plus grand **de tous mes élèves**.*

■ Le complément du superlatif peut être :

● **un nom ou un groupe nominal :**

  *Paul est le plus grand de **tous mes élèves**.*

● **un pronom :**

  *Paul est le plus grand de **tous**.*

● **une proposition subordonnée relative au subjonctif :**

  *Paul est le plus grand **qui soit**.*

■ Lorsque le superlatif relatif n'est pas suivi d'un complément introduit par *de*, le nom précède l'adjectif :

  *C'est **l'élève** le plus gentil.*

■ Le **superlatif d'infériorité absolu** est peu employé. On lui préfère l'adjectif de sens contraire (antonyme). On dira plus volontiers :

  Il est très maladroit.

plutôt que : *Il est très peu adroit.*

■ Employé seul, le•superlatif équivaut à un nom et peut prendre toutes les fonctions du nom :

  *Que **le plus grand** se lève !* (sujet)
  *Le professeur a désigné **le meilleur**.* (C.O.D.)

PLUS **Il ne faut pas confondre...**
• **L'adjectif au superlatif relatif** précédé d'un article contracté ou d'un adjectif possessif avec **l'adjectif au comparatif** :
*Il est partisan **du moindre** effort.* (= de + le moindre, **superlatif**)

*C'est un **moindre** mal.* (comparatif)
*C'est mon **meilleur** résultat en grammaire.*
(= le meilleur résultat que j'ai eu, **superlatif**)
*Je n'ai jamais eu de **meilleur** résultat.*
(= je n'ai jamais eu un résultat plus brillant, comparatif)

305

D ÉTERMINANTS

■ On regroupe sous le terme « **déterminants** » un ensemble de mots qui ont pour rôle d'**introduire le nom** dans le discours.

▲ **Comparons :**

cheval **(1)**
Mon (le, ce, un) cheval est superbe. **(2)**

Dans l'exemple (1), le nom *cheval* appartient à la langue et non au discours : il désigne l'idée générale de cheval en dehors de tout contexte, de toute réalité. C'est sous cette forme que le nom *cheval* se présente dans le dictionnaire. En revanche, dans l'exemple 2, le nom *cheval* est précédé du déterminant *mon* qui marque que l'on se trouve dans le discours : je m'adresse à quelqu'un, je lui parle d'un cheval réel et particulier. On dit que le déterminant permet d'**actualiser le nom**.

Outre leur valeur d'actualisation, les déterminants permettent d'exprimer des nuances variées d'identité, de quantité, de possession, etc. Ces valeurs sont décrites dans les articles particuliers consacrés à chaque type de déterminants.

■ Les déterminants sont des **constituants du groupe nominal** et forment avec le nom le **groupe nominal minimal**.

Il existe différentes catégories de déterminants.

Appartiennent à la classe des déterminants :

■ **Les articles :**

● **définis :** *le, la, les* (⟹ § 193 à § 198).

● **indéfinis :** *un, une, des* (⟹ § 199 à § 204).

● **partitifs :** *du, de la, de l', des* (⟹ § 205 à § 210).

■ **Les adjectifs :**

● **possessifs :** *mon, ton, son, ma, ta, sa, mes, tes, ses, notre, votre, leur, nos, vos, leurs* (⟹ § 98 à § 103).

● **démonstratifs :** *ce, cet, cette, ces, ce ...-ci/là, cet ...-ci/là, cette ...-ci/là, ces ...-ci/là* (⟹ § 49 à § 53).

● **indéfinis :** *aucun(e), même(s), autre(s), quelque(s), quelconque(s), certain(e)(s), tel(le)(s), différent(e)s, divers(es), plusieurs, maint(e)(s), tout, tous, toute(s)* (⟹ § 61 à § 78).

● **numéraux cardinaux :** *zéro, un, deux, trois, quatre...* (⟹ § 86 à § 90).

● **numéraux ordinaux :** *premier, deuxième, second, troisième...* (⟹ § 91 à § 97).

- **exclamatifs** : *quel, quelle, quels, quelles* (⟶ § 54 à § 60).
- **interrogatifs** : *quel, quelle, quels, quelles* (⟶ § 79 à § 85).
- **relatifs** : *lequel, laquelle, lesquels, lesquelles* (⟶ § 526).

> *Attention !*
> Il ne faut pas confondre les adjectifs possessifs, démonstratifs, indéfinis et numéraux avec les adjectifs qualificatifs. Les premiers appartiennent à la classe des déterminants ; ils sont, à la différence des seconds, des constituants obligatoires du G.N. : *Mon (petit) frère joue dans la cour.*

Le déterminant est un constituant obligatoire du G.N. 308

- Le déterminant actualise le nom. Il constitue avec lui la base du G.N. :
  D + N = G.N. (déterminant + nom = groupe nominal)
- Sauf cas particuliers (⟶ § 191 à § 192), le déterminant ne peut être supprimé ; c'est un constituant obligatoire du G.N. On ne peut dire : **J'ai été mordue par chien.*

Le déterminant s'accorde en genre et en nombre avec le nom qu'il détermine. 309

■ Placé devant le nom, le déterminant lui emprunte ses marques de genre et de nombre :

un chien, une chienne ; des chiens , des chiennes.

■ L'adjectif possessif varie non seulement en genre et en nombre, mais aussi en personne selon que l'objet possédé appartient :
- à celui ou ceux qui parlent :

mon chien, ma chienne ; nos chien(ne)s.

- à celui ou ceux à qui l'on parle :

ton chien, ta chienne ; tes chien(ne)s, vos chien(ne)s.

- à celui ou ceux dont on parle :

son chien, sa chienne ; ses chien(ne)s, leur(s) chien(ne)s.

Classement des déterminants. 310

■ On peut classer les déterminants selon l'opposition article/adjectif. On distinguera alors :
- **les articles définis, indéfinis, partitifs.**

- **les adjectifs possessifs, démonstratifs, indéfinis, numéraux ordinaux, numéraux cardinaux, exclamatifs, interrogatifs, relatifs.**
Cette distinction est purement formelle.

■ On peut aussi classer les déterminants selon qu'ils se combinent ou non entre eux. On distinguera alors :

- **les déterminants spécifiques**, c'est-à-dire ceux qui sont employés seuls, à l'exclusion de tout autre déterminant.
Il s'agit des **articles**, des **adjectifs possessifs**, des **adjectifs démonstratifs**.
Ces déterminants ne se combinent avec aucun autre. Il est impossible de dire :

  *Donne-moi ces les livres. *Donne-moi mes les livres.*

- **les déterminants complémentaires** qui peuvent aussi bien être employés seuls que se combiner entre eux ou avec les autres déterminants.
Il s'agit des **adjectifs indéfinis, numéraux, exclamatifs** et **interrogatifs** :

  *Prends **ces deux** livres.*
  *J'ai **plusieurs autres** livres. **Quels autres** livres as-tu achetés ?*

EXCLAMATIVE (PHRASE)

« Le pauvre homme ! »
(MOLIÈRE, *Le Tartuffe*)

311

■ La **phrase exclamative** permet d'indiquer l'attitude que l'on adopte à l'égard du fait que l'on énonce. Elle constitue avec les phrases déclarative (➡ § 293 à § 296), interrogative (➡ § 352 à § 359) ou impérative (➡ § 331 à § 333) une **modalité de la phrase** :

Lui, s'en aller ! (= modalité exclamative : on s'étonne, on s'indigne)
Il s'en va. (= modalité déclarative : on constate, on informe)
Il s'en va ? (= modalité interrogative : on interroge, on s'interroge)
Qu'il s'en aille ! (= modalité impérative : on ordonne, on exige)

■ L'exclamation permet à celui qui parle d'exprimer une réaction (sentiment d'étonnement, de joie ou de mécontentement) face au fait qu'il énonce :

Quelle aventure ! Quelle belle journée !

Quelles sont les marques de l'exclamation ?

312

■ La phrase exclamative se caractérise à l'oral par une intonation (volume sonore augmenté, mélodie descendante, syllabation accentuée) qui l'oppose à la fois à la phrase déclarative et à la phrase interrogative.
À l'écrit, elle se distingue par la présence d'un point d'exclamation :

C'est très mauvais !

■ L'exclamation est marquée par ailleurs au moyen de certains mots comme :

● des **interjections**, des **présentatifs**, des **adverbes d'intensité**, l'**article**, l'**adjectif démonstratif**, l'**adjectif exclamatif**... :

Hélas ! il est parti. Voilà le résultat !
Le menteur ! Quelle horreur, ce temps !

● les **adverbes** *comme* et *que* qui sont propres à la phrase exclamative :

Comme elle est belle !
Qu'elle est belle !

■ La phrase exclamative se présente souvent sous la forme d'une **phrase incomplète** ou d'une phrase **nominale** :

Si j'avais su !
Quelle belle voiture !

■ Le **sujet de la phrase exclamative** peut être **inversé** :

Est-il bête !

313   *Quelles nuances la phrase exclamative peut-elle exprimer ?*

La phrase exclamative traduit la réaction de celui qui parle devant :
- **un fait réel :**
  Quelle chance tu as ! Comme elle est belle ! Que d'eau !
Quels que soient les sentiments éprouvés (joie, colère, indignation, admiration...) les procédés employés sont ceux décrits précédemment.
Le mode du verbe est l'**indicatif**.

- **un fait imaginaire :**
La réaction que l'on éprouve devant un fait imaginaire ne peut plus s'exprimer au moyen de l'indicatif. C'est pourquoi on emploie dans ce cas :

– le **conditionnel :**
  *Il **faudrait** en plus que je lui fasse des excuses !*

– le **subjonctif :**
  *Moi, que je lui **fasse** des excuses !*

– l'**infinitif :**
  *Moi, lui **faire** des excuses ! Ô, **partir** en Italie !*

F ÉMININ DES ADJECTIFS QUALIFICATIFS

« On connaît une bonne source dans la sécheresse
et un bon ami dans l'adversité. »

314   ■ Le **féminin de l'adjectif** (➠ § 42 à § 48) **qualificatif** se forme en ajoutant un **-e** à l'adjectif masculin :

MASCULIN	FÉMININ
petit	*petite*
noir	*noire*
lourd	*lourde*

■ Mais les exceptions sont nombreuses et l'on peut répartir les adjectifs en deux catégories :
- ceux qui modifient leur forme au féminin.
- ceux qui ont la même forme au masculin et au féminin (**épicènes**).

Quels sont les adjectifs qui modifient leur forme au féminin ? **315**

La plupart des adjectifs modifient leur forme au féminin, soit :
- **Par adjonction d'un -e à l'adjectif masculin,** c'est le cas le plus fréquent :
  vert, verte ; grand, grande ; ému, émue ; idiot, idiote ; gris, grise...

~ Exceptions :
- **six adjectifs en -ot doublent le -t final :** *bellot, bellotte ; maigriot, maigriotte ; boulot, boulotte ; pâlot, pâlotte ; sot, sotte ; vieillot, vieillotte.*
- **sept adjectifs en -s doublent le -s final :** *bas, basse ; épais, épaisse ; gras, grasse ; exprès, expresse ; gros, grosse ; las, lasse ; métis, métisse.*

~ Mais...
frais, fraîche ; tiers, tierce.

Attention !
aigu, ambigu, contigu, exigu prennent un tréma sur le -e final :
aiguë, ambiguë, contiguë, exiguë.

- **Par adjonction d'un -e et doublement de la consonne finale,** c'est le cas des adjectifs en **-el, -en, -ul, -eil, -et, -on, -il, -ien** :
  cruel, cruelle ; européen, européenne ; nul, nulle ; pareil, pareille ; muet, muette ; bon, bonne ; gentil, gentille ; martien, martienne...

~ Exceptions :
dix adjectifs en -et ne doublent pas la consonne finale :
(in)complet, (in)complète ; concret, concrète ; désuet, désuète ; (in)discret, (in)discrète ; (in)quiet, (in)quiète ; replet, replète ; secret, secrète.

- **Par adjonction d'un -e et changement de la consonne finale.** C'est le cas :
– des adjectifs terminés par **-f** au masculin qui ont un féminin en **-ve** :
  naïf, naïve ; bref, brève ; veuf, veuve...
– des adjectifs terminés par **-x** au masculin qui ont un féminin en **-se** :
  heureux, heureuse ; nerveux, nerveuse ; jaloux, jalouse...

~ Exceptions : *faux, fausse ; doux, douce ; roux, rousse.*
– des adjectifs terminés par **-c** au masculin qui ont un féminin en **-che** :
  franc, franche ; blanc, blanche ; sec, sèche...
ou en **-que** :
  turc, turque ; caduc, caduque ; public, publique...

~ Exception : *grec, grecque.*

145

● **Par modification de la fin du mot.** C'est le cas :
– des adjectifs en **-er** qui font leur féminin en **-ère** :
▨ *léger, légère...*
– des adjectifs en **-eur dérivés d'un verbe** qui ont un féminin :
en **-euse** ou en **-eresse** :
▨ *menteur, menteuse ; trompeur, trompeuse ; voleur, voleuse...*
vengeur, vengeresse...

∿ *Mais...*
sauveur, salvatrice.

– des adjectifs de formation savante en **-teur** qui ont un féminin en **-trice** :
▨ *émetteur, émettrice ; libérateur, libératrice...*

● **Par modification du mot.** C'est le cas de :
▨ *beau, belle ; fou, folle ; jumeau, jumelle ; mou, molle ; nouveau, nouvelle ;*
vieux, vieille.

Le féminin de ces adjectifs est en fait formé à partir de la deuxième série de formes que l'on trouve au masculin lorsque l'adjectif précède un nom commençant par une voyelle ou un *h* muet :
▨ *un bel effort ; un fol espoir ; un mol oreiller ; un nouvel essai ; un vieil harpagon.*

316 *Quels sont les adjectifs qui présentent une forme unique ?*

Il s'agit :

■ **Des adjectifs qualificatifs qui n'ont pas de féminin,** parce qu'ils ne s'emploient qu'avec des noms masculins : *benêt, bot, carmin, coulis, grégeois, pantois, pers, preux, régalien, salant, saur, vairon, vainqueur...*
▨ *un preux chevalier ; le droit régalien.*

■ **Des adjectifs qui n'ont pas de masculin,** parce qu'ils ne s'emploient qu'avec des noms féminins : *bée, cochère, crasse, dive, enceinte, pote, scarlatine, lèse...*
▨ *bouche bée, une femme enceinte, une porte cochère.*

■ **Des adjectifs qualificatifs (épicènes) qui n'ont qu'une seule forme pour le masculin et le féminin.** Il s'agit :
● des adjectifs terminés par un -e au masculin ;
● d'adverbes ou de noms employés comme adjectifs ;
● de certains adjectifs familiers ou argotiques et de couleur :
▨ *un homme (une femme) aimable, bien, chic, snob.*
un lapin (une chatte) marron, angora.

■ Des adjectifs *grand* et *fort* qui, dans certains mots composés ou expressions figées ne prennent pas de *-e* au féminin :

grand-mère, grand-chose, grand-route, à grand peine, grand-ducale.
Elle se fait fort de le battre.

PLUS **Il ne faut pas confondre...** • La forme de l'adjectif au masculin ou au féminin avec le nom correspondant : *un homme **public** / un bon **public**.*	*une vapeur **volatile** / un **volatile**.* ***Mais...*** *une réunion **publique**.* **(adj. fém.)** *un gaz **volatil**.* **(adj. masc.)**

317

F ÉMININ DES NOMS

« Si le chien aboie, entre ; si c'est la chienne, sors. » (TALMUD)

318

■ Le **féminin des noms** (➠ § 384 à § 389) de personnes ou d'animaux se forme en ajoutant un *-e* au nom masculin :

MASCULIN	FÉMININ
un ami	*une amie*
un marchand	*une marchande*
un ours	*une ourse*

■ Mais les exceptions sont nombreuses, et l'on peut répartir les noms en deux catégories :
• ceux qui modifient leur forme au féminin.
• ceux qui ont la même forme au masculin et au féminin (**épicènes**).

Quels sont les noms qui modifient leur forme au féminin ? 319

La plupart des noms modifient leur forme au féminin, soit :

■ **Par simple adjonction d'un *-e* au nom masculin :**
• sans changement dans la prononciation :

un ami, une amie.

• avec changement dans la prononciation :

un marchand, une marchande.

Attention !

Quand le nom masculin se termine par *-an, -in, -ion, -ien, -ain*, le féminin perd la sonorité nasale dans la prononciation :

un sultan, une sultane ; un lapin, une lapine ; un lion, une lionne ; un chien, une chienne ; un châtelain, une châtelaine.

■ **Par adjonction d'un -e et doublement de la consonne finale ;** c'est le cas :

● **des noms se terminant par *-t, -el* :**

▨ *un poulet, une poulette ; le chat, la chatte ; un colonel, une colonelle.*

∼ **Exception :** *le préfet, la préfète.*

● **de certains noms terminés par *-an, -ien, -on* :**

▨ *le paysan, la paysanne ; le chien, la chienne ; le baron, la baronne.*

∼ **Exceptions :**
sultane ; faisane ; Afghane ; Persane ; Mahométane ; Mormone...

■ **Par adjonction d'un -e et changement de la consonne finale :**

● **les noms masculins en *-f* ou *-p* changent le *-f* en *-v* au féminin :**

▨ *un veuf, une veuve ; un Juif, une Juive ; un loup, une louve.*

● **les noms dérivés d'un verbe et terminés par *-eur* au masculin font leur féminin en *-euse* :**

▨ *un chanteur, une chanteuse ; un menteur, une menteuse.*

● **la plupart des noms masculins en *-x* changent le *-x* en *-s* au féminin :**

▨ *un époux, une épouse ; un ambitieux, une ambitieuse.*

■ **Par adjonction d'un -e et modification de la voyelle précédente.** C'est le cas des noms terminés par *-er* au masculin qui font leur féminin en *-ère* :

▨ *le boulanger, la boulangère ; le berger, la bergère.*

■ **Par modification de la fin du mot.** C'est le cas :

● **de certains noms terminés par *-eau* :**

▨ *un chameau, une chamelle ; un agneau, une agnelle ; un jumeau, une jumelle.*

● **beaucoup de noms de formation savante en *-teur* font leur féminin en *-trice* :**
accusateur, acteur, admirateur, adorateur, animateur, auditeur, aviateur, bienfaiteur, collaborateur, conducteur, conservateur, correcteur, créateur, détenteur, directeur, éducateur, électeur, expéditeur, explorateur, facteur, fondateur, imitateur, indicateur, inspecteur, instituteur, interlocuteur, inventeur, lecteur, législateur, médiateur, moniteur, négociateur, observateur, opérateur, préparateur, présentateur, producteur, promoteur, protecteur, rédacteur, réformateur, répétiteur, restaurateur, séducteur, spectateur, tentateur, traducteur...

Attention !
Docteur, enchanteur, pécheur, vengeur → *doctoresse, enchanteresse, pécheresse, vengeresse.*
Bailleur, défendeur, demandeur, vendeur → *bailleresse, défenderesse, demanderesse, venderesse* lorsqu'ils sont employés au sens juridique.
Chasseur → *chasseresse* dans la langue poétique, *chasseuse* dans l'emploi ordinaire.

- de noms masculins variés qui font leur féminin en **-esse** :

  abbé, abbesse ; âne, ânesse ; bougre, bougresse ; chanoine, chanoinesse ; comte, comtesse ; diable, diablesse ; drôle, drôlesse ; duc, duchesse ; hôte, hôtesse ; ivrogne, ivrognesse ; maître, maîtresse ; nègre, négresse ; ogre, ogresse ; poète, poétesse ; prêtre, prêtresse ; prince, princesse ; prophète, prophétesse ; Suisse, Suissesse ; tigre, tigresse ; traître, traîtresse ; vicomte, vicomtesse...

- de noms masculins variés qui font leur féminin en **-ine** :

  tsar, tsarine ; speaker, speakerine.

■ **Par disparition du suffixe :**

  canard, cane ; dindon, dinde ; mulet, mule ; compagnon, compagne.

■ **Par remplacement du suffixe :**

  serviteur, servante ; gouverneur, gouvernante ; ambassadeur, ambassadrice ; chevreau, chevrette ; lévrier, levrette ; poulain, pouliche ;

■ **Par modification du radical :**

  dieu, déesse ; roi, reine ; empereur, impératrice ; chanteur, cantatrice ; neveu, nièce.

■ **En changeant de mot :**

  père, mère ; frère, sœur ; oncle, tante ; garçon, fille ; coq, poule ; veau, génisse ; lièvre, hase ; cerf, biche ; sanglier, laie ; jars, oie.

Attention !
- **Certains noms masculins ont deux féminins :**
  patron → *patronne, patronesse ; chanteur* → *chanteuse, cantatrice.*
- **Certains animaux sont désignés par trois noms :**
  le mouton (espèce) *: le bélier* (mâle), *la brebis* (femelle).
  le bœuf : le taureau, la vache.
  le porc : le verrat, la truie.
  le cheval : l'étalon, la jument.

∿ *Mais...*
Grenouille n'est pas le féminin de *crapaud*, ni *souris* de *rat*, ni *chouette* de *hibou*, ni *guenon* de *singe*.

320 *Quels sont les noms qui présentent une forme unique ?*

Certains noms ont la même forme pour le masculin et le féminin (**épicènes**). C'est le cas notamment de :

- **beaucoup de noms d'animaux :**

  un papillon ; une araignée ; un éléphant.

- **certains noms, de profession notamment, qui n'ont pas de féminin :**

  amateur, architecte, assassin, athlète, auteur, bandit, bâtonnier, bourreau, brigand, censeur, champion, chef, condisciple, curé, dentiste, diplomate, écrivain, gourmet, imprimeur, ingénieur, journaliste, juge, magistrat, médecin, ministre, peintre, plombier, précepteur, professeur, sculpteur, témoin, vainqueur, voyou...

Dans ces cas, le féminin est marqué par une périphrase :

  un papillon femelle ; une femme écrivain ; une femme peintre.

Attention !
Il ne faut pas confondre :

  Madame le Maire/le Préfet (femme occupant la fonction de maire/de préfet) *et Madame la Mairesse/la Préfète* épouse du maire/du préfet).

- **certains noms qui, sans changer de forme, sont accompagnés d'un déterminant masculin ou féminin selon qu'ils désignent un homme ou une femme :**

  un secrétaire, une secrétaire ; un artiste, une artiste ; un élève, une élève.

321 *Les noms propres ont-ils un genre ?*

- Les noms de villes peuvent indifféremment être traités comme des noms masculins ou féminins :

  Paris est beau en été. Venise est belle en hiver.

Néanmoins, le masculin tend à l'emporter, c'est le cas avec *tout* :

  Tout Paris est en fête. Tout Venise est en fête. Le Tout-Paris.

- Lorsqu'un bateau porte un nom de personne, on en respecte le genre :

  la « Jeanne-d'Arc » ; le « Richelieu ».

Lorsqu'il porte un nom de pays ou de province, on le met au masculin :

  le « France » (à ne pas confondre avec *la France*).

- L'accord en genre avec un nom propre de personne se fait en fonction du sexe de la personne désignée :

  Pierre est parti, Martine est arrivée.

Des noms sur le genre desquels on hésite souvent...

• Sont du genre **masculin** :
abîme, alvéole, ambre, anathème, antre, aparté, argent, astérisque, apogée, arcane, automne, camée, coryphée, éclair, emblème, épilogue, haltère, hémisphère, insigne, ivoire, lange, légume, myrte, obélisque, pétale, poulpe, tentacule, viscère...

• Sont du genre **féminin** :
abside, acmé, acné, acoustique, alcôve, amnistie, anagramme, antichambre, apothéose, atmosphère, autoroute, avant-scène, azalée, ébène, écharde, épigramme, équivoque, oasis, orbite, oriflamme, patère, primeur, réglisse, urticaire...

• Sont du genre **masculin ou féminin** selon le sens :
le critique (celui qui critique) / *la critique ; le crêpe* (tissu) / *la crêpe ; le manœuvre* (ouvrier) / *la manœuvre ; le pendule / la pendule* (horloge) ; *le mémoire* (état des sommes dues) / *la mémoire ; le finale / la finale ; le vase / la vase* (boue) ; *le poêle / la poêle* (à frire) ; *le solde / la solde* (salaire) ; *le mousse / la mousse ; le manche / la manche ; le voile / la voile ; le moule / la moule ; le tour / la tour...*

• Sont **du masculin ou du féminin** selon les dictionnaires :

322

alvéole : masculin selon Littré, l'Académie, le Grand Larousse de la Langue française, féminin selon Bescherelle. Sans doute influencé par le -e final, l'usage donne à ce nom le genre féminin.

après-midi : masculin selon l'Académie. L'usage lui donne les deux genres.

automne : masculin selon l'Académie, il est des deux genres selon Littré. L'usage lui donne le genre masculin.

effluve : masculin selon les dictionnaires, mais l'usage, sans doute à cause du -e final, lui donne progressivement le genre féminin.

H.L.M. : abréviation de « Habitation à Loyer Modéré », est logiquement féminin, mais l'usage tend de plus en plus à lui donner le genre masculin.

interview : masculin selon le Dictionnaire général, féminin selon l'Académie. L'usage tend à lui donner le genre féminin.

phalène : féminin selon l'Académie, des deux genres selon Le Robert. L'usage reste indécis.

GÉRONDIF

« C'est en forgeant qu'on devient forgeron. »

323

Le **gérondif** est un **mode** (⟹ § 360 à § 371) **impersonnel** du verbe, tout comme l'infinitif et le participe. Il est constitué de la forme du **participe présent** (⟹ § 412 à § 417) du verbe précédé de *en* :

C'est en forgeant qu'on devient forgeron.
forger → *forgeant* → **en forgeant.**
infinitif   p. présent   gérondif

324   *Qu'est-ce qui distingue le gérondif du participe présent ?*

▲ **Comparons :**

    *J'ai aperçu Pierre **en quittant** la réunion.* **(1)**
    *J'ai aperçu Pierre **quittant** la réunion.* **(2)**

● Du point de vue de la forme, on constate que le gérondif (1) est toujours précédé de la préposition *en*. Le participe présent (2) n'est jamais précédé de *en*.

● Du point de vue de la fonction, le gérondif représente toujours une circonstance accompagnant le verbe principal. Il fonctionne comme un **G.N.** ou une **proposition subordonnée circonstancielle :**

    *J'ai aperçu Pierre **en quittant** la réunion.* (gérondif)
    → *J'ai aperçu Pierre **à la sortie** de la réunion.* (G.N. C.C. de temps)
    → *J'ai aperçu Pierre **au moment où je quittais** la réunion.* (prop. sub. conj. circ. de temps)

Le participe présent se rapporte à un nom ou à un pronom qu'il qualifie à la manière d'une proposition subordonnée relative ou d'un adjectif qualificatif :

    *J'ai aperçu Pierre **quittant** la réunion.* (participe présent)
    → *J'ai aperçu Pierre **qui quittait** la réunion.* (prop. sub. rel.)

De même :

    *J'ai vu Pierre, triste, fatigué, **pleurant**.*

Cette différence essentielle du point de vue de la fonction fait que **le gérondif ne peut se rapporter dans la phrase qu'au sujet du verbe dont il dépend.**
Il est équivoque de dire :

    Maman, en rentrant de l'école, m'avait préparé une surprise.

Cette phrase n'est correcte que si Maman est institutrice ou professeur et qu'elle rentre effectivement de l'école. Si c'est l'enfant qui rentre de l'école, on dira :

    En rentrant de l'école, j'ai trouvé la surprise que Maman m'avait préparée.

325   *Comment le gérondif s'accorde-t-il ?*

● Le gérondif, comme le participe présent, est invariable :

    *J'ai aperçu Pierre **en quittant** la réunion.*
    *Ils ont aperçu Pierre **en quittant** la réunion.*

● Néanmoins il varie en personne à la forme pronominale :

    *En **me** promenant, j'ai rencontré Pierre.*
    *En **se** promenant, il a rencontré Pierre.*

Que sert à exprimer le gérondif ?

■ Le gérondif exprime une action dont l'agent est toujours identique à celui du verbe de la phrase :

▪ *J'ai appelé mon frère **en rentrant** à l'hôtel. (J'ai appelé, je suis rentré)*

■ Le gérondif a toujours la fonction de complément circonstanciel du verbe auquel il se rapporte. Il exprime les valeurs circonstancielles suivantes :

● **le temps :**

▪ *J'ai aperçu Pierre **en quittant la réunion**. (Au moment où je quittais...)*

● **la cause :**

▪ ***En quittant la réunion** avant la fin, vous avez mal agi. (Parce que...)*

● **la condition :**

▪ ***En présentant vos excuses**, vous pourriez tout arranger. (Si vous présentiez...)*

● **la concession ou l'opposition ;** dans ce cas, le gérondif peut être renforcé par l'adverbe *tout* :

▪ *Il a réussi son examen **en ne faisant** aucun effort. (Bien qu'il n'ait fait...)*
*Il a réussi son examen **tout en ayant** un emploi. (Bien qu'il ait eu...)*

● **la manière ou le moyen :**

▪ *Il est reparti **en boitant**. Elle se détend **en faisant** de l'aquarelle.*

PLUS • **Il ne faut pas confondre le gérondif sans en avec un participe présent...**
En ancien français, le gérondif pouvait être employé sans la préposition *en*. Il en reste des traces dans les expressions suivantes :
argent comptant, strictement, parlant, ce disant...
Dans ces expressions les formes en *-ant* ne sont donc pas des participes présents.

• **Le gérondif est incompatible avec un verbe impersonnel...**

Il est impossible de dire :
*Il pleut en inondant la route.
En effet le gérondif doit avoir le même sujet que le verbe dont il est complément circonstanciel. Cette règle n'était pas toujours appliquée autrefois. Il en reste des traces dans les expressions suivantes :
L'appétit vient en mangeant.
La fortune vient en dormant.

GROUPE NOMINAL / GROUPE VERBAL

328

■ Une **phrase simple** (➡ § 424 à § 428) est formée de deux constituants obligatoires, que l'on peut traduire par la formule suivante :

phrase = groupe nominal + groupe verbal

■ Le **groupe nominal** et le **groupe verbal** sont des **constituants obligatoires de la phrase simple** :

Mon fils / pleure.
   G.N.   G.V.

329

Le groupe nominal (G.N.)

■ De même que la phrase simple peut être subdivisée en un G.N. et en un G.V., chaque groupe peut à son tour être subdivisé en une suite de mots liés entre eux. La forme de base du G.N. est composée d'un **nom** et d'un **déterminant** :

G.N. = D + N
Mon fils = Mon + fils

■ À ces éléments de base, peuvent s'ajouter, pour enrichir le sens du G.N., des constituants facultatifs comme :

● **un adjectif qualificatif épithète :**

G.N. = D + N + (Adj. épithète)
     Mon   fils   aîné   / pleure.

● **un adjectif qualificatif apposé :**

G.N. = D + N + (Adj. apposé)
     Mon   fils,   impatient,   / pleure.

● **un nom ou un G.N. apposé :**

G.N. = D + N + (N. apposé)
     Mon   fils   Édouard   / pleure.

● **un nom ou un G.N. complément du nom :**

G.N. = D + N + (C. du nom)
     Le   fils   de mon voisin / pleure.

● **une proposition subordonnée relative :**

G.N. = D + N + (Prop. relative)
     Mon   fils,   qui est fatigué, / pleure.

Ces **constituants facultatifs** sont des **expansions du G.N.** : ils font partie du G.N. Ceci apparaît nettement si l'on remplace le G.N. par un pronom.
Tous les G.N. ci-dessus, quelle que soit la nature de leurs constituants, pourraient être remplacés par le pronom personnel *il* :

Il / pleure.

■ Le G.N. peut occuper différentes fonctions dans la phrase ; à l'échelle de la phrase, il peut être :

• **sujet :**

Le petit garçon joue.

• **C.O.D. (complément essentiel) :**

*Le petit garçon conduit **son camion.***

• **complément circonstanciel (complément de phrase) :**

*Le petit garçon joue **dans la cour des voisins.***

■ Le G.N. peut aussi être inclus dans un G.N. sujet ou C.C., avec les fonctions :

• **de complément du nom :**

*Le petit garçon / joue / dans la cour / **des voisins.***

• **d'apposition :**

*Le petit garçon, **un enfant blond,** / joue dans la cour.*

Le groupe verbal (G.V.). 330

■ Le groupe verbal est le **deuxième constituant obligatoire de la phrase simple.** L'élément de base du G.V. est le verbe conjugué, c'est-à-dire :

G.V. = V (sans compléments)

*Le petit garçon / **joue.***

■ À cet élément de base peuvent s'ajouter :

• **Un ou plusieurs compléments de verbe.** Le G.V. peut alors présenter deux types de construction :

– **verbe construit avec un complément :**

G.V. =	**V**	+	**G.N. (C.O.D.)**
Le petit garçon /	*mange*		***une pomme.***
G.V. =	**V**	+	**G.N.P. (prépositionnel) (C.O.I.)**
Le petit garçon /	*parle*		***à son frère.***

– **verbe construit avec deux compléments :**

G.V. =	**V**	+	**G.N. (C.O.D.)**	+	**G.N.P. (C.O.S.)**
Le petit garçon /	*a donné*		***une pomme /***		***à son frère.***
G.V. =	**V**	+	**G.N.P. (C.O.I.)**	+	**G.N.P. (C.O.S.)**
Le petit garçon	*/ parle*		***de son projet /***		***à ses parents.***

• **Un attribut :**

– **du sujet :**

*Le petit garçon / **est content.***

155

– du C.O.D. :

▨ *Le petit garçon* / ***rend ses parents* <u>heureux</u>**.

● **Un adverbe :**

▨ *Le petit garçon* / ***dort* <u>profondément</u>**.

Certaines grammaires distinguent également le **groupe adjectival** ; il est constitué de l'adjectif qualificatif et de son complément :

▮ *Il est **fort en mathématiques**.*

     adj.   C. de l'adj.

     GROUPE ADJECTIVAL

I MPÉRATIVE (PHRASE)

« Ne vous mêlez pas de ce qui ne vous regarde point. »

■ La **phrase impérative** permet d'indiquer une attitude particulière que l'on adopte à l'égard du fait que l'on énonce. Elle constitue, avec les phrases déclarative (➡ § 293 à § 296), exclamative (➡ § 311 à § 313) ou interrogative (➡ § 352 à § 359), une **modalité de la phrase** :

331

> *Qu'il s'en aille !* (modalité impérative : on ordonne, on exige)
> *Il s'en va.* (modalité déclarative : on constate, on informe)
> *Lui, s'en aller !* (modalité exclamative : on s'étonne, on s'indigne)
> *Il s'en va ?* (modalité interrogative : on interroge, on s'interroge)

■ La phrase impérative sert à exprimer, au moyen du mode impératif, un ordre ou une défense :

> *Sortez immédiatement. Ne parle pas la bouche pleine.*

Quelles sont les marques de la phrase impérative ?

332

• La phrase impérative se caractérise par l'emploi du **mode impératif** :

> **Sortez. Va** *chercher tes affaires.*

• La modalité impérative s'emploie **dans le discours, à l'oral**. Elle met en présence un locuteur (celui qui donne l'ordre) et un interlocuteur (le destinataire de l'ordre). L'impératif n'existe qu'à la 2ᵉ personne du singulier, à la 1ʳᵉ et à la 2ᵉ personne du pluriel :

> **Va** *chercher tes affaires.*
> **Partons** *immédiatement le rejoindre.* **Sortez** *d'ici avant qu'il ne revienne.*

• La **défense**, qui est un ordre négatif, s'exprime aussi à l'impératif, mais par l'emploi des adverbes de négation :

> *Sors.* → *Ne sors pas. Dis-moi tout.* → *Ne me dis rien.*

Quels sont les autres moyens d'exprimer l'ordre et la défense ?

333

■ Il arrive que l'on ait à donner un ordre :

• à un interlocuteur absent, par l'intermédiaire d'une tierce personne. Dans ce cas, on a recours à la troisième personne du subjonctif présent :

> *Qu'il* **sorte** *immédiatement ! Qu'il ne* **bouge** *pas de là !*

• à une personne indéterminée. Dans ce cas, on a recours à l'infinitif :

> **Entrer** *sans frapper. Ne pas* **marcher** *sur les pelouses.*

■ La brutalité de l'ordre souvent contenue dans la phrase impérative peut être atténuée par l'emploi de la locution *s'il vous plaît* (*s'il te plaît*) ou de l'auxiliaire de mode *vouloir* à l'impératif :

> *Rendez-moi ces clefs **s'il vous plaît**. **Veuillez** me rendre ces clefs.*
> *Ne partez pas tout de suite, **s'il vous plaît**. **Veuillez** ne pas partir tout de suite.*

■ Selon le contexte, la phrase impérative peut exprimer :

● un conseil :

> *Veille sur ta santé.*

● une prière :

> *Soyez gentil, laissez-moi partir.*

I MPERSONNEL (VERBE, CONSTRUCTION)

« Il faut battre le fer pendant qu'il est chaud. »

334

■ Certains verbes (➠ § **674** à § **689**) sont dits **impersonnels** parce qu'ils ne varient pas en personne. Ils s'utilisent uniquement à la troisième personne du singulier, précédés du pronom *il* :

> *Il **pleut**. Il **faut** que tu partes.*

335

Quels sont les verbes qui sont toujours employés dans des constructions impersonnelles ?

Certains verbes ne peuvent s'employer que de façon impersonnelle. Ils sont parfois appelés verbes unipersonnels. Il s'agit :

● **des verbes exprimant des phénomènes météorologiques comme** *pleuvoir, neiger, grêler, geler, tonner, brumer, bruiner,* **etc. :**

> *Il **a plu** ce matin. Il **neige** depuis ce matin. Il **grêle**.*

> Attention !
> Ces verbes peuvent s'employer personnellement ; ils ont alors un sens figuré et un sujet autre que le pronom *il* : *Les reproches **pleuvent** sur lui.*

● **du verbe** *falloir* :

> *Il **faut** partir.*

Quels sont les verbes qui s'emploient occasionnellement dans des constructions impersonnelles ?

336

Certains verbes personnels peuvent s'employer impersonnellement. Il s'agit :

- **de l'auxiliaire *être* et des verbes d'état :**
  *Il **est** des jours où rien ne va. Il **était** une fois...*
  *Il **paraît** que tu déménages. Il **semble** que ce soit de sa faute.*

- **de l'auxiliaire *avoir*, sous forme du présentatif *il y a* :**
  ***Il y a** des élèves absents aujourd'hui.*

- **de verbes actifs intransitifs comme *arriver, courir*, etc. :**
  *Il **est arrivé** un grand malheur. Il **court** des bruits peu flatteurs sur lui.*

- **de verbes passifs, employés surtout dans le style administratif :**
  *Il **a été procédé** à son expulsion. Il **est défendu** de fumer.*
  *Il **est rappelé** aux candidats qu'il est interdit d'utiliser un dictionnaire.*

- **de verbes pronominaux :**
  *Il **se peut** qu'il vienne. Il **s'agit** d'une erreur. Il **se trouve** qu'il a tout oublié.*

- **du verbe *faire* suivi d'un adjectif ou d'un nom :**
  *Il **fait** beau. Il **fait** nuit.*

Comment emploie-t-on les verbes impersonnels ?

337

■ Dans l'emploi des verbes impersonnels, le pronom personnel *il* est neutre. Il a la fonction de **sujet apparent (ou grammatical)**. Le **sujet réel** suit le verbe :
*Il est tombé **une grosse averse**.*

■ Le sujet réel peut être :

- **un nom ou un groupe nominal :**
  *Il est arrivé **un car de touristes** à l'hôtel.*

- **un pronom ou un groupe du pronom :**
  *Il s'est présenté **quelqu'un de votre société**.*

- **un infinitif :**
  *Il est interdit de **fumer**.*

- **une proposition subordonnée complétive :**
  *Il est nécessaire **que tu progresses**.*

Il arrive que le sujet apparent et le verbe soient omis :
*Inutile de protester. (**Il est** inutile de protester.)*
*Impossible de passer. (**Il est** impossible de passer.)*

> **Attention !**
> Même si le sujet réel du verbe impersonnel est au pluriel, le verbe reste au singulier ; il s'accorde toujours avec son sujet apparent :
> *Il arrive souvent **des événements** inattendus.*
> *Il se trouve **des gens** pour l'aimer.*

338 Il existe des modes impersonnels...
Les modes impersonnels (➟ § 360 à § 371) sont :
• **L'infinitif** (➟ § 339 à § 346) :
*Partir, c'est **mourir** un peu.*

• **Le participe** (➟ § 406 à § 411, § 412 à § 417) :
*Je l'ai vu **sortant** d'un cinéma.*
• **Le gérondif** (➟ § 323 à § 327) :
***En sortant**, fermez la porte.*

INFINITIF

« Vouloir, c'est pouvoir. »

339 ■ L'infinitif est la forme la plus dépouillée du verbe (➟ § 674 à § 689). C'est sous cette forme qu'on le trouve dans le dictionnaire, pour servir d'entrée au sens lexical du verbe, mais aucune valeur de personne, de nombre (singulier, pluriel), de mode (➟ § 360 à § 371) (indicatif, subjonctif...) ne peut, hors contexte, lui être attribuée. L'infinitif, tout comme le participe et le gérondif, est un **mode impersonnel** ; ce mode permet de parler du verbe.

340 *Quelles sont les formes de l'infinitif ?*

• L'infinitif a deux temps grammaticaux, l'**infinitif présent** et l'**infinitif passé**.
• Il peut être employé à la voix active, passive ou pronominale :

	PRÉSENT	PASSÉ
ACTIF	*aimer*	*avoir aimé*
PASSIF	*être aimé(e)(s)*	*avoir été aimé(e)(s)*
PRONOMINAL	*s'aimer*	*s'être aimé(e)(s)*

L'infinitif est-il invariable ? 341

L'infinitif est invariable : c'est un mode impersonnel, c'est-à-dire qu'il ne varie pas selon les personnes. Néanmoins, à la forme pronominale, il peut varier :

• **en personne** ; dans ce cas, c'est le pronom complément qui varie :

*Je peux **me** tromper, tu peux **te** tromper, il peut **se** tromper, nous pouvons **nous** tromper, vous pouvez **vous** tromper, ils peuvent **se** tromper.*

• **en genre et en nombre**, lorsqu'il est employé au passé actif ou pronominal, au présent et au passé passif ; dans ce cas c'est le participe passé qui varie et s'accorde en genre et en nombre avec le sujet, tandis que l'auxiliaire, à l'infinitif, reste bien sûr invariable :

*Je peux m'être **trompé(e)** / avoir été **trompé(e)**.*
*Ils (Elles) peuvent s'être **trompé(e)s** / avoir été **trompé(e)s**.*
*Juste après s'être **étendue**, Marie s'est endormie.*

Quelles sont les deux valeurs de l'infinitif ? 342

▲ **Comparons :**

Jouer est sa passion. **(1)**
Elle regardait les enfants jouer dans le jardin. **(2)**

Dans la phrase 1, l'infinitif ne joue pas le rôle de verbe-noyau. Il a valeur de **nom**. On pourrait le remplacer par un groupe nominal :

Le jeu est sa passion.

Dans la phrase 2, l'infinitif joue le rôle de verbe-noyau de la proposition. Il a valeur de **verbe**. On pourrait le remplacer par un verbe à un mode personnel :

Elle regardait les enfants qui jouaient dans le jardin.

L'infinitif a donc tantôt valeur de nom, tantôt valeur de verbe.

Comment emploie-t-on l'infinitif à valeur de nom ? 343

■ Équivalent d'un nom, l'infinitif en a toutes les fonctions possibles. Il peut être :

• **sujet :**
On le trouve surtout dans des propositions exprimant une généralité, dans des sentences ou des proverbes :

Copier est un vilain défaut.

• **attribut du sujet :**
*Vouloir, c'est **pouvoir**.*

● **C.O.D.** :
On le trouve surtout après des verbes de sentiment, d'opinion, de volonté ou de mouvement tels que *affirmer, aimer, aller, avoir beau, avouer, compter, croire, daigner, déclarer, désirer, détester, devoir, dire, écrire, espérer, estimer, faillir, faire, falloir, s'imaginer, laisser, oser, penser, pouvoir, préférer, prétendre, reconnaître, retourner, revenir, savoir,* etc. :

Elle aime **écrire**. *Il désire* **réussir**. *Il préférerait* **mourir**.

● **C.O.I.** :
Il est construit avec les prépositions à ou de **(infinitif prépositionnel)**.
On le trouve après des verbes tels que *s'abstenir de, accepter de, accuser de, achever de, admettre de, appréhender de, (s')arrêter de, blâmer, se charger de, décider de, défendre de, se dépêcher de, dispenser de, empêcher de, entreprendre de, envisager de, essayer de, éviter de, finir de, se garder de, interdire de, se mêler de, mériter de, négliger de, omettre de, ordonner de, oublier de, parler de, se permettre de, prétexter de, se presser de, prévoir de, prier de, projeter de, promettre de, proposer de, refuser de, se réjouir de, reprocher de, se retenir de, rêver de, risquer de, supplier de, tâcher de, tenter de, se vanter de ; s'abaisser à, s'acharner à, aider à, s'amuser à, s'appliquer à, apprendre à, s'apprêter à, arriver à, s'attendre à, autoriser à, se borner à, condamner à, consentir à, contribuer à, convier à, se décider à, encourager à, s'évertuer à, se fatiguer à, s'habituer à, se hasarder à, hésiter à, se mettre à, s'obstiner à, parvenir à, persister à, pousser à, se préparer à, se refuser à, renoncer à, se résigner à, se résoudre à, réussir à, servir à, tarder à, veiller à,* etc. :

Je vous prie de **sortir**. *Je l'ai aidé à* **réviser**. *Nous nous préparons à* **partir**.

● **C.O.S.** :
Il a demandé à ses parents **de venir**.

● **complément du nom** :
La crainte **d'échouer** *l'obsède. J'ai acheté une machine* **à coudre**.

● **complément circonstanciel** : il est construit avec les prépositions ou locutions conjonctives *pour, avant de, après, sans, afin de...* **(infinitif prépositionnel)**.
L'infinitif complément circonstanciel joue le même rôle qu'une proposition subordonnée circonstancielle. Il est construit avec des prépositions ou locutions prépositives exprimant :
– le **temps** *(après, avant (que) de)* ;
– la **cause** *(sous prétexte de, à force de, de, pour)* ;
– la **conséquence** *(à, assez... pour, au point de, de manière à, jusqu'à, trop... pour)* ;
– le **but** *(pour, afin de, de crainte de, de peur de, en vue de...)* ;
– la **concession** ou l'**opposition** *(au lieu de, pour, (bien) loin de)* ;
– la **condition** *(à, à condition de, à moins de, de, sans)* ;
– la **manière** *(sans...).*

Attention !
Il n'existe pas d'infinitif circonstanciel équivalant à une proposition subordonnée de comparaison, sauf lorsque *comme* ou *que* sont doublés d'un infinitif
complément circonstanciel de but :
> *Il agit comme pour se faire détester.*
> *Je joue moins pour gagner que pour participer.*

● complément d'adjectif :
> *C'est dur à **comprendre**.*

● mis en apposition :
> *Je ne souhaite que deux choses : **réussir** et m'**enrichir**.*

■ Certains infinitifs sont, par dérivation impropre (➡ § 372 à § 379), devenus des
noms à part entière. On les appelle infinitifs substantivés, même si, bien souvent,
on ne perçoit plus leur nature originelle de verbe. Ils ont non seulement toutes
les fonctions possibles du nom, mais ils en ont aussi les caractéristiques : ils peuvent être employés avec un déterminant ou un adjectif qualificatif ; certains peuvent même se mettre au pluriel :
> *Il m'a fait un petit **sourire**.*
> *Le roi a tous les **pouvoirs**.*

S'emploient comme infinitifs substantivés :
> *(un) avoir, (un) baiser, (le) boire, (le) coucher, (le) déjeuner, (le) devenir,
> (le) devoir, (le) dîner, (le, les) dire(s), (l')être, (le) goûter, (le) laisser-aller, (le)
> lever, (le) manger, (le) paraître, (le) parler, (le) pouvoir, (le) repentir, (le)
> rire, (le) savoir, (le) savoir-faire, (le) savoir-vivre, (le) souper, (le) sourire, (le)
> souvenir, (le) vouloir, etc.*

Attention !
Tous les infinitifs ne peuvent pas être substantivés :
> **Le mentir est un vilain défaut.*

∿ *Mais...*
Ceux qui le sont peuvent prendre la marque du pluriel :
> *les devoirs ; les goûters ; les dires ; les savoirs ; les parlers...*

Comment emploie-t-on l'infinitif à valeur de verbe ? 344

■ L'infinitif à valeur de verbe joue le rôle de verbe-noyau. On le rencontre :
● **en proposition indépendante :**
> *Ne pas se **pencher** au dehors. **Ralentir**, danger.*
> *Que **penser** ? Moi, te **mentir** !*

● en proposition subordonnée ; il peut alors jouer le rôle de verbe-noyau :

– dans une proposition subordonnée infinitive :

*J'écoute / les oiseaux **chanter**.*
          S   V

– dans une proposition subordonnée interrogative indirecte :

*Je ne sais / que **faire**.*

– dans une proposition subordonnée relative :

*Je cherche une maison à la campagne / où **passer** mes vieux jours.*

■ L'infinitif peut être suivi d'un ou de plusieurs compléments avec lesquels il forme un **groupe infinitif** dont il est le noyau :

*Je préfère **attendre** à la maison.*
                   C.C. de lieu
            GROUPE INFINITIF

345

Quelles nuances l'infinitif employé comme nom ou comme verbe permet-il d'exprimer ?

■ Construit avec des semi-auxiliaires d'aspect ou de mode avec lesquels il forme des **périphrases verbales**, il peut exprimer :

● qu'une action est train de s'accomplir :

*Il **est en train de réviser** ses leçons.*

● le futur proche, l'imminence :

*Il **va partir**.*

● le passé proche :

*Il **vient de partir**.*

■ Employé dans une proposition indépendante, il permet d'exprimer :

● l'ordre, la défense ou une consigne :

***Ralentir**, danger. Ne pas **fumer**, merci. Ne rien **écrire** dans cette case.*

L'emploi de l'infinitif évite le caractère trop abrupt de l'impératif parce qu'il est dépouillé de toute idée précise de personne :

Ralentissez, danger.
Ne fumez pas. N'inscrivez rien dans cette case.

● la délibération, l'hésitation dans une interrogation :

*Que **faire**, que **penser**, où **aller** ?*

● l'indignation, l'étonnement, le regret, le souhait dans une exclamation :

*Moi, te **mentir** ! Ah ! **partir, partir** !*

■ Employé avec un *de* explétif (sans valeur grammaticale), il remplace dans le récit un indicatif passé et permet d'exprimer avec vivacité les conséquences immédiates d'un fait. On le nomme dans ce cas **infinitif de narration** :

*Et les grenouilles aussitôt **de sauter** dans les ondes.* (LA FONTAINE)
(= Sur ce, les grenouilles sautèrent aussitôt dans les ondes).

PLUS **Il ne faut pas confondre...**
• **Un infinitif présent passif (1) et un infinitif passé actif (2) :**
*Il demande à **être reçu** par vous.* **(1)**
*Il prétend **être parti** après moi.* **(2)**
Dans la phrase 1, *recevoir* est un verbe transitif : l'auxiliaire *être* sert à former la voix passive.
Dans la phrase 2, *partir* est intransitif : *être* est auxiliaire de temps : il sert à former le passé, puisqu'un verbe intransitif ne peut pas être employé à la voix passive.

346

I NTERJECTION

« Ô rage ! ô désespoir ! ô vieillesse ennemie ! »
(CORNEILLE, *Le Cid*)

■ **L'interjection** est un mot (ou un groupe de mots) invariable employé dans la langue parlée ou les dialogues de la langue écrite pour exprimer, sous forme d'exclamation, un sentiment vif et subit, un ordre bref :

Oh ! suffit !

347

À quoi servent les interjections ?

348

• Contrairement aux autre mots invariables que sont l'adverbe, la préposition ou les conjonctions, les interjections ne jouent aucun rôle grammatical. Elles sont là pour donner du relief à la phrase et au style.

*Tu m'as fait mal. **Aïe** ! Tu m'as fait mal.*
*Quelle horreur ! **Pouah** ! Quelle horreur !*

• L'interjection constitue la forme d'expression la plus spontanée et la plus simple. Elle peut à elle seule constituer une phrase qu'on appelle un mot-phrase :

Ouf !

349   *Quelles sont les formes des interjections ?*

Les interjections peuvent se présenter sous la forme d'un mot simple ou d'une locution interjective. Beaucoup de mots d'origines très diverses s'emploient comme interjections. Ainsi :

● **la plupart des sons de voyelles :**

> *ah ! ha ! eh ! hi ! oh ! ho ! ô ! euh ! heu !*

● **un simple cri :**

> *aïe ! bah ! bof ! brrr ! fi ! hep ! hop ! hum ! pouah !*

● **des noms, des adjectifs, des adverbes, des verbes (le plus souvent à l'impératif) ayant changé de catégorie grammaticale :**

> *attention ! ciel ! diable ! rideau ! silence !* **(noms)**
> *bon ! chic ! mince ! parfait !* **(adjectifs)**
> *arrière ! assez ! debout ! bien ! vite !* **(adverbes)**
> *allons ! soit ! suffit ! tiens ! voyons !* **(verbes)**

● **des groupes de mots (locutions interjectives) :**

> *à la bonne heure ! bon sang ! grands dieux !*
> *la barbe ! par exemple ! tout beau ! tout doux ! voyez-vous ça !*

● **des jurons ou injures :**

> *diantre ! morbleu ! parbleu ! pardi ! tudieu !*

● **des mots étrangers :**

> *bis ! bravo ! go ! hourra ! O.K. ! stop !*

Attention !
On distingue généralement l'interjection proprement dite de l'onomatopée qui imite un bruit : *badaboum ! boum ! clac ! clic-clac ! crac ! cric-crac ! cocorico ! coin-coin ! cui-cui ! meuh ! miaou ! pan ! patatras ! plouf ! teuf-teuf ! tic-tac !*

350   *Quelles nuances les interjections servent-elles à exprimer ?*

■ Les interjections peuvent exprimer des nuances très variées comme :

● **l'admiration :** *ah ! oh !*
● **la douleur :** *aïe ! hélas ! malheur !*
● **l'enthousiasme :** *bravo ! hourra !*
● **l'indifférence :** *bah ! bof !*
● **l'ordre :** *chut ! silence ! suffit !*

● **la déception :** *mince ! zut !*
● **le doute :** *hum ! ouais !*
● **l'exhortation :** *courage ! allons !*
● **l'interrogation :** *hein ? quoi ?*
● **le soulagement :** *ouf !*

■ Mais la plupart de ces interjections reçoivent leur sens de l'intonation avec laquelle on les prononce. Ainsi *ah !* peut exprimer l'admiration, la joie, mais aussi la douleur, la déception ou la surprise.

Comment emploie-t-on les interjections ?

• L'interjection peut s'employer seule et constitue alors un mot-phrase :

Malheur !

• Dans une phrase, elle se place au début, au milieu ou à la fin. Elle est alors détachée du reste de la phrase par un ou deux signes de ponctuation, le deuxième signe étant presque toujours un point d'exclamation :

Hélas ! je ne peux rien pour vous.
Je ne peux, hélas ! rien pour vous.
Je ne peux rien pour vous, hélas !

Lorsque la phrase se termine par un point d'exclamation, l'interjection est ordinairement suivie d'une simple virgule :

Je ne peux, hélas, rien pour vous !

• Certaines interjections peuvent se construire avec un complément :

Malheur à toi !

I NTERROGATIVE (PHRASE)

« As-tu donné ta parole ? Tiens-la.
Ne l'as-tu pas donnée ? Tiens bon. »
(Proverbe russe)

■ La **phrase interrogative** permet d'indiquer l'attitude que l'on adopte à l'égard du fait que l'on énonce. Elle constitue avec les phrases déclarative (➡ § 293 à § 296), exclamative (➡ § 311 à § 313) ou impérative (➡ § 331 à § 333) une **modalité de la phrase** :

Il s'en va ? (modalité interrogative : on interroge, on s'interroge)
Il s'en va. (modalité déclarative : on constate, on informe)
Lui, s'en aller ! (modalité exclamative : on s'étonne, on s'indigne)
Qu'il s'en aille ! (modalité impérative : on ordonne, on exige)

■ La phrase interrogative exprime une interrogation, c'est-à-dire une demande d'information :

Qui est arrivé ?

353   *Quelles sont les formes de l'interrogation ?*

On distingue :

• **l'interrogation totale**, qui porte sur l'ensemble de la phrase et qui appelle une réponse par *oui* (*si*) ou *non* avec une éventuelle reprise de la phrase :

◼ *Pierre est-il arrivé ? Oui. (Pierre est arrivé)*

• **l'interrogation partielle**, qui porte sur un élément de la phrase et qui appelle, en réponse, une information qu'elle ne contient pas :

◼ *Où as-tu mis mon livre ? Sur la table.*

• **l'interrogation directe**, qui apparaît dans une proposition indépendante :

◼ *Qui est arrivé ?*

• **l'interrogation indirecte**, qui apparaît dans une proposition subordonnée interrogative indirecte (➡ § 612 à § 620) :

◼ *Dis-moi / **qui est arrivé.***

354   *Quelles sont les marques de l'interrogation totale ?*

Il existe **trois moyens** de formuler une interrogation totale :

• **Par l'intonation :**

▲ **Comparons :**

◼ *Pierre est arrivé.* **(1)** *Pierre est arrivé ?* **(2)**

La phrase interrogative (phrase 2) ne se distingue de la phrase déclarative (phrase 1) que par une intonation ascendante à l'oral et un point d'interrogation à l'écrit. En revanche, l'ordre des mots reste le même (S + V).

• **Par l'inversion du sujet :**

▲ **Comparons :**

◼ *Il est arrivé.* **(1)** *Est-il arrivé ?* **(2)**

Dans l'interrogation (phrase 2), l'intonation est ascendante à l'oral. Le point d'interrogation clôt la phrase à l'écrit. L'ordre des mots change (V + S).

• **Par l'emploi de la locution *est-ce-que* :**

▲ **Comparons :**

◼ *Pierre est arrivé.* **(1)** *Est-ce que Pierre est arrivé ?* **(2)**

L'ordre des mots est le même que dans la phrase affirmative (phrase 1). Les marques de l'interrogation (phrase 2) sont la locution *est-ce-que* en début de phrase, une intonation ascendante à l'oral et un point d'interrogation à l'écrit.

Attention !
Il est impossible d'employer la locution *est-ce que* et de pratiquer en même temps l'inversion du sujet : **Est-ce que Pierre est-il arrivé ?*

Comment construit-on l'interrogation totale par inversion du sujet ?

355

Il faut distinguer **deux cas,** selon la nature du sujet :

• **Le sujet est un pronom personnel** (*je, tu, il, elle, on, nous, vous, ils, elles*) : il est alors simplement postposé au verbe ; c'est l'**inversion simple** :

▓ *Suis-je arrivé(e) ? Sont-ils (elles) arrivé(e)s ?*

Attention !
Cette inversion entraîne les modifications suivantes :
• **L'insertion d'un -t- euphonique** (qui laisse la prononciation harmonieuse) entre le verbe terminé par -e ou -a et les pronoms de troisième personne du singulier : *Chante-t-il (elle, on) ? Va-t-il (elle, on) bien ?*
• **La prononciation du -e final marqué par un accent aigu** à l'écrit dans les verbes du premier groupe à la première personne du singulier : *Chanté-je ?*

• **Le sujet est soit un nom, soit un pronom différent de ceux énoncés ci-dessus :** il reste à sa place et est repris après le verbe par un des pronoms *il, elle, ils* ou *elles* en fonction du genre et du nombre du nom ou du pronom repris ; c'est ce qu'on appelle l'**inversion complexe** :

▓ ***Pierre** est-**il** arrivé ? **Tes sœurs** sont-**elles** arrivées ?*
▓ ***La tienne** est-**elle** arrivée ? **Les tiens** sont-**ils** arrivés ?*

Quelles sont les marques de l'interrogation partielle ?

356

L'interrogation partielle peut porter sur n'importe quel élément de la phrase, quelle que soit sa fonction (sujet, C.O.D., C.C.).

▓ ***Paul** (1) a rencontré **Pierre** (2) hier (3) chez le boulanger (4).*
    S   C.O.D.   C.C. TEMPS   C.C. LIEU

Cette phrase peut faire l'objet des interrogations partielles suivantes correspondant chacune à l'un des éléments numérotés :
(1) : *Qui a rencontré Pierre hier chez le boulanger ?*
(2) : *Qui Paul a-t-il rencontré hier chez le boulanger ?*
(3) : *Quand Paul a-t-il rencontré Pierre chez le boulanger ?*
(4) : *Où Paul a-t-il rencontré Pierre hier ?*
Dans tous les cas l'interrogation partielle se caractérise par la présence d'un mot interrogatif : *qui, quand, où ?*

Ces mots peuvent être :

- **des pronoms interrogatifs** : *qui, le(s)quel(s), laquelle, lesquelles, à (de) quoi* :
    Lequel des deux frères as-tu rencontré ?
    À quoi penses-tu ?
    De quoi parlez-vous ?

- **des adverbes interrogatifs** : *comment, où, pourquoi, quand* :
    Comment part-il ? Où part-il ?
    Pourquoi part-il ? Quand part-il ?

- **des adjectifs interrogatifs** : *quel(s), quelle(s)* :
    Quel âge a-t-il ? Quelle heure est-il ?

L'emploi de ces mots interrogatifs ne dispense pas d'appliquer les procédés de l'interrogation totale que sont l'intonation, l'inversion du sujet ou l'emploi de la locution *est-ce que* :
    Comment tu vas ? Comment vas-tu ? Comment est-ce que tu vas ?
    Qui est-ce que tu as vu ? Qu'est-ce que tu as vu ?

Attention !
Dans les formes renforcées qui est-ce qui ? qui est-ce que ? qu'est-ce qui ? qu'est-ce que ? le premier *qui (qu')* est pronom interrogatif ; il marque le caractère animé ou non animé du nom qu'il remplace :
    Qui est-ce que tu vois ce soir ? (qui = quelle personne = animé)
    Qu'est-ce que tu manges ? (qu' = quelle chose = non animé)
Le deuxième *qui (que)* est pronom relatif ; il change de forme selon sa fonction : *qui* occupe la fonction de sujet (phrases 1 et 2), *que* celle de complément d'objet (phrases 3 et 4) :
    Qui est-ce qui vient ce soir ? **(1)**
    Qu'est-ce qui t'intéresse ? **(2)**
    Qui est-ce que tu vois ce soir ? **(3)**
    Qu'est-ce que tu manges ? **(4)**

357   *Comment construit-on l'interrogation partielle ?*

On emploie indifféremment l'inversion simple (phrase 1) ou complexe (phrase 2) :
    Quand part Pierre ? **(1)**
    Quand Pierre part-il ? **(2)**

~ *Mais...*
- **L'interrogation simple est obligatoire :**
– après le pronom *que* : *Que fait Pierre ?*
– après *qui, quel, lequel* en fonction d'attributs : *Quelle est cette personne ? Quel est son nom ?*

• **L'interrogation complexe est obligatoire :**
– après l'adverbe *pourquoi* : *Pourquoi Pierre part-il ?*
– après le pronom *à qui* quand le verbe a un deuxième complément d'objet indirect (C.O.S., phrase 1) ou un complément d'objet direct (phrase 2) :
*À qui Pierre a-t-il parlé **de toi ? (1)***
*À qui Pierre a-t-il donné **sa montre ? (2)***

Attention !
En l'absence de C.O.D., on dira indifféremment :
À qui a parlé Pierre ? À qui Pierre a-t-il parlé ?

Qu'appelle-t-on une phrase interro-négative ?

La phrase interro-négative est à la fois interrogative et négative :
▨ *N'est-il pas venu ?*

Dans ce cas, une réponse positive sera formulée par *si* et non par *oui*.

Comparons :
▨ *As-tu faim ? (1)*
▨ *N'as-tu pas faim ? (2)*

Dans la phrase 1, on ne présume pas de la réponse que fera celui à qui l'on s'adresse. La réponse peut tout aussi bien être *oui* que *non*. Dans la phrase 2, on attend une réponse affirmative de celui à qui l'on s'adresse.

De même :
▨ *Es-tu de mon avis ?*

Cette interrogation est neutre : elle laisse le choix de la réponse.
▨ *N'es-tu pas de mon avis ?*

L'interro-négation appelle une réponse par *si*. C'est plus une demande de confirmation qu'une demande d'information. On appelle ce type de questions des questions rhétoriques. Elles n'ont d'interrogative que la forme.

 Il ne faut pas confondre...
• *qui* **sujet et** *qui* **objet :**
Qui a appelé ton frère ?
Cette phrase signifie-t-elle :
Qui est-ce qui a appelé ton frère ?
ou *Qui ton frère a-t-il appelé ?*
Pour éviter toute confusion, on part du principe que dans une interrogation par inversion simple (*qui* + verbe + sujet) le pronom *qui* placé en tête de phrase est toujours sujet. On réservera au pronom *qui* en fonction de C.O.D. une construction par inversion complexe (*qui* + sujet + verbe + pronom de reprise) ou par la locution *est-ce que* :
Qui ton frère a-t-il appelé ?
Qui est-ce que ton frère a appelé ?

Modes du verbe

« Ne tonds pas deux moutons à la fois, le second pourrait te mordre. »

360

■ On classe les formes du verbe (➡ § 674 à § 689) en **sept groupes** appelés **modes**. Ces modes eux-mêmes peuvent être groupés en **deux catégories** : les **modes personnels** et les **modes impersonnels**, selon que leurs formes varient en personne ou non.

● **Les modes impersonnels**, qui ne varient pas en personne, sont : **l'infinitif (1), le participe (2)** et le **gérondif (3)** :

> *J'ai très envie de **partir** (1) aux États-Unis : je me vois déjà **marchant** (2) dans New-York **en photographiant** (3) les immenses gratte-ciel.*

● **Les modes personnels**, qui varient en personne, sont : **l'indicatif (2), le conditionnel (3), l'impératif (1)** et le **subjonctif (4)** :

> ***Apprenez-moi** (1) l'orthographe… Je **suis** (2) amoureux d'une personne de qualité, et je **souhaiterais** (3) que vous m'**aidassiez** (4) à lui écrire quelque chose.* (MOLIÈRE)

361

À quoi servent les modes impersonnels ?

L'infinitif, le gérondif et le participe se définissent par leur fonction.

● **L'infinitif** (➡ § 339 à § 346).

Il peut occuper **toutes les fonctions du nom**, mais il est **invariable** :

> *J'aime **voyager**. (= les voyages ; C.O.D.)*

● **Le gérondif** (➡ § 323 à § 327).

Il a toujours la **fonction de complément circonstanciel** ; il est **invariable** :

> *Vous réussirez **en travaillant**. (= avec du travail ; C.C. de manière)*

● **Le participe** (➡ § 406 à § 411, § 412 à § 417).

Il peut occuper **toutes les fonctions de l'adjectif** ; le participe présent est invariable (phrase 1), le participe passé s'accorde en genre et en nombre avec le nom dont il est épithète ou attribut, ou avec le nom auquel il est apposé (phrase 2) :

> *Elle a vendu la maison **appartenant** à son père. (1)*
> *Elle a acheté une maison **entourée** d'un grand jardin. (2)*

Attention !
L'infinitif (phrase 1) dans une proposition infinitive et le participe (phrase 2) dans une proposition participiale peuvent occuper la fonction de verbe-noyau, mais ce n'est pas leur fonction essentielle :

> *J'entends / le chien **aboyer**. (1)*
> *Le chat **parti** / les souris dansent. (2)*

À quoi servent les modes personnels ?

Les modes personnels ne diffèrent pas entre eux par la fonction, mais par le sens. Tout verbe à un mode personnel est le noyau d'une proposition.

Que sert à exprimer l'indicatif ?

Comparons :

travailler = infinitif.
Il travaille. = présent de l'indicatif
Il travaillait. = imparfait de l'indicatif

Un verbe à l'infinitif comme *travailler*, tel qu'il figure dans le dictionnaire, ne situe pas une action dans le temps. Il exprime simplement l'idée générale de travailler, en dehors de toute réalité, sans aucune référence de personne.

En revanche, le présent et l'imparfait de l'indicatif marquent le moment où se situe l'action : le présent et le passé. Ils rapportent par ailleurs l'action de travailler à une personne déterminée : le sujet *il*.

Le mode indicatif sert à exprimer la réalité d'une action en la situant dans le temps (présent, passé ou futur) et en la rapportant à une personne.

Que sert à exprimer le subjonctif ?

Comparons :

verbe principal	GN exprimant une action	verbe à l'infinitif	verbe au subjonctif	réalité de l'action
Je regrette	*son retour*	*de revenir*	*qu'elle revienne*	sûre
Je crains	*son retour*	*de revenir*	*qu'elle ne revienne*	douteuse
Je ne crois pas	*à son retour*	*revenir*	*qu'elle revienne*	niée

Du point de vue de la forme, le G.N. *son retour*, les formes verbales *revenir* et *revienne* ne varient pas, que l'action soit réelle, douteuse ou niée. Le fait que l'action de revenir soit réelle, mise en doute ou niée dépend uniquement du sens du verbe principal. Il est donc difficile de réduire la fonction du subjonctif, comme on le fait souvent, à l'expression d'un fait non réel.

On dira plutôt que le subjonctif, comme l'infinitif, mais à la différence de l'indicatif, sert à exprimer une action sans préciser si elle est réelle ou non.

Attention !
Une proposition subordonnée complétive au subjonctif est obligatoirement remplacée par un infinitif quand elle a le même sujet que la principale.
On ne peut pas dire : **Je regrette / que je revienne.*
Mais : *Je regrette de **revenir.***

365 Dans quels cas doit-on employer le subjonctif et non l'indicatif ?

On emploie le mode subjonctif :

● **dans des propositions indépendantes pour exprimer le souhait, la prière, l'ordre, l'hypothèse :**

*Pourvu qu'elle **revienne.***
*Qu'elle **revienne** immédiatement !*
***Soit** un triangle isocèle.*

● **dans des propositions subordonnées complétives :**

– après des verbes exprimant la volonté :

*Je **veux** qu'elle **revienne.***

– après des verbes exprimant une attente, un souhait, une obligation, un ordre ou une défense, un doute, une crainte ou un sentiment :

*J'**attends (souhaite, exige, défends, doute, crains)** qu'elle **revienne.***

366 Dans quels cas peut-on employer le subjonctif ou l'indicatif ?

L'indicatif et le subjonctif apparaissent en alternance selon que l'on garde un doute ou non sur la réalisation du fait envisagé. Cette alternance se rencontre :

● **avec des verbes tels que** *affirmer, croire, dire, douter, penser,* **etc., à la forme négative ou interrogative :**

*Je **ne crois pas** qu'elle **est revenue.** (indicatif)*
*Je **ne crois pas** qu'elle **soit revenue.** (subjonctif)*
***Penses-tu** qu'elle **est revenue** ? (indicatif)*
***Penses-tu** qu'elle **soit revenue** ? (subjonctif)*

● **dans des propositions subordonnées relatives :**

*Je cherche une valise qui **ait** des roulettes. **(1)***
*J'ai acheté une valise qui **a** des roulettes. **(2)***

L'emploi du **subjonctif** (phrase 1) exprime qu'un doute subsiste quant à la possibilité de trouver une valise de ce type.
L'**indicatif** (phrase 2) indique que la valise a effectivement des roulettes.

Quand emploie-t-on le subjonctif et l'indicatif dans les propositions subordonnées circonstancielles ?

367

■ Le subjonctif s'emploie exceptionnellement dans les propositions circonstancielles :

● **de temps, lorsqu'elles sont introduites par** *avant que, jusqu'*à *ce que, en attendant que.* Sinon, on emploie l'indicatif :

▨ *Je vais tout ranger **avant qu'**elle **revienne**.*

Attention !
Après que est toujours suivi de l'indicatif :
　　*Je rangerai **après qu'**elle **sera revenue**.*

● **de cause, quand la cause est rejetée comme telle.** Sinon, on emploie l'indicatif :

▨ *Je sais qu'elle revient demain, **non qu'**elle me l'**ait dit**, mais ses parents m'ont prévenu.*

∿ *Mais...*
　　*Je sais qu'elle revient demain, **non pas parce qu'**elle me l'**a dit**, mais parce que ses parents m'ont prévenu.* **(indicatif)**

● **de condition, introduite par** *à condition que.* Sinon, on emploie l'indicatif :

▨ *Je resterai parmi vous **à condition qu'**elle **revienne**.*

∿ *Mais...*
　　*Je resterai parmi vous **si** elle **revient**.* **(indicatif)**

● **de conséquence, lorsque le verbe principal est à la forme négative ou interrogative.** Sinon, on emploie l'indicatif :

▨ *La date de son retour est-elle si proche qu'on **doive** déjà s'y préparer ?*
▨ *La date de son retour n'est pas si proche qu'on **doive** déjà s'y préparer.*

∿ *Mais...*
　　*La date de son retour est si proche qu'on **doit** déjà s'y préparer.* **(indicatif)**

■ Le subjonctif est obligatoire dans les propositions circonstancielles :

● **d'opposition :**

▨ ***Bien qu' (quoiqu')** elle **revienne** demain, rien n'est prêt pour l'accueillir.*

● **de but :**

▨ *J'ai tout fait **pour qu'**elle **revienne**.*

Que sert à exprimer le conditionnel ?

368

Soit une phrase prononcée par un habitant d'une petite île déserte du Pacifique :
▨ *J'**habite** une île déserte du Pacifique.* **(1)**

Soit une phrase prononcée cette fois par un enfant qui s'imagine habitant une île déserte du Pacifique :

▨ *J'habiterais une île déserte du Pacifique.* **(2)**

Dans la phrase 1, l'habitant de l'île déserte emploie le mode **indicatif** pour décrire sa situation. Dans la phrase 2, l'enfant indique par l'emploi du mode **conditionnel** qu'il ne donne pas pour réel le fait qu'il exprime : il l'imagine simplement. Dans une proposition indépendante, le conditionnel exprime une éventualité. On peut distinguer les nuances suivantes :

● **l'imaginaire :**

▨ *J'habiterais une île déserte.*

● **la probabilité ; le conditionnel sert notamment à formuler des informations non confirmées ou non vérifiées :**

▨ *Un objet volant non identifié **aurait été aperçu** la nuit dernière à Paris.*

● **l'atténuation d'un ordre, d'une demande ou d'un conseil :**

▨ *Vous **devriez** faire plus attention.*
▨ *Je **voudrais** un pain, s'il vous plaît.*

Attention !
Il ne faut pas confondre ces emplois du conditionnel en proposition indépendante avec le conditionnel à valeur de futur dans le passé dans un discours indirect libre :
« *Elle **sera** là demain* », *me dit-il, catégorique.* (style direct ; indic. futur)
*Il me dit, catégorique, qu'elle **serait** là demain.* (style indirect ; condit. présent)
*Il était catégorique. Elle **serait** là demain.* (style indirect libre ; condit. présent)

---

369 | **Comment emploie-t-on le conditionnel dans un système hypothétique (principale + subordonnée de condition) ?**

▨ *Si tu **travaillais** plus, tu **réussirais**.* **(1)**
▨ *Si tu **avais travaillé** plus, tu **aurais réussi**.* **(2)**

■ On emploie le conditionnel dans la principale d'un système hypothétique dont la subordonnée, introduite par *si*, est à l'imparfait (phrase 1) ou au plus-que-parfait de l'indicatif (phrase 2).

● **Lorsque la subordonnée est à l'imparfait, la principale est au conditionnel présent :**

▨ *Si tu **travaillais** plus, tu **réussirais**.*

La subordonnée présente la condition comme non réalisée.
Le fait exprimé par le verbe de la principale au conditionnel relève donc de l'irréel. C'est pourquoi on l'appelle **irréel du présent**.

Attention !
On n'emploie jamais le conditionnel après *si* : **Si j'aurais su, j'aurais pas venu.*

• Lorsque la subordonnée est au plus-que-parfait, la principale est au conditionnel passé :

▨ Si tu **avais travaillé** plus, tu **aurais réussi**.

Le conditionnel passé marque l'éventualité, dans le passé, d'un fait qui, subordonné à une condition non réalisée, n'a finalement pas eu lieu. C'est ce qu'on appelle l'**irréel du passé**.

■ On emploie le conditionnel dans deux phrases juxtaposées pour marquer le caractère irréel des faits envisagés et leur opposition :

▨ On me **paierait**, je ne le **ferais** quand même pas.
(= *Même si on me payait, je ne le ferais pas. = On aurait beau me payer, je ne le ferais pas.*)

Que sert à exprimer l'impératif ?

■ L'impératif exprime l'ordre ou la défense. Étant donné qu'un ordre ne peut être exécuté qu'après qu'il a été formulé, l'action exprimée à l'impératif se situe toujours dans un avenir plus ou moins proche :

▨ **Revenez** à quatre heures.

• Le présent de l'impératif a donc une valeur de futur.

▨ **Soyez revenus** avant quatre heures.

• Le passé de l'impératif a une valeur de futur antérieur.

■ L'impératif entre en concurrence avec l'infinitif, qui permet également d'exprimer un ordre ou une défense, mais de façon moins abrupte que l'impératif dans la mesure où il n'est pas marqué du point de vue de la personne :

▨ Ne **marchez** pas sur les pelouses.
Ne pas **marcher** sur les pelouses.

■ Contrairement aux autres modes personnels, l'impératif :

• ne comporte que **deux temps**, le présent et le passé :

▨ *Revenez. Soyez revenus.*

• ne comporte que **deux personnes** : la première personne exclusivement au pluriel et la deuxième personne au singulier et au pluriel :

▨ *Revenons = 1re pers. du pl. Reviens. = 2^e pers. du sing. Revenez. = 2^e pers. du pl.*

Le subjonctif présent tient lieu de substitut à la troisième personne :

▨ *Qu'il(s) revienne(nt).*

● n'est jamais accompagné d'un sujet : la personne et le nombre sont marqués uniquement par la forme du verbe, qui varie en fonction de la (ou des) personne(s) à qui s'adresse l'ordre :

▨ *Pierre, **viens** ici ! **Venez**, les enfants.*

> **Attention !**
> **Dans des phrases du type** : *Pierre, viens ici ! Venez, les enfants.*
> *Pierre* et *les enfants* ne sont pas sujet, mais mis en apostrophe.

■ À la différence du verbe de la phrase affirmative, le verbe à l'impératif fait apparaître les **pronoms compléments à sa droite**, et non à sa gauche :

▎ *Tu termines ton travail. → Tu **le** termines. → Termine-**le**.*
*Tu donnes un livre à Pierre. → Tu **le lui** donnes. → Donne-**le-lui**.*
*Tu vas à l'école. → Tu **y** vas. → Vas-**y**.*
*Tu donnes du travail à Pierre. → Tu **lui en** donnes. → Donne-**lui-en**.*

〜 *Mais...*
Si le verbe à l'impératif est employé en phrase négative, le pronom personnel se place à gauche du verbe : *Ne **le** termine pas. Ne **le lui** donne pas. Ne **lui en** donne pas. N'**y** va pas.*

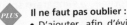

Il ne faut pas oublier :
● D'ajouter, afin d'éviter un hiatus, un *-s* aux verbes en *-e* et à la forme verbale *va* devant les pronoms *en* et *y* :
Mange de la confiture. → Manges-en.
Va à l'école. → Vas-y.

● Le trait d'union qui sépare le verbe à l'impératif du (ou des) pronom complément :
Parle-moi. Donne le-lui.
● L'apostrophe entre le pronom personnel élidé *t'* et *en* dans :
Va-t'en.

$\mathbf{M}$OTS (ORIGINE ET FORMATION)

Le français est une langue latine. La plupart des mots de notre langue ont été importés en Gaule après la conquête romaine. À ces mots, il faut ajouter des mots d'emprunt qui, au fil des siècles, n'ont cessé de venir grossir ce fonds primitif. La création de mots nouveaux constitue une autre source d'enrichissement, de renouvellement permanent de la langue, création fondée sur deux procédés essentiels : **la dérivation** et **la composition**.

Le fonds primitif.

• C'est par l'intermédiaire des colons, des soldats, des marchands, qu'ont été introduits en Gaule, après la conquête romaine, la plupart des mots latins qui constituent le fonds primitif du français. Souvent transmis oralement, ces mots se sont modifiés phonétiquement au fil du temps :

▨ *amare* a donné *aimer ; rosa, rose ; bonus, bon...*

• Il faut ajouter dans la constitution de ce fonds primitif, l'apport moindre mais non négligeable de mots gaulois (*charrue, chêne...*) et germaniques (*guerre, bourg, beffroi, bannière...*).

Les emprunts aux langues anciennes.

Quelques siècles plus tard, au Moyen Âge puis à la Renaissance, clercs, écrivains et savants ont eu à nouveau recours à la langue latine pour y puiser des mots nouveaux qu'ils se sont contentés de franciser en modifiant simplement la terminaison. Ces mots dits de « formation savante » sont parfois venus faire « double emploi » avec les mots du fonds primitif dits de formation populaire, qui, au gré des évolutions phonétiques s'étaient progressivement différenciés des mots latins dont ils étaient issus. C'est ainsi que se sont constitués des **doublets** de mots issus d'un même mot latin, l'un de formation populaire, l'autre de formation savante :

▮ *fragilis* a donné : *frêle* (pop.) ; *fragile* (savant).
ausculatare a donné : *écouter* (pop.) ; *ausculter* (savant).
securitas a donné : *sûreté* (pop.) ; *sécurité* (savant).

L'emprunt aux langues modernes.

• Si les emprunts à l'anglais sont source de polémiques, il ne faut pas oublier que le français n'a cessé de s'enrichir des mots empruntés à d'autres langues d'autres pays avec lesquels nous avons entretenu à un moment ou un autre de notre histoire des relations de nature diverse : commerce, guerres, voyages...

• Ces « échanges » se sont figés dans notre langue sous forme de mots dont nous ne percevons pas toujours l'origine, comme :

alcool, algèbre, ambre, bled, chiffre, gazelle, gourbi, hasard, nouba, toubib, zéro... empruntés à l'**arabe** ;
adjudant, bizarre, brasero, camarade, casque, cédille, cigare, moustique, romance... empruntés à l'**espagnol** ;
balcon, banque, bouffon, camp, carnaval, concerto, fiasco, pantalon, soldat, solfège... empruntés à l'**italien** ;
bière, bivouac, blocus, chenapan, choucroute, espiègle, képi, sabre, trinquer, valse, vasistas... empruntés à l'**allemand**.

• Quant aux emprunts à l'anglais, ils sont particulièrement nombreux en cette fin de vingtième siècle et touchent des domaines comme celui des sciences et des techniques (bulldozer, fuel, radar, soft, laser...), de la musique (jazz, rock, hit-parade...), de l'habillement (baskets, jean, pull, short...), du sport (football, shoot, corner, set, match...).
On remarque que les mots empruntés aux langues étrangères ont tendance, avec le temps, à se franciser dans leur prononciation et leur orthographe.

376 La formation de nouveaux mots par dérivation.

• La dérivation est un procédé qui consiste, à partir du **radical** d'un mot, à fabriquer un mot nouveau, soit par addition, soit par suppression, soit par remplacement d'éléments qu'on nomme **préfixe** (placé avant le mot de base) et **suffixe** (placé après le mot de base). Les préfixes et les suffixes ont diverses significations qui modifient celle du radical :

porter → **ap**porter, **dé**porter, **ex**porter, **re**porter ;
porter → port**able**, port**atif**, port**eur** ;
porter → **com**port**ement**, **ex**port**ation** ;
porter → port.

• L'ensemble des mots formés sur un même radical est une **famille de mots**.

377 Il existe différents types de dérivation.

On distingue :

■ **La dérivation propre**, effectuée au moyen :

• **d'un préfixe :**
porter → **ap**porter ; habile → **mal**habile.

• **d'un suffixe :**
porter → port**able** ; porter → port**eur**.

180

- **d'un préfixe et d'un suffixe** :
  ▨ *porter* → **exportation** ; *porter* → **comportement**.

- ■ **La dérivation régressive** effectuée au moyen de la **suppression d'un suffixe** :
  ▨ *porter* → *port* ; *chanter* → *chant*.

- ■ **La dérivation impropre**, effectuée **sans modification de forme mais par changement de catégorie grammaticale.** C'est ainsi que :
  - un nom propre peut devenir un nom commun : *un* **harpagon** *; une* **poubelle**...
  - un nom commun peut devenir un adjectif : *une jupe* **rose**.
  - un adjectif peut devenir un nom : *le* **beau**.
  - un adjectif peut devenir un adverbe : *parler* **fort**.
  - un infinitif peut devenir un nom : *le* **dîner**.
  - un participe peut devenir un nom : *un* **reçu**.
  - un participe peut devenir une préposition : **durant** *le cours*.
  - un adverbe peut devenir un nom : *un* **avant**.

La dérivation permet de créer des mots de même catégorie ou non. 378

La dérivation permet de former :

- **des noms :**
  - à partir d'un autre nom : *fille* → *fillette*
  - à partir d'un adjectif : *beau* → *beauté*
  - à partir d'un verbe : *écouter* → *écouteur*

- **des adjectifs :**
  - à partir d'un autre adjectif : *actif* → *inactif*
  - à partir d'un nom : *nature* → *naturel*
  - à partir d'un verbe : *manger* → *mangeur*

- **des verbes :**
  - à partir d'un autre verbe : *faire* → *défaire*
  - à partir d'un nom : *fleur* → *fleurir*
  - à partir d'un adjectif : *noir* → *noircir*

- **des adverbes :**
  - à partir d'un adjectif : *vrai* → *vraiment*

La formation de nouveaux mots par composition. 379

■ La composition consiste à former un mot nouveau à partir de deux mots déjà existants : *grand + père* → *grand-père*.

■ La composition permet de former :

● **des noms au moyen de :**
– nom + nom apposé : *un chien-loup* ;
– nom + nom complément, relié ou non par une préposition : *un chef-d'œuvre, une pomme de terre* ;
– nom + infinitif introduit par la préposition à : *un dé à coudre* ;
– nom + adjectif épithète devant ou derrière : *un beau-frère, un château-fort* ;
– verbe à la troisième personne du singulier du présent de l'indicatif + nom C.O.D. : *un porte-monnaie* ;
– préposition + nom : *un sous-lieutenant.*

● **des adjectifs au moyen de :**
– adjectif + adjectif : *aigre-doux* ;
– préposition + adjectif : *avant-dernier* ;
– adjectif de couleur + nom : *jaune citron.*

NATURE ET FONCTION DES MOTS

380

■ Les **mots** peuvent être divisés en différentes **catégories grammaticales** qui constituent en quelque sorte l'identité des mots de la langue : le nom, les déterminants, l'adjectif qualificatif, le verbe, les pronoms...
Chacune de ces catégories constitue la **nature** du mot. La nature d'un mot est fournie par le dictionnaire, au moyen d'abréviations placées à la droite du mot :

> *livre* : n. (nom)
> *la* : art. déf. (article défini)
> *la* : pr. pers. (pronom personnel)
> *bleu* : adj. (adjectif)
> *lire* : v. (verbe)
> *lentement* : adv. (adverbe)

■ Par ailleurs, lorsqu'un mot est employé dans une phrase, il joue un rôle dans cette phrase, c'est ce qu'on appelle sa **fonction**.
Soit le nom *livre*. Il occupe dans les phrases ci-dessous trois fonctions différentes :

> Le **livre** est sur la table. **(sujet)**
> J'ai acheté un **livre**. **(C.O.D.)**
> J'ai trouvé un carton de **livres**. **(C. du nom)**

La nature d'un mot ne change pas,
seule la fonction peut changer.

381

Comparons :

> Ma **fille** est à la maternelle.
> J'ai deux **filles** et deux garçons.
> J'ai rencontré une amie de ma **fille**.

Dans les phrases ci-dessus, le mot *fille* occupe trois places et trois fonctions différentes (sujet, C.O.D., C. du nom). Il est tantôt employé au singulier, tantôt au pluriel. Néanmoins, sa nature reste la même : **c'est un nom**.

De même :

> Nous **avons** beaucoup **ri**.
> Ils sont toujours en train de **rire**.
> Elle **rit** de tout.

Dans les phrases ci-dessus le mot *rire* se présente sous des formes différentes parce qu'il est employé à des temps et des modes différents, mais sa nature reste la même : **c'est un verbe**.

Attention !

• **Il arrive qu'un mot change momentanément de nature :**
Rire est un verbe, mais il peut être employé comme nom : il en prend alors toutes les caractéristiques (présence, notamment, d'un déterminant) et toutes les fonctions :

Le rire est le propre de l'homme.

• **La présence de l'article défini *le* indique que, dans cette phrase, le verbe *rire* est employé comme nom. On dit en effet dans un tel cas qu'il est employé comme nom, on ne dit pas que c'est un nom.**

De même : *Tes parents s'habillent jeune.*

Dans cette phrase l'adjectif qualificatif *jeune* est employé comme adverbe ; du même coup, en tant qu'adverbe, il devient invariable.

---

382   *Les groupes de mots ont aussi une nature et une fonction.*

Un groupe grammatical est constitué de plusieurs mots qui s'organisent autour d'un noyau.

■ C'est le noyau qui donne au groupe sa **nature** :

• Lorsque le noyau est un nom, on a affaire à un **groupe nominal (G.N.)** :

   *Un petit **chat**.*

• Lorsque le noyau est un adjectif, on a affaire à un **groupe adjectival** :

   ***rouge** de honte.*

• Lorsque le noyau est un adverbe, on a affaire à un **groupe adverbial** :

   ***beaucoup** de gens.*

• Lorsque le noyau est un verbe, on a affaire à un **groupe verbal (G.V.)** :

   *(Il) **est** médecin.*

■ C'est aussi le noyau qui donne au groupe sa **fonction** :

   *J'ai vu **le petit chat**. (1)*
   ***Le petit chat** est mort. (2)*

Dans les phrases ci-dessus, les constituants du groupe *le petit chat* sont rassemblés autour du noyau qui est un nom. On a donc affaire, du point de vue de la nature, à un **groupe nominal**.

En revanche le nom-noyau n'occupe pas la même fonction dans les deux phrases. Dans la phrase 1, il est C.O.D ; le G.N. *le petit chat* occupe donc la fonction de C.O.D. Dans la phrase 2, le nom-noyau occupe la fonction de sujet ; le G.N. occupe donc la fonction de sujet.

Selon leur nature, les mots occupent des fonctions différentes. 383

Tous les mots ne peuvent pas occuper toutes les fonctions. C'est ainsi qu'un adverbe ne peut jamais occuper la fonction de sujet ou qu'un adjectif qualificatif ne peut pas être complément d'agent.

La nature des mots détermine donc leurs fonctions possibles :

• **Le nom** est le plus riche du point de vue des fonctions. Il peut être **sujet, complément, attribut, apposé, mis en apostrophe.**

• **L'adjectif qualificatif** ne peut occuper que trois fonctions : **épithète, attribut du sujet ou de l'objet, apposé.**

• **Le verbe** occupe des fonctions différentes selon qu'il est conjugué ou employé à l'infinitif. **Conjugué,** il occupe toujours la fonction de **noyau de la phrase ou de la proposition.** À l'**infinitif,** il peut occuper les fonctions de **sujet** ou de **complément.**

• **Les pronoms personnels** occupent presque toutes les fonctions du nom.

• **Les adverbes** sont presque toujours complément circonstanciel.

• **Les déterminants** ainsi que les mots invariables que sont les conjonctions et les prépositions n'occupent pas une fonction grammaticalement répertoriée. Ils jouent plutôt un rôle :
– celui de déterminer le nom, en ce qui concerne les déterminants ;
– celui de relier entre eux des mots, des groupes de mots ou des propositions, en ce qui concerne les prépositions et les conjonctions.

Nom (SUBSTANTIF)

384 | Le **nom** est un mot qui peut désigner une **personne** (enfant, homme), un **animal** (chien, cheval), une **chose** (livre, table), une **notion** (beauté, courage), une **action** (bataille, départ).

385 *Les noms peuvent être répartis en différentes sous-classes.*

■ Il y a, à l'intérieur de la classe des noms, différentes sous-classes que l'on range par couples. Elles reposent essentiellement sur des oppositions de sens. On distingue ainsi :

● **les noms communs** : *chien, père, livre, bataille...* (➡ § 394 à § 396) **des noms propres** : *François, Nice, la France...*(➡ § 400 à § 405).

● **les noms abstraits** : *la beauté, le courage, la vertu...* **des noms concrets** : *la table, la poire, le livre...* (➡ § 390 et § 391).

● **les noms dénombrables** : *pomme* → *une pomme, dix pommes, cent pommes...* **des noms non dénombrables** : *eau* → *de l'eau, un peu d'eau, beaucoup d'eau...* (➡ § 397 à § 399).

● **les noms animés** : *l'enfant, le chien, l'homme...* **des noms non animés** : *le bureau, le livre, la table...* (➡ § 392 et § 393).

■ On constate qu'un même nom peut appartenir à différentes sous-classes :
table : nom commun, concret, dénombrable, non animé.
chien : nom commun, concret, dénombrable, animé.
beauté : nom commun, abstrait, non dénombrable, non animé.
Pierre : nom propre, concret, dénombrable, animé.

■ La langue ne cesse de créer de nouveaux noms selon des règles de formation appelées **dérivation** (➡ § 372 à § 379).

386 *Le nom possède un genre.*

■ Certains mots sont masculins, d'autres féminins. Un même nom ne peut varier en genre ; il est soit masculin, soit féminin :
Le nom *lit* est toujours masculin. Le nom *chaise* est toujours féminin.

■ L'indication de genre est fournie par le dictionnaire, comme suit :
lit, **n. m.** (nom masculin) ; *chaise*, **n. f.** (nom féminin).

■ Quand il s'agit d'êtres vivants, le genre indique en principe le sexe. Le féminin se forme en général en ajoutant un -e au nom masculin (➡ § 318 à § 322) :
le marchand → *la marchande*.

~ **Mais...**

le père, la mère ; le cheval, la jument.

■ Quand il s'agit de choses, le genre n'a pas de sens :

la table ; le bureau ; le verre ; la fourchette...

■ Le genre du nom peut d'ailleurs changer d'une langue à l'autre. En allemand, par exemple, le nom *lune* est masculin et le nom *soleil* féminin :

der Mond ; die Sonne.

■ Il est indispensable de connaître le genre du nom parce qu'il détermine l'accord de nombreux autres mots dans la phrase comme :

● **les déterminants :**

le (un, mon, ce) lit ; la (une, ma, cette) chaise

● **l'adjectif qualificatif :**

*un **beau** lit ; une **belle** chaise*

● **le pronom :**

*Mon lit (ma chaise) est confortable, **le tien (la tienne)** non.*

● **le participe passé :**

*le lit est **cassé** ; la chaise est **cassée**.*

■ La connaissance du genre du nom permet ainsi d'éviter toute confusion dans la compréhension d'un énoncé :

J'ai cueilli une pomme pour Pierre ; il (= Pierre) est gâté.
J'ai cueilli une pomme pour Pierre ; elle (= la pomme) est gâtée.

Le nom varie en nombre. 387

■ Même si le dictionnaire le donne toujours au singulier, un même nom peut varier en nombre :

*lit → lit**s** ; chaise → chaise**s**.*

■ Alors que le nom ne porte pas toujours dans sa forme l'indication de genre (rien ne me dit dans la forme du mot *fauteuil* s'il est masculin ou féminin), il porte toujours dans sa forme l'indication de nombre (➡ **§ 434 à § 441**) :

*lit → singulier ; lit**s** → pluriel.*

Cette marque du nombre (ici le -s-) est toujours visible dans l'écriture, mais elle ne s'entend que dans certains noms comme :

*cheval → **chevaux** ; bœuf → **bœufs**.*

Le reste du temps, elle n'est rendue sensible à l'oreille que par les déterminants qui précèdent le nom :

▨ *le lit* → *les lits ; ce lit* → *ces lits.*

■ Comme pour le genre, la variation en nombre du nom détermine l'accord de nombreux éléments de la phrase comme :

• **les déterminants**, quelle que soit la fonction du nom :

▨ *les (des, mes, ces) lits.*

• **l'adjectif qualificatif**, quelle que soit la fonction du nom :

▨ *un **beau** lit ; de **beaux** lits.*

• **le verbe**, lorsque le nom est sujet :

▨ *Le lit **est** confortable. Les lits **sont** confortables.*

• **le participe passé conjugué avec *être*** lorsque le nom est sujet ou **le participe passé conjugué avec *avoir*** lorsque le nom C.O.D. est placé avant le verbe :

▌ *Le lit est cass**é**. Les lits sont cass**és**.*
*Emportez le lit que j'ai cass**é**. Emportez les lits que j'ai cass**és**.*

• **le pronom**, selon les cas :

▨ *Les lits sont cassés ; **ils** doivent être réparés.*

∼ **Mais...**
*Mes lits sont cassés ; **le tien** non.*

| 388 | *Le nom doit être déterminé.* |

■ Un nom comme *fauteuil*, utilisé seul, sans déterminant (*le, ce, mon, un...*), tel qu'il figure dans le dictionnaire, ne désigne aucun objet particulier ; il exprime l'idée générale de « fauteuil », en dehors de tout contexte. L'enfant qui apprend à parler doit commencer par associer un nom à chaque être, à chaque chose. Le fait qu'il sache bientôt nommer tel ou tel être, telle ou telle chose ne lui permet pas pour autant de parler de ces êtres ou de ces choses. Il peut rapidement prononcer le mot « fauteuil » lorsqu'il voit un fauteuil, mais il sera incapable de formuler ce qu'il pense du fauteuil ou de décrire le fauteuil, en un mot d'intégrer le mot « fauteuil » à un discours. Le passage de l'identification au discours se fera progressivement au moyen d'éléments divers. Le premier de ces éléments est le **déterminant** : il permet d'**actualiser le nom**, c'est-à-dire de lui donner un sens réel en précisant sa quantité et son identité :

▌ *J'ai fait réparer **un** lit.* **(sens indéterminé)**
*J'ai fait réparer **le (ce, ton)** lit.* **(sens déterminé)**
*J'ai fait réparer **deux** lits.* **(quantité déterminée)**
*J'ai fait réparer **plusieurs** lits.* **(quantité indéterminée)**

■ Il est intéressant de constater que tout mot précédé d'un déterminant change de catégorie et devient un nom ; c'est la **substantivation**.

On peut substantiver :

● **un infinitif :**

▨ Le **dîner** est servi.

● **un adjectif qualificatif :**

▨ Le **rouge** te va bien.

● **une conjonction de subordination ou un mot invariable :**

▨ Avec des **si,** on mettrait Paris en bouteille. Le **pourquoi** de l'affaire.

● **un participe présent ou un adjectif verbal :**

▨ L'**embêtant** est qu'il n'a pas appelé.

● **un participe passé :**

▨ C'est un **dû.**

■ Accompagné d'un déterminant, le nom constitue la base de ce que l'on appelle un **groupe nominal (G.N.)** :

▨ D + N = G.N. (déterminant + nom = groupe nominal)

Le nom est le constituant indispensable du groupe nominal.

La détermination du nom peut aussi se faire au moyen :

● **d'un ou plusieurs adjectifs qualificatifs :**

▨ J'ai acheté un **beau** lit **rouge.**

● **d'un complément du nom :**

▨ J'ai acheté un lit **de style Régence.**

● **d'une apposition :**

▨ J'ai acheté un lit, **une véritable petite merveille.**

● **d'une proposition subordonnée relative :**

▨ J'ai acheté le lit **dont je t'avais parlé.**

Ces éléments, satellites du nom, permettent ce que l'on appelle l'expansion du groupe nominal. À l'inverse des déterminants, ils peuvent être supprimés sans que le groupe nominal de base perde son sens.

Le nom peut occuper diverses fonctions dans la phrase. 389

À l'intérieur d'une phrase, le nom peut remplir diverses fonctions.
Il peut être :

- **sujet :**
  Le *lit* a été réparé.

- **complément d'objet :**
  J'ai réparé le *lit*.

- **complément du nom :**
  J'aime le style de ce *lit*.

- **attribut :**
  Mon cadeau est ce *lit*.

- **complément circonstanciel :**
  Il est assis dans un *lit*.

- **complément d'agent :**
  J'ai été immédiatement séduite par ce *lit*.

- **mis en apposition :**
  J'ai acheté une petite merveille, un *lit* de style Régence.

NOM ABSTRAIT / NOM CONCRET

« La beauté est une fleur éphémère. » (ISAÏE, XXVIII, I)

390

■ Le **nom** (➧ § 384 à § 389) **concret** désigne des êtres ou des choses que peuvent percevoir nos sens (vue, ouïe, toucher, odorat, goût) et qui ont donc une existence réelle, palpable :
  écolier ; tableau ; craie.

■ Le **nom** (➧ § 384 à § 389) **abstrait** désigne des notions, des idées qui ne peuvent être perçues que par notre esprit, notre pensée :
  liberté ; mensonge ; courage.

Comment emploie-t-on les noms abstraits et les noms concrets ?

391

La distinction nom abstrait / nom concret est intéressante du point de vue du sens. Elle peut être utile dans l'analyse d'un texte et aider, par exemple, à identifier le genre auquel appartient un texte (portrait physique d'un personnage, portrait moral, texte philosophique ou anecdotique...).
Grammaticalement, un nom abstrait s'emploie comme un nom concret :
  une mare profonde ; un sentiment profond.
  Vous avez eu beaucoup de courage. Elle a eu beaucoup d'enfants.

Savoir distinguer le **nom abstrait** du **nom concret** aide à différencier le **complément circonstanciel de manière (1)** du **complément circonstanciel de moyen (2)** :
  *Il écrit avec **application**. (1) Il écrit avec un **stylo** à encre. (2)*

Attention !
Il arrive qu'un nom concret soit employé comme nom abstrait et vice-versa :
  *La **peinture** est un art difficile. Il a refait toute la **peinture** de sa chambre.*

NOM ANIMÉ / NOM NON ANIMÉ

« Une hirondelle ne fait pas le printemps. »

392

■ Le **nom** (➧ § 384 à § 389) **animé** désigne des êtres qui peuvent se mouvoir par eux-mêmes, que ce soit des êtres humains ou des animaux :
  frère, enfant, chien.

■ Le **nom** (➧ § 384 à § 389) **non animé** désigne un objet, un phénomène, une idée :
  table ; travail ; passion.

393 · Comment emploie-t-on les noms animés et non animés ?

La distinction animé / non animé est importante à connaître car elle influe sur le comportement grammatical de ces noms :

● **Lorsqu'on doit les remplacer par un pronom :**

> *Il regarde sa **sœur**.* → ***Qui** regarde-t-il ?*
> *Il regarde sa **voiture**.* → ***Que** regarde-t-il ?*
> *Il pense à sa **sœur**.* → *Il pense **à elle**. Il pense à **quelqu'un**.*
> *Il pense à ses **vacances**.* → *Il **y** pense. Il pense à **quelque chose**.*
> *Il parle de sa **sœur**.* → *Il parle **d'elle**.*
> *Il parle de ses **vacances**.* → *Il **en** parle.*

On constate que certains pronoms interrogatifs et indéfinis changent de forme selon qu'ils remplacent un nom animé ou non animé. Par ailleurs, les pronoms *en* et *y* ne peuvent remplacer que des noms non animés même si l'usage a tendance à généraliser l'emploi de *en* et *y* en remplacement de noms animés.

● **Lorsqu'on les emploie après les prépositions *à* et *chez* :**

> *Il est parti **chez le médecin**.*
> *Il est parti **à la boulangerie**.*

Lorsque le complément circonstanciel de lieu est un nom animé, on emploie la préposition *chez* ; lorsqu'il s'agit d'un nom non animé, on emploie *à*.

Nom COMMUN

« Nul n'est prophète en son pays. »

---

394 ■ Le **nom** (➠ § 384 à § 389) **commun** désigne tous les êtres et toutes les choses de la même espèce :

   écrivain ; pays.

---

395 · Qu'est-ce qui distingue le nom commun du nom propre ?

● Si l'on considère les noms communs *écrivain, pays*, on constate qu'ils peuvent être rapportés à différents personnages (*La Fontaine, Molière*), à différents pays (*la France, l'Angleterre...*).

Ils ne peuvent en aucun cas être illustrés par un portrait, une photographie ou une carte qui rendrait compte de l'identité de tous les écrivains, des caractéristiques de tous les pays.

• Le nom propre ne désigne qu'un seul être ou qu'une seule chose :

▨ *Molière ; la France.*

Il n'y a dans l'histoire qu'un personnage répondant au nom de *Molière*, qu'un pays répondant au nom de *France*. Ils pourraient être illustrés de façon précise par un portrait ou une carte.

Les noms communs sont-ils toujours accompagnés d'un déterminant ?

396

En règle générale, les noms communs, à la différence des noms propres, sont précédés d'un déterminant qui peut être :

• **un article :**

▨ *un pays ; le pays ; des pays ; de l'eau ; du café.*

• **un adjectif possessif :**

▨ *mon pays.*

• **un adjectif démonstratif :**

▨ *ce pays.*

• **un adjectif indéfini :**

▨ *quelques pays.*

• **un adjectif interrogatif :**

▨ *quel pays ?*

• **un adjectif exclamatif :**

▨ *quel pays !*

• **un adjectif numéral :**

▨ *deux pays.*

• **un adverbe de quantité :**

▨ *beaucoup de pays.*

Ces déterminants permettent de préciser le nombre et l'identité du nom ainsi que son genre, masculin ou féminin.

〜 **Mais...**

Il arrive, dans certaines constructions, que le nom commun ne soit pas accompagné d'un déterminant (➧ § 191 et § 192) :

*Elle porte une robe à **fleurs**. Ils s'entendent comme **larrons en foire**.*

NOM DÉNOMBRABLE / NOM NON DÉNOMBRABLE

> « Il faut être assez fort pour se griser avec un verre d'eau
> et résister à une bouteille de rhum. »
>
> (FLAUBERT, *Carnets*)

397

■ Les **noms** (➡ § 384 à § 389) **dénombrables** désignent des êtres ou des choses que l'on peut compter :

■ *verre* → *un verre,* **quelques** *verres,* **cent** *verres.*

■ Les **noms** (➡ § 384 à § 389) **non dénombrables** désignent des choses qui ne peuvent être comptées parce qu'elles forment une masse qu'on ne peut pas découper en unités :

■ *beurre* → **du** *beurre,* **un peu de** *beurre,* **beaucoup de** *beurre.*

398

Comment distinguer les noms dénombrables des noms non dénombrables ?

■ Lorsqu'un nom est dénombrable, on peut faire varier sa quantité de zéro à l'infini en recourant :

● **à des adjectifs numéraux :**

■ *zéro* verre, **un** verre, **deux** verres, **trois** verres, ... **n** verres.

● **à des adjectifs indéfinis :**

■ *aucun* verre, **quelques** verres, **tous** les verres.

■ Lorsqu'un nom est non dénombrable, on peut également faire varier sa quantité de rien à tout en recourant, non pas aux adjectifs numéraux, mais :

● **à l'article partitif, à l'adverbe de quantité ou à l'adjectif indéfini *tout* :**

■ *pas d'eau,* **un peu** *d'eau,* **de** *l'eau,* **beaucoup** *d'eau,* **toute** *l'eau.*

∼ **Mais...**

On ne peut pas dire :

une eau, deux eaux, trois eaux... n eaux.
aucune eau, quelques eaux.

■ Alors que l'on peut exprimer une quantité précise pour les noms dénombrables (*un verre, cent verres*), les noms non dénombrables ne peuvent être envisagés qu'en quantité indéterminée (*de l'eau, beaucoup d'eau*). La distinction nom dénombrable / nom non dénombrable a une incidence sur le comportement grammatical du mot. En effet, l'article partitif ne s'emploie qu'avec des noms non dénombrables.

Quels sont les noms qui appartiennent à la catégorie des noms non dénombrables ?

399

Les noms non dénombrables sont le plus souvent :

- **des noms de matière :**

  beurre ; eau ; sucre ; fer ; or ; tissu ...

- **des noms abstraits :**

  courage ; volonté ; temps ...

Attention !

Il arrive que des noms dénombrables soient employés comme noms non dénombrables : *Le paysan a acheté **dix bœufs** au marché aux bestiaux.*

~ *Mais...*

*À midi, nous avons mangé **du bœuf**. (= de la viande de bœuf)*
Dans ce cas le nom *bœuf* est considéré comme un nom non dénombrable ; il est précédé de l'article partitif *du.*

NOM PROPRE

« Quand Paris est souffrant, tout le monde a mal à la tête. »
(HUGO)

■ Le **nom** (➠ § 384 à § 389) **propre** désigne toujours le même être ou les mêmes êtres, la même chose ou les même choses :

400

Molière ; la France.

■ Les noms propres prennent une **majuscule.**

Qu'est-ce qui distingue le nom propre du nom commun ?

401

- Le nom propre ne désigne qu'un seul être ou qu'une seule chose : il n'y a qu'un seul personnage répondant au nom de *Molière*, qu'un seul pays répondant au nom de *France*. Ils pourraient être illustrés de façon précise par un portrait ou une carte.

● Le nom commun, lui, fait référence à tous les êtres et à toutes les choses de la même espèce. Si l'on considère les noms *écrivain, pays*, on constate qu'ils peuvent être rapportés à différents personnages (*La Fontaine, Molière*), à différents pays (*la France, l'Angleterre...*).
Ils ne peuvent en aucun cas être illustrés d'une manière précise qui rendrait compte de l'identité de tous les écrivains, des caractéristiques de tous les pays.

402 | *Quels sont les noms qui appartiennent à la catégorie des noms propres ?*

On considère comme noms propres :

● **les prénoms, noms de famille, surnoms :**

▨ *Anne-Laure ; Madame Mercier ; Loulou.*

● **les noms géographiques :**

▨ *Paris ; la France ; la Loire ; l'Occident ; la rue du Renard ; la place du Tertre.*

● **les noms d'habitants d'un pays, d'une région ou d'une ville :**

▨ *un Français ; un Auvergnat ; un Strasbourgeois.*

Attention !
Lorsque ces mots sont employés comme adjectifs, ils s'écrivent avec une minuscule : *la cuisine française, la bourrée auvergnate.*

● **les noms désignant un être ou une chose identifiables par tous :**

▨ *Dieu (/ un dieu) ; le Président* (= le président actuellement au pouvoir).

● **les noms de choses ou d'animaux personnifiés :**

▨ *la Paix ; la Fortune ; la Liberté.*
Le Chat, la Belette et le Petit Lapin. (LA FONTAINE)

● **les noms de corps constitués, de sociétés dont l'identité est connue :**

▨ *L'Assemblée ; le Tiers-État ; le Conseil de l'Europe.*

403 | *Dans quels cas les noms propres se mettent-ils au pluriel ?*

En règle générale, les noms propres ne se mettent pas au pluriel :

▨ *l'Italie*

∼ *Mais...*
● **Un nom propre peut être accompagné d'un déterminant au pluriel lorsqu'il désigne plusieurs personnes portant le même nom :**
Les Durand partent avec nous en vacances.
On constate que seuls le déterminant et le verbe sont au pluriel.

• Les noms d'artistes, de peintres peuvent également être accompagnés d'un déterminant au pluriel : *Trois Van Gogh trônaient dans le salon.*
Le nom du peintre désigne ici ses œuvres. Seuls le déterminant et le verbe sont au pluriel.

• Les noms désignant les habitants d'un pays, d'une région ou d'une ville prennent non seulement les marques du nombre, mais aussi celles du genre :
un Italien, des Italiens ; une Italienne, des Italiennes.

• Les noms propres désignant des dynasties peuvent se mettre au pluriel :
les Bourbons ; les Capets ; les Stuarts.

• Certains noms propres sont toujours au pluriel :
les Antilles ; les Baléares ; les Alpes.
Ils sont donc accompagnés d'un déterminant et d'un verbe au pluriel.

Dans quels cas les noms propres sont-ils accompagnés d'un déterminant ?

404

■ En général, les noms propres ne sont pas accompagnés d'un déterminant :
Pierre ; Paris.

〜 *Mais...*
• Beaucoup de noms géographiques (régions, pays, fleuves, montagnes...) sont accompagnés de l'article défini : *l'Auvergne, la France, la Loire, les Alpes.*
• Lorsqu'un nom propre est accompagné d'un adjectif qualificatif ou d'un complément du nom, le déterminant réapparaît :
Le Paris des années 30. Mon cher Jacques.

■ Accompagnés d'un déterminant, les prénoms ou les noms de famille se chargent d'une valeur affective ou pittoresque :
Elle habite près de chez la petite Thomas. Mon Emma vient d'avoir huit ans.

Les noms propres prennent-ils toujours une majuscule ?

405

En règle générale, les noms propres s'écrivent toujours avec une majuscule.

〜 *Mais...*
• Les noms de jours et de mois s'écrivent ordinairement avec une minuscule :
jeudi 24 octobre 1956.
• Certains noms propres sont passés dans le langage courant et sont devenus noms communs. Ils s'écrivent alors avec une minuscule :
Napoléon (= l'empereur) / un napoléon (= la monnaie) ;
Madeleine / une madeleine ;
Harpagon (personnage de Molière) / un harpagon (= un avare) ;
Lord Sandwich / un sandwich.

P ARTICIPE PASSÉ

« Chose promise, chose due. »

406
Comme l'infinitif, le **participe** est un **mode** (➡ § 360 à § 371) dit **impersonnel**. Il n'a que **deux temps** : un temps simple, le **participe présent**, et un temps composé, le **participe passé**. Il peut être **actif, passif** ou **pronominal** :

	PARTICIPE PASSÉ
ACTIF	*ayant blessé*
PASSIF	*(ayant été) blessé(e)(s)*
PRONOMINAL	*s'étant blessé(e)(s)*

---

407   *Comment forme-t-on le participe passé ?*

■ **À la voix active :**
Le participe passé est formé de l'auxiliaire *être* ou *avoir* au participe présent actif et du radical de l'infinitif auquel on ajoute la terminaison :

● **-é** pour les verbes du **premier groupe** :

aim**ER** ➜ *ayant aim***É**

● **-i** pour les verbes du **deuxième groupe** :

fin**IR** ➜ *ayant fin***I**

● **-i, -u, -is** ou **-t** pour les verbes du **troisième groupe** :

part**IR** ➜ *étant part***I** – *enten***DRE** ➜ *ayant entend***U**
pren**DRE** ➜ *ayant pr***IS** – *join***DRE** ➜ *ayant join***T**

∿ Exceptions :
● Le verbe *maudire*, 2ᵉ groupe, fait son participe passé en *-it* et non en *-i* :
maudit, maudite.
● Le verbe *naître*, 3ᵉ groupe, fait son participe passé en *-é* : *né, née.*

■ **À la voix passive :**
Le participe passé est formé de l'auxiliaire *être* au participe présent passif et du radical de l'infinitif auquel on ajoute les mêmes terminaisons que ci-dessus :

ayant été aimé(e)(s) – ayant été fini(e)(s)
ayant été entendu(e)(s) – ayant été pris(e)(s)

■ **Sans auxiliaire :**
Le participe passé est souvent utilisé sans auxiliaire. Cette forme « réduite », appelée forme simple, est celle que l'on désigne le plus communément sous le terme de « participe passé » :

aimé(e)(s) ; fini(e)(s) ; entendu(e)(s) ; pris(e)(s) ; joint(e)(s).

■ **À la forme pronominale :**
Le participe passé est formé de l'auxiliaire *être* au participe présent actif et du radical de l'infinitif auquel on ajoute les terminaisons *-é, -i, -u, -is, -t,* précédés des pronoms réfléchis *me, te, se, nous, vous, se* :

s'étant blessé(e)(s) – s'étant plaint(e)(s)

Comment emploie-t-on le participe passé ? 408

■ **Le participe passé, dans sa forme « réduite » ou simple, peut être employé comme adjectif :** c'est la **forme adjective du verbe** (phrase 1).
Il fait alors partie du groupe nominal et a les mêmes fonctions, les mêmes degrés de signification, les mêmes expansions que l'**adjectif qualificatif** dont il est un équivalent (phrase 2) :

*Cette femme est très **distinguée**. (1)*
*Cette femme est très **gentille**. (2)*

■ **Le participe passé peut être employé comme forme verbale.**
Il fait alors partie du groupe verbal. On le rencontre :

• Dans tous les temps composés, conjugué, selon le cas, avec l'auxiliaire *être* ou l'auxiliaire *avoir* :

J'ai chanté, il avait chanté, nous aurons chanté...
Je suis parti(e), il était parti, nous serons parti(es)...

• Comme verbe-noyau dans une proposition participiale (➦ § 621 à § 627).
Il a alors un sujet propre et peut être accompagné d'un complément d'objet ou d'un complément circonstanciel :

*L'hiver **ayant fait** son apparition depuis peu / le temps s'est dégradé.*
  S   V   C.O.D.   C.C. temps

Quelles fonctions le participe passé peut-il occuper dans la phrase ? 409

■ Employé comme adjectif, le participe passé peut occuper toutes les fonctions de l'adjectif qualificatif. Il peut être :

• **épithète :**
*Il a des manières très **distinguées**.*

• **attribut du sujet ou du complément d'objet direct :**
*Il est très **distingué**. Je le trouve très **distingué**.*

• **apposé :**
*Il s'arrêta, **épuisé**, et s'assit.*

■ Employé comme forme verbale, il occupe la fonction de verbe-noyau de la proposition subordonnée participiale :

▨ *Ses devoirs terminés* / *il rangea sa chambre.*

410   *Comment accorde-t-on le participe passé ?* (➠ § 8 à § 24)

• Le participe passé employé comme épithète s'accorde en genre et en nombre avec le nom qu'il qualifie :

▨ *Il a des **manières distinguées**.*

• Le participe passé employé comme attribut du sujet s'accorde en genre et en nombre avec le sujet :

▨ *Cette **femme** est **distinguée**.*

• Le participe passé employé comme attribut du C.O.D. s'accorde en genre et en nombre avec le C.O.D. :

▨ *Je **la** trouve **distinguée**.*

• Le participe passé conjugué avec l'auxiliaire *être* s'accorde en genre et en nombre avec le sujet :

▨ ***Elles*** *sont **parties** tôt ce matin.*

• Le participe passé conjugué avec l'auxiliaire *avoir* s'accorde en genre et en nombre avec son C.O.D. quand ce C.O.D. le précède :

▨ *Cette histoire est incroyable : je **l'**ai **racontée** à tous mes amis.*

S'il n'a pas de C.O.D., ou s'il est placé derrière lui, le participe passé conjugué avec l'auxiliaire *avoir* reste invariable :

▨ *J'ai **raconté** cette histoire à mes amis. Elle a **terminé**.*

411   *Qu'est-ce que le participe passé sert à exprimer ?*

Employé comme adjectif, le participe passé permet d'exprimer les mêmes nuances qu'un adjectif qualificatif épithète ou attribut.
Mis en apposition, il permet d'exprimer les mêmes nuances :

• **qu'une proposition subordonnée relative :**

▌ *Le cerf, **poursuivi par la meute**, tentait de trouver un abri.*
(qui était poursuivi par la meute)

• **qu'une proposition subordonnée circonstancielle :**

– **de cause :**

▨ ***Épuisé par l'effort**, il s'arrêta. (Comme il était épuisé...)*

– **de condition :**

▓ **Mieux entraîné,** il aurait pu gagner. (S'il avait été mieux entraîné...)

– **d'opposition ou de concession :**

▓ **Réprimandé sévèrement une première fois,** il a recommencé. (Bien qu'il ait été réprimandé...)

P ARTICIPE PRÉSENT

« À l'ennemi fuyant, faites un pont. »

Comme l'infinitif, le **participe** est un **mode** (➡ § 360 à § 371) dit **impersonnel.** Il n'a que **deux temps** : un temps simple, le **participe présent,** et un temps composé, le **participe passé.** Il peut être **actif, passif** ou **pronominal :**

	PARTICIPE PRÉSENT
ACTIF	*blessant*
PASSIF	*étant blessé(e)(s)*
PRONOMINAL	*se blessant*

`412`

Comment forme-t-on le participe présent ?

`413`

■ **À la voix active,** le participe présent est formé :

• pour les verbes du premier et du troisième groupe, du **radical** de l'infinitif parfois légèrement modifié et de la terminaison **-ant** :

▓ *aim**ER** → aim**ANT** ; part**IR** → part**ANT**.*

• pour les verbes du deuxième groupe, du **radical de l'infinitif** et de la terminaison **-issant** :

▓ *fin**IR** → fin**ISSANT***

■ **À la voix passive,** le participe présent est formé :

• du **participe présent** actif de l'auxiliaire **être** et du **participe passé du verbe conjugué** :

▓ *étant aimé(e)(s) ; étant fini(e)(s) ; étant craint(e)(s).*

■ **À la forme pronominale,** le participe présent se forme comme à la voix active, précédé des pronoms réfléchis *me, te, se, nous, vous, se* :
se promenant ; se divertissant ; se plaignant.

414   *Comment emploie-t-on le participe présent ?*

■ **Le participe présent peut être employé comme adjectif :** c'est la **forme adjective du verbe.** Il s'appelle alors **adjectif verbal** (➡ § 127 à § 132) et fait partie du groupe nominal. Il peut, dans cet emploi, avoir les mêmes fonctions, les mêmes degrés de signification, les mêmes expansions que l'adjectif qualificatif. Il suit aussi les règles d'accord de l'adjectif qualificatif :
C'est une petite fille **aimante.**

■ **Le participe présent peut être employé comme forme verbale** et faire partie du groupe verbal :
Aimant *la campagne, elle ne supporte pas de vivre à la ville.*

● Il admet alors tous les compléments du verbe :
– **un complément d'objet (direct ou indirect) :**
Il passe pour quelqu'un **donnant** *toujours* **de bons conseils.**
Tenant *beaucoup* **à sa voiture,** *il l'astique tous les jours.*

– **un complément circonstanciel :**
Dormant **au premier étage,** *elle n'a rien entendu.*

● Il peut avoir un **sujet** propre. Il est alors le **noyau d'une proposition participiale :**
Les enfants **criant** *à tue-tête, je n'ai pas entendu le téléphone.*

415   *Comment accorde-t-on le participe présent ?*

Le participe présent (phrase 1), contrairement à l'adjectif verbal (phrase 2), est invariable.
Les enfants **se méfiant** *du chien, n'osaient pas pénétrer dans la cour.* **(1)**
Les enfants étaient **méfiants. (2)**

∿ *Mais...*
● **À la forme pronominale,** le participe présent varie en personne :
me méfiant, te méfiant, **se** *méfiant,* **nous** *méfiant...*
● **À la voix passive,** le participe passé qu'il contient suit les règles d'accord de tout participe passé employé avec l'auxiliaire **être** :
Étant **blessée,** *elle ne pouvait se déplacer.*

Qu'est-ce que le participe présent sert à exprimer ? `416`

Le participe présent permet d'exprimer les mêmes nuances :
- **qu'une proposition subordonnée relative :**
  *Il était poursuivi par une meute **hurlant de fureur**. (qui hurlait de fureur)*
- **qu'une proposition subordonnée circonstancielle :**
- **de temps :**
  *Je l'ai surpris **fouillant dans mes affaires**. (alors qu'il fouillait...)*
- **de cause :**
  ***Sentant la faiblesse de son argument**, il préféra renoncer. (Comme il sentait...)*
- **de condition :**
  *La demande paraîtrait plus naturelle **venant de vous**. (si elle venait...)*
- **d'opposition ou de concession :**
  ***Croyant bien faire**, il a tout gâché. (Bien qu'il ait cru...)*
- **que la périphrase verbale *être en train de* + infinitif :**
  *On le voit toujours **errant comme une âme en peine**. (en train d'errer...)*

PLUS | **Le participe présent** (phrase 1) a parfois **une orthographe différente** de celle de **l'adjectif verbal** (phrase 2) (➠ § 127 à § 132) : | *Paul **excellant** dans cette discipline, il remportera sûrement la victoire.* **(1)** *Paul est **excellent** dans cette discipline.* **(2)** | `417`

PHRASE COMPLEXE

418

■ La **phrase simple** (➡ § 424 à § 428) est constituée d'une **proposition indé-pendante**.

■ La **phrase complexe** est constituée de **plusieurs propositions** pouvant être :

● **juxtaposées** :

░ *Pierre est content, il a réussi son examen.*

● **coordonnées** :

░ *Pierre est content, car il a réussi son examen.*

● **subordonnées** :

░ *Pierre est content parce qu'il a réussi son examen.*

419

La juxtaposition et la coordination.

░ *Pierre est content, il a réussi son examen.*
░ *Pierre est content, car il a réussi son examen.*

■ Les phrases ci-dessus sont des phrases complexes : elles comportent deux verbes conjugués, donc deux propositions ; seule la première proposition commence par une majuscule, seule la seconde se termine par un point. Chacune des propositions juxtaposées et coordonnées peut constituer une phrase simple à elle seule. Ici, l'ensemble de la phrase n'en exprime pas moins un sens complet unique qui est produit grâce à ces deux propositions.

■ Les propositions juxtaposées sont séparées par un signe de ponctuation :

● **une virgule** :

░ *Pierre est content, il a réussi son examen.*

● **un point-virgule** :

░ *Pierre est content ; il a réussi son examen.*

● **les deux-points** :

░ *Pierre est content : il a réussi son examen.*

■ Les propositions coordonnées sont liées par des conjonctions de coordination (*mais, ou, et, donc, or, ni, car*) (➡ § 278 à § 283) :

░ *Pierre est content, **car** il a réussi son examen.*

420

La subordination.

░ *Pierre est content parce qu'il a réussi son examen.*

La phrase ci-dessus comporte deux verbes conjugués, donc deux propositions ;

mais, cette fois, les deux propositions ne sont plus indépendantes l'une de l'autre : l'une des deux propositions joue par rapport à l'autre le rôle de complément circonstanciel de cause. « Parce qu'il a réussi son examen » signifie « à cause de sa réussite à l'examen ». Cette proposition n'est pas autonome, elle a pour rôle de compléter l'idée exprimée par la première proposition : on dit qu'elle est subordonnée, et l'autre est appelée principale (➡ § 538 à § 545). Une proposition subordonnée peut compléter :

- **une proposition principale :**

▨ *Je pense / qu'il viendra.*

- **une autre proposition subordonnée :**

▨ *Je pense / qu'il viendra / quand il aura terminé.*

Subordination explicite / subordination implicite.   421

▲**Comparons :**

▨ *Je n'irais pas, quand bien même il me le demanderait.* **(1)**
▨ *Il me le demanderait, je n'irais pas.* **(2)**

Dans la phrase 1, le rapport de subordination est marqué par la locution conjonctive *quand bien même* qui introduit la proposition subordonnée.
Dans la phrase 2, les deux propositions sont séparées par une virgule : elles sont juxtaposées. Pourtant, elles entretiennent bien un rapport de subordination ; en effet, elles ne sont pas autonomes et ne pourraient fonctionner seules :

▨ **Il me le demanderait.* (sens incomplet)

On dit dans ce cas que la subordination est **implicite**.

Attention !
Il existe deux cas où la subordination, bien qu'explicite, n'est pas marquée par un mot subordonnant. Il s'agit des propositions subordonnées infinitive (phrase 1) et participiale (phrase 2) :

▨ *J'entends / **siffler le train**.* **(1)** *Le chat parti / les souris dansent.* **(2)**

Les mots subordonnants.   422

Lorsque la subordination est explicite, et c'est le cas le plus fréquent, la proposition subordonnée, selon sa nature, peut être introduite par :

- une **conjonction de subordination** ou une **locution conjonctive** (➡ § 284 à § 292) :

▨ *Je viendrai / **quand j'aurai terminé**.*
▨ *Je viendrai / **dès que j'aurai terminé**.*

- un **adverbe** ou un **pronom interrogatif** :
▨ *Je me demande / **où il va**. Je ne sais / **à qui** parler.*

- un **pronom relatif** :
▨ *J'ai rencontré l'homme / **dont tu m'avais parlé**.*

423   *Les différentes propositions subordonnées.*

Les subordonnées portent généralement dans leur appellation la nature du mot subordonnant qui les introduit. On distingue les propositions subordonnées suivantes :

- **Les conjonctives** introduites par une **conjonction de subordination** ou une **locution conjonctive**. Elles se subdivisent en :
– **complétives** :
▨ *Je veux **que tu m'obéisses**.*
– **circonstancielles** :
▨ *Je viendrai **quand j'aurai terminé**.*

- **Les relatives** introduites par un **pronom relatif** :
▨ *J'ai rencontré l'homme **dont tu m'avais parlé**.*

- **Les interrogatives indirectes** introduites par un **adverbe** ou un **pronom interrogatif** :
▨ *Je me demande **où il va**.*

- **Les infinitives** :
▨ *J'entends **siffler le train**.*

- **Les participiales** :
▨ ***Le chat parti**, les souris dansent.*

PHRASE SIMPLE

■ La phrase est un ensemble de mots qui possède un sens complet et cohérent :
424

░ *le petit garçon blond* **(1)**

Ce groupe de mots ne constitue pas une phrase.

Mais :

░ *Le petit garçon joue dans la cour de la maison.* **(2)**

Ici, on fait une phrase, on exprime un sens complet grâce à une structure grammaticale cohérente, c'est-à-dire une structure où chaque mot contribue à produire, par son sens et par sa fonction au contact des autres mots, un énoncé complet. L'exemple 1 ne contient aucun signe de ponctuation ; en revanche, la phrase 2 commence par une majuscule et se termine par un point. Toute phrase se réalise entre deux pauses marquées.

■ Si l'on considère qu'un énoncé se construit selon les étapes suivantes :
1. mots **2.** groupes de mots **3.** proposition **4.** texte

on peut dire que la phrase est à un niveau intermédiaire entre les groupes de mots et le texte, constitué d'une succession de propositions.

On distingue :

• **La phrase simple, constituée d'une seule proposition :**

░ *Pierre est content.*

• **La phrase complexe (➡ § 418 à § 423), constituée de plusieurs propositions :**

░ *Pierre est content parce qu'il a réussi son examen.*

La phrase simple.
425

░ *Pierre est content. Il a réussi son examen. Ses parents l'ont félicité.*

L'énoncé ci-dessus comporte trois phrases, identifiables ainsi :

• Chaque phrase a un sens complet et une structure grammaticale cohérente.

• Chaque phrase commence par une majuscule et finit par un point.

• Chaque phrase comporte un seul verbe conjugué : *est, a réussi, ont fait* ; chaque verbe a un sujet propre : *Pierre, il, ses parents* : on dit qu'elles se composent d'une proposition.

• Chaque phrase se suffit à elle-même et équivaut à une proposition indépendante. La phrase simple peut se réduire à une proposition indépendante.

426   *La phrase simple minimale.*

▨ *Le petit garçon joue dans la cour de la maison.*

● Cette phrase est complète du point de vue du sens et présente une structure grammaticale correcte. Outre le verbe et son sujet, elle comporte des compléments qui apportent une série de précisions quant aux circonstances de l'action. Ces précisions peuvent être omises sans que la phrase perde son sens :

▨ *Le petit garçon joue.*

● La phrase ci-dessus ne comporte que les constituants strictement nécessaires pour être grammaticalement correcte, à savoir le verbe *joue* et le groupe nominal sujet *le petit garçon* ; pour autant, elle fournit moins de précisions que l'autre. On dit dans ce cas qu'il s'agit d'une **phrase minimale**.

427   *Les constituants de la phrase simple.*

● Une phrase simple est constituée de deux constituants obligatoires, que l'on peut traduire par la formule suivante : phrase = groupe nominal + groupe verbal.

● Le **groupe nominal** (1) indique ce dont on parle ; le **groupe verbal** (2) indique ce que l'on en dit :

▨ *Mon fils* **(1)** / *pleure* **(2)**.

428   *La phrase sans verbe.*

■ La phrase sans verbe ne comporte pas de groupe verbal. Ce n'est donc pas une proposition.

■ La phrase sans verbe est souvent appelée **phrase nominale**. Cette appellation est restrictive dans la mesure où les phrases sans verbe ne sont pas exclusivement constituées de noms. Elles peuvent être composées :

● **d'un nom :**
▨ *Voleur !*

● **d'un adverbe :**
▨ *Dehors !*

● **d'un adjectif :**
▨ *Curieux !*

● **d'une interjection :**
▨ *Ouf !*

■ Dans un ordre, une interpellation, une exclamation, une réponse ou une question, elle se réduit souvent à un seul mot comme ci-dessus.
Elle peut aussi être composée de plusieurs éléments :

▨ *Superbe, ta robe ! Quel raseur, ce Pierre !*

On peut considérer que dans ce type de phrases le verbe est sous-entendu :

▨ *Ta robe est superbe. Pierre est un raseur.*

PLURIEL DES ADJECTIFS QUALIFICATIFS

429

• Le **pluriel de l'adjectif** (➡ § 42 à § 48) se forme en ajoutant un **-s** à l'adjectif singulier :

SINGULIER	PLURIEL
noir	noirs
noire	noires
aigu	aigus
aiguë	aiguës

• Mais certains adjectifs prennent un **-x** au pluriel.

Quels sont les adjectifs qui prennent un -x au pluriel ?

430

• **Tous les adjectifs masculins terminés par -eau :**
  beau, beau**x** ; nouveau, nouveau**x**.

• **Les adjectifs en -al qui font leur pluriel en -aux :**
  brutal, brut**aux** ; jovial, jovi**aux** ; pluvial, pluvi**aux**.

Attention !
Parmi ces adjectifs, s'emploient souvent au singulier : *astral, boréal, pénal.*

~ *Exceptions :*
• **austral, bancal, fatal, natal, naval** font leur pluriel en **-als :**
  des tabourets banca**ls** ; des mots fata**ls** ; des chantiers nava**ls**.

• **banal, final, glacial, idéal, pascal** font leur pluriel en **-als** ou en **-aux :**
  des cas ban**als**, des fours ban**aux** (locution féodale).

• **Hébreu** fait **hébreux** au pluriel.

~ *Exceptions :* bleu, bleu**s** ; feu, feu**s** (au sens de « mort »).

Comment forme-t-on le pluriel des adjectifs de couleur ?

431

• Les adjectifs de couleur prennent généralement un **-s** au pluriel :
  blanc, blanc**s** ; blanche, blanche**s** ; bleu, bleu**s** ; bleue, bleue**s**.

~ *Exceptions :*
Les noms employés comme adjectifs de couleur restent invariables :
  des gants aubergine ; des chaussures marron.

~ *Mais...*
Écarlate, fauve, incarnat, mauve, pourpre et rose s'accordent en nombre :
  des chaussettes rose**s** ; des chaussettes mauve**s**.

• Lorsque l'adjectif de couleur est accompagné d'un nom ou d'un autre adjectif, il reste invariable :

des vêtements bleu marine ; une jupe et un corsage vert d'eau.

432 Comment forme-t-on le pluriel des adjectifs composés ?

On distingue trois cas :

■ **Les adjectifs composés de deux adjectifs ;** ceux-ci s'accordent en genre et en nombre :

des enfants sourds-muets ; des fillettes sourdes-muettes.
des plats aigres-doux ; des saveurs aigres-douces.

~ *Mais...*
Le premier des deux adjectifs reste parfois invariable dans :
• *grand-ducal, extrême-oriental, libre-échangiste, saint-simonien.*
• *bas (-) breton, bas (-) allemand, haut (-) allemand, bas (-) latin, bas (-) normand* et tous les adjectifs du même type.
• *franc-comtois, franc-maçonnique* au féminin seulement :
  des populations franc-comtoises ; des loges franc-maçonniques.

■ **Les adjectifs composés d'un adjectif employé comme adverbe + un adjectif ;** seul l'adjectif s'accorde en genre et en nombre, l'adverbe restant invariable :

des fillettes mal-nourries ; des enfants nouveau-nés.

et par analogie : *des enfants mort-nés.*

~ *Mais...*
S'accordent en genre et en nombre :
• *nouveau* employé devant les participes passés autres que *né : nouveaux riches ; nouvelles venues.*
• *premier, dernier* dans *premier-né, dernier-né : dernière-née ; premiers-nés.*
• *frais, grand, large* dans : *des tomates fraîches cueillies ; les rideaux grands ouverts ; les gueules larges ouvertes.*
• *tout* dans *tout-puissant,* au féminin seulement : *les reines toutes-puissantes.*

■ **Les adjectifs composés d'un préfixe (terminé par -o, -i ou -é) + un adjectif ;** seul l'adjectif s'accorde en genre et en nombre, le préfixe restant invariable :

les relations franco-russes ; des pièces héroï-comiques.

433 Quels sont les adjectifs qui restent invariables ?

■ **Les adjectifs terminés par -s ou -x** au singulier ne changent pas au pluriel :

un manteau gris, des manteaux gris ; un enfant roux, des enfants roux.

■ **Chic** et **kaki** restent invariables ; **impromptu** et **snob** s'accordent ou non :
des femmes chic et snob(s).

■ **Mi, demi, semi** et **nu** lorsqu'ils précèdent un nom ou un adjectif et qu'ils en sont séparés par un trait d'union, sont invariables :
les volets mi-clos ; deux demi-baguettes ; Ils sont nu-pieds, nu-tête.

〜 *Mais...*
● **Lorsque l'adjectif *nu* suit le nom, il s'accorde en genre et en nombre :**
Ils sont pieds nus, tête nue.
● **Lorsque l'adjectif *demi* suit le nom, il s'accorde en genre uniquement :**
Donnez-moi deux baguettes et demie.

■ **Des adjectifs comme** *bas, bon, clair, cher, court, droit, dur, ferme, fort, franc, haut, juste, net...* **employés comme adverbes après certains verbes :**
Elles parlent haut. Ils chantent juste.
Il a les cheveux coupés court. Ces pommes coûtent cher.

〜 *Mais...*
Elles sont hautes. Ils sont justes. Ils sont courts. Elles sont chères.

■ Quelques adjectifs sont invariables dans des constructions particulières :
● *fort*, dans l'expression *se faire fort de* :
*Ils se font **fort** de réussir.*

● *possible* après *le moins, le plus, le meilleur...* :
*Cueillez le plus de cerises **possible**.*

■ Quelques adjectifs et participes sont invariables lorsqu'ils sont placés devant le nom et son déterminant :
*feu mes grands-parents ; **Ci-joint** les documents demandés.*

〜 *Mais...*
*mes **feus** grands-parents.*

〜 *Mais...*
*les documents **ci-joints**.*

■ *Sauf, plein, vu, excepté, passé*, employés comme prépositions sont invariables :
*Il des larmes **plein** les yeux.*
*Levez-vous, **excepté** les enfants.*

〜 *Mais...*
*Levez-vous, les enfants **exceptés**. Il a les yeux **pleins** de larmes.*

■ **Étant donné** se met facultativement au pluriel :
***Étant donné(s)** vos antécédents.*

P LURIEL DES NOMS

« La liberté est un bien qui fait jouir des autres biens. »
(N. BERDIAEFF)

434

■ Le **pluriel du nom** (➠ § 384 à § 389) se forme en ajoutant un **-s** au nom singulier :

SINGULIER	PLURIEL
cahier	cahiers
livre	livres

■ Mais certains noms font leur pluriel en **-x**.

Attention !
Il arrive que la consonne finale prononcée dans le nom singulier, ne soit plus prononcée au pluriel :

un œuf, des œufs ; un bœuf, des bœufs.

435

Quels sont les noms qui prennent un -x au pluriel ?

■ **Les noms terminés par -au, -eau, -eu :**
un tuyau, des tuyaux ; un bateau, des bateaux ; un cheveu, des cheveux.

∿ **Exceptions :**
Landau, sarrau, pneu, bleu, émeu, lieu (poisson) prennent un **-s** au pluriel :
des landaus, des sarraus, des pneus, des bleus, des émeus, des lieus.

■ **Les noms terminés par -al font leur pluriel en -aux :**
un animal, des animaux.

∿ **Exceptions :**
• **Quelques noms en -al font -als :** bal, cal, carnaval, chacal, choral, festival, pal, récital, régal...
• **Certains noms en -al font leur pluriel en -als ou -aux :** idéals, idéaux ; vals, vaux ; étals, étaux.

■ **Dix noms en -ail font -aux au pluriel :** aspirail, bail, corail, émail, fermail, soupirail, travail, vantail, ventail, vitrail :
aspiraux, baux, coraux, émaux...

• Tous les autres noms en **-ail** suivent la règle générale :
un chandail, des chandails.

■ **Sept noms en -ou font -oux au pluriel :** bijou, caillou, chou, genou, hibou, joujou, pou :
bijoux, cailloux, choux, genoux, hiboux, joujoux, poux.

• Tous les autres noms en **-ou** suivent la règle générale :
un kangourou, des kangourous.

■ **Quatre noms ont deux pluriels différents** selon le contexte :
• *Travail* donne *travails* au pluriel quand il désigne la machine utilisée pour ferrer ou soigner les bêtes. Dans son sens ordinaire, il donne *travaux* :
Ce forgeron dispose de deux travails.

• *Aïeul* donne *aïeuls* quand il désigne les deux grands-pères d'une personne, il donne *aïeux* lorsqu'il désigne les ancêtres.

• *Ciel* donne *ciels* quand il désigne :
– la partie d'un tableau qui représente le ciel :
Les ciels des Impressionnistes.
– le baldaquin qui surmonte un lit :
Le tapissier a réparé les deux ciels de lit.
– le plafond d'une carrière :
De gros piliers soutiennent les ciels de ces carrières.
– un climat :
Les ciels bleus de la Méditerranée.
Il donne *cieux* dans son sens propre de « voûte céleste » :
L'immensité des cieux.

• *Œil* donne *œils* dans les noms composés :
– *œil-de-bœuf* (lucarne) :
Ouvrez les œils-de-bœuf.
– *œil-de-perdrix* (excroissance de chair entre les orteils) :
Le pédicure m'a soigné deux œils-de-perdrix.
– *œil-de-chat* (pierre précieuse).
Il donne *yeux* dans son sens ordinaire et quand il désigne les trous du pain, du fromage ou les bourgeons :
Il ouvre les yeux. Les yeux de la vigne.

Quels sont les noms qui ne s'emploient qu'au pluriel ou qu'au singulier ?

436

■ Certains noms ne s'emploient qu'au **pluriel**. C'est le cas notamment de :
archives, catacombes, confins, décombres, dépens, entrailles, fiançailles, frais, funérailles, mœurs, obsèques, ténèbres, vivres...

■ Certains noms s'emploient presque toujours au **singulier**. Il s'agit :
• **des noms de matière :** *l'or, l'argent, le fer, la chaux, le sel, la vanille...*

∼ *Mais...*
des sels minéraux...

- **des noms abstraits** : *le courage, la vaillance, la charité, la malchance...*
- **des noms de sciences ou d'arts** : *la chimie, la physique, la peinture, le cinéma...*

~ *Mais...*
> *des cinémas de quartier...*

Il arrive souvent que ces noms changent de sens selon qu'ils sont employés au singulier ou au pluriel.

437   *Comment forme-t-on le pluriel des noms composés ?*

Il faut distinguer deux types de noms :

■ **Les noms écrits en un seul mot** qui sont devenus des noms simples ; ils suivent la règle générale d'accord des noms simples :

> *un gendarme, des gendarmes ; un malheur, des malheurs ;*
> *un pourboire, des pourboires.*

~ *Exceptions :*
> *monsieur, madame, mademoiselle, bonhomme, gentilhomme, monseigneur*
> → *messieurs, mesdames, mesdemoiselles, bonshommes, gentilshommes,*
> *messeigneurs.*

■ **Les noms écrits en plusieurs mots.** Il n'y pas de règle précise ; seul le bon sens joue en fonction de la nature des mots qui composent le nom. On peut distinguer plusieurs types :

- **Nom composé = nom + nom ; seul le sens peut guider :**

> *un chou-fleur, des choux-fleurs (choux ressemblant à des fleurs).*
> *un timbre-poste, des timbres-poste (timbres pour la poste).*
> *une pomme de terre, des pommes de terre (pommes venant de la terre).*

Quand l'un des deux noms dépend de l'autre par l'intermédiaire d'une préposition ou non, le nom dépendant reste généralement invariable :

> *des bains-marie, des chefs-d'œuvre, des clins d'œil, des arcs-en-ciel,*
> *des soutiens-gorge, des cous-de-pied (partie du corps).*

- **Nom composé = adjectif + adjectif ; les deux mots se mettent au pluriel :**

> *des sourds-muets ; des clairs-obscurs.*

- **Nom composé = nom + adjectif ; les deux mots se mettent au pluriel :**

> *un coffre-fort, des coffres-forts (des coffres qui sont forts).*

- **Nom composé = adjectif + nom ; les deux mots se mettent au pluriel :**

> *des hauts-fonds ; des grands-mères.*

Pour l'accord avec *demi* ➡ § 433.

- **Nom composé = adverbe ou préposition + nom ; l'adverbe ou la préposition reste toujours invariable :**

> *une avant-garde, des avant-gardes (des gardes placées à l'avant).*
> *un après-midi, des après-midi (moments de la journée après midi).*

- **Nom composé = verbe + nom ; la forme verbale reste toujours invariable, le nom prend le pluriel selon le sens :**

> *un porte-monnaie, des porte-monnaie (qui sert à porter la monnaie).*
> *un porte-cigarettes, des porte-cigarettes (qui sert à porter les cigarettes).*

- Dans les autres catégories de noms composés **(verbe + verbe)**, les **deux formes restent toujours invariables** :

> *des laissez-passer ; des va-et-vient.*

Comment forme-t-on le pluriel des noms étrangers ? 438

Pour les noms étrangers, la règle du français et les règles des langues étrangères dont sont issus ces mots entrent en concurrence. On observe l'une ou l'autre selon le niveau de langue employé, la règle étrangère étant surtout appliquée dans un style recherché :

SINGULIER	LANGUE D'ORIGINE	PLURIEL	PLURIEL
		COURANT	RECHERCHÉ
match	anglais	*matchs*	*matches*
maximum	latin	*maximums*	*maxima*
erratum	latin	*erratums*	*errata*
lady	anglais	*ladys*	*ladies*
gentleman	anglais	*gentlemans*	*gentlemen*
scenario	italien	*scenarios*	*scenarii*
leitmotiv	allemand	*leitmotifs*	*leitmotive*

～ Mais...
Restent invariables : *Te Deum, post-scriptum, interim, credo...*

Dans quels cas les noms propres se mettent-ils au pluriel ? 439

Il arrive que les noms propres soient précédés d'un article au pluriel. Dans ce cas, l'usage veut qu'ils restent invariables :

> *les Dupont ; les Durand.*

~ *Mais...*

Dans certains cas pourtant, les noms propres se mettent au pluriel. Il s'agit :
- Des noms propres de dynasties : *les Bourbons, les Borgias, les Capets.*
- Des noms propres de personnes ou de choses considérées comme des symboles d'un caractère, d'une qualité : *des harpagons, des mécènes.*

Attention !
Dans ce cas, le nom propre devient nom commun et perd sa majuscule.

- Des noms de plusieurs pays : *les deux Amériques, les Flandres.*
- Des noms d'habitants : *les Russes, les Grecs.*
- Des œuvres désignées par le nom de leur auteur : *Il a deux Matisses.*

~ *Mais...*
C'est une tolérance, la règle générale restant l'invariabilité.

440   *Quels sont les noms qui restent invariables ?*

Les noms terminés par **-s**, **-x** ou **-z** au singulier ne changent pas au pluriel :

un propos, des propos ; une souris, des souris.
un prix, des prix ; un nez, des nez.

441    **Changement de nombre, de sens...**
Certains noms changent de sens selon qu'ils sont au singulier ou au pluriel :
- *l'assise* : rangée de pierres qui servent de support à un mur.
les assises : assemblée de magistrats.
- *une lunette* : instrument d'optique pour voir de loin.
des lunettes : verres destinés à corriger la vue.
- *un ciseau* : outil d'acier plat et tranchant.
des ciseaux : instrument formé de deux lames tranchantes.
- *le cuivre* : matière.
les cuivres : ustensiles ou instruments en cuivre.
- *le fer* : matière.
les fers : chaînes faites de fer.
- *la peinture* : art.
les peintures : ensemble de tableaux.

Changement de nombre, de genre...
Les noms *amour*, *délice* et *orgue*, masculins au singulier, deviennent féminins au pluriel :
- *l'amour fou ; de folles amours.*
- *un orgue électronique ;*
les grandes orgues de Notre-Dame.
Orgue garde le masculin au pluriel lorsqu'il désigne un ensemble d'instruments. Pour le mot *gens* ➡ § 7.
Changement de nombre, de sens et de genre...
Le mot *Pâques*, féminin (*pâque*) ou masculin (*Pâques*) au singulier (notons qu'il change alors d'orthographe et prend selon les cas une majuscule ou une minuscule), devient féminin au pluriel quand il est accompagné d'une épithète :
- *La pâque russe.*
- *J'irai à Pâques prochain.*
- *Joyeuses Pâques !*

P ONCTUATION

« Deux-points, ouvrez les guillemets. »

■ La **ponctuation** est l'ensemble des **signes** qui représentent, dans un texte écrit, les silences et les variations de l'intonation. Elle nous aide à nous exprimer, mais aussi à comprendre un texte. La ponctuation peut parfois changer le sens d'une phrase :

> *Anne-Laure dit : « Mon père est arrivé hier. »*
> *Anne-Laure, dit mon père, est arrivée hier.*

442

Les différents signes de ponctuation.

443

On dénombre douze signes de ponctuation :

- **le point** = .
- **le point d'exclamation** = !
- **le point-virgule** = ;
- **les points de suspension** = ...
- **les crochets** = [ ]
- **les guillemets** = « »

- **le point d'interrogation** = ?
- **la virgule** = ,
- **les deux-points** = :
- **les parenthèses** = ( )
- **le tiret** = -
- **l'astérisque** = *

Le point.

444

- Le point indique la fin d'une phrase. Il s'accompagne d'une intonation descendante de la voix et marque une pause importante :

> *Ce matin-là, il se leva de bonne heure.*
> *La journée serait longue et difficile.*
> *Il fallait qu'il se prépare à cet entretien.*

- On utilise le point à chaque fois que l'on passe à une idée nouvelle.

Le point d'interrogation.

445

Il se place à la fin d'une phrase interrogative :

> *Il est parti ? Est-ce qu'il est parti ? Est-il parti ?*

Attention !
Dans l'interrogation indirecte, on utilise le point et non pas le point d'interrogation : *Je me demande s'il est parti.*

446 — Le point d'exclamation.

● Il se place à la fin d'une phrase exclamative ou d'une phrase qui exprime l'ordre, la surprise, le souhait, l'admiration... :

▨ *Sortez ! Quelle jolie petite fille ! Pourvu qu'il arrive à temps !*

● Il s'emploie aussi après l'interjection :

▨ *Hélas ! il est parti.*

Attention !
● **On ne met pas de majuscule après le point d'exclamation lorque ce dernier marque une interjection :** *Il est, hélas ! parti.*
● **On met simplement une virgule après l'interjection quand un point d'exclamation termine la phrase elle-même :**
    Il est, hélas, parti !

447 — La virgule.

De tous les signes de ponctuation, c'est la virgule qui marque la pause la plus courte sans changement d'intonation. Elle s'emploie :

● **Dans une énumération,** pour séparer des mots, des groupes de mots où des propositions de même nature et de même fonction, c'est-à-dire juxtaposées :

▨ *J'ai acheté des pommes, des poires, des abricots.*
▨ *« Je suis venu, j'ai vu, j'ai vaincu. »* (Jules CÉSAR)

● **Devant des mots, des groupes de mots, des propositions coordonnées par des conjonctions de coordination** autres que *et, ou, ni* :

▨ *Il est gentil, mais un peu timide.*
▨ *« Je pense, donc je suis. »* (DESCARTES)
▨ *Je vous le dit, car je sais que vous ne le répéterez pas.*

● **Pour isoler les mots ou groupes de mots mis en apposition ou en apostrophe :**

▨ *Pierre, le frère de Mireille, arrive demain.*
▨ *Pierre, viens ici !*

● **Après le nom de lieu dans l'indication de la date :**

▨ *Paris, le 26 avril 1992.*

● **Après les compléments circonstanciels ou les propositions subordonnées placés en tête de phrase :**

▨ *Hier, près de l'école, j'ai aperçu Martine.*
▨ *Puisque tu le demandes, je vais te raconter toute l'histoire.*

• **Pour séparer ou isoler les propositions incises :**

« Je vais, dit-il, vous raconter toute l'histoire. »
Je vais vous raconter toute l'histoire, dit-il.

• **Pour isoler les propositions subordonnées explicatives :**

Les enfants, qui avaient voyagé toute la nuit, étaient fatigués.

〜 *Mais...*
La subordonnée relative déterminative ne se sépare pas de l'antécédent par une virgule : *L'homme qui ne croit en rien est un malheureux.*

• **Pour isoler les propositions participiales :**

Ses devoirs terminés, il rangea sa chambre.

Dans les cas où l'emploi de la virgule n'est pas obligatoire, on peut néanmoins l'utiliser pour mettre un élément de la phrase en valeur :

Il a malheureusement échoué. Il a, malheureusement, échoué.

Le point-virgule. 448

Il marque une pause plus importante que la virgule, et une intonation descendante moins marquée que dans le cas du point. Il sépare deux propositions qui ont entre elles, la plupart du temps, une relation logique :

Il mange trop ; il finira par devenir énorme. (Il mange trop, si bien qu'il finira par devenir énorme).

Les deux-points. 449

Ils peuvent :

• **Annoncer une énumération :**

Les quatre points cardinaux sont : le nord, le sud, l'est, l'ouest.

• **Annoncer des paroles rapportées ou citées ;** dans ce cas, ils précèdent immédiatement les guillemets (*cf.* : « Deux-points, ouvrez les guillemets. »).

• **Exprimer :**

– une relation de cause entre deux propositions indépendantes implicitement coordonnées :

Il a le droit de tout faire aujourd'hui : c'est son anniversaire.

– ou une relation de conséquence :

Il a menti : il sera puni.

450 — Les points de suspension.

■ Ils indiquent que la phrase commencée est interrompue. Il y a plusieurs cas :
• la phrase commencée est abandonnée :

Tu mériterais que je... Non. Je n'en dirai pas plus.

• la phrase interrompue est reprise après une hésitation :

Il a... cassé le vase de Chine.

• la phrase est interrompue dans une énumération qui serait trop longue à achever et que l'on clôt parfois par le mot *etc.* :

Ils ont tout pris : les meubles, les tableaux, les bibelots, les tapis...

■ Employés à la fin d'une phrase complète, ils marquent :
• une longue pause afin de créer un effet d'attente.

• une complicité avec celui à qui l'on s'adresse :

Vous voyez ce que je veux dire...

■ On peut trouver les points de suspension, par souci de discrétion :
• dans un nom propre réduit à son initiale :

Monsieur V... est l'assassin.

• en remplacement du dernier chiffre dans une date :

Cela se passait en 183...

• dans un mot grossier réduit à son initiale :

« La P... respectueuse » (SARTRE) (*La Putain respectueuse*).

Attention !
On ne met jamais de points de suspension après *etc.* qui exprime déjà une idée de prolongement :
Munissez-vous de papier, crayons, gomme, règle, etc.

451 — Les parenthèses.

Elles servent à isoler un mot, un groupe de mots, parfois même une proposition entière à l'intérieur d'une phrase. La plupart du temps elles encadrent une explication ou un commentaire qu'on ne veut pas fondre dans le texte. On peut, à l'intérieur de la parenthèse, employer tous les signes de ponctuation :

Il arriva en retard (ce n'était d'ailleurs pas la première fois que ça lui arrivait), mais n'éprouva pas le besoin de présenter des excuses.

Les crochets.

452

● Les crochets jouent le même rôle que les parenthèses qu'ils remplacent à l'intérieur d'une parenthèse.

● Ils servent aussi, dans un texte cité, à indiquer une modification, une substitution ou une suppression :

> *Des figuiers entouraient les cuisines ; un bois de sycomores se prolongeait jusqu'à des masses de verdure, où des grenades resplendissaient parmi les touffes blanches de cotonniers : des vignes, chargées de grappes, montaient dans le branchage des pins [...]* (FLAUBERT, *Salammbô*, chap. 1)

Le tiret.

453

● Dans un dialogue, il indique le changement d'interlocuteur :

> *– Bonjour.*
> *– Bonjour.*
> *– Comment allez-vous ?*
> *– Bien, merci.*

● Encadrant une phrase ou un segment de phrase, il joue le même rôle que les parenthèses ; on l'appelle alors double tiret : – ... – :

> *Il était contrarié – le mot n'est pas trop fort – par cet élément nouveau de l'enquête.*

L'astérisque.

454

Ce signe de ponctuation s'emploie :

● En appel de note, seul ou entre parenthèses (la règle veut qu'il n'y ait pas plus de trois appels par page (*) (**) (***)).

● En alternance avec les points de suspension dans un nom propre réduit à son initiale en vue de préserver l'anonymat :

> *M. T*** est arrivé à Paris hier.*

Les guillemets.

455

● Précédés des deux-points, ils encadrent les paroles rapportées au style direct :

> *Il m'a dit : « Revenez la semaine prochaine. »*

- Ils permettent également de rapporter les écrits de quelqu'un (citation) :

▨ « *Rien ne sert de courir, il faut partir à point.* » (LA FONTAINE)

- On emploie aussi les guillemets, non précédés des deux-points, lorsqu'on utilise un mot dans un sens qui n'est pas son sens habituel ou lorsqu'on veut mettre en valeur un mot ou une expression :

▨ *Elle se sentait, selon son expression favorite, vraiment « cool ».*

456 *PLUS* **Quelques autres signes de ponctuation...**

- **Quand doit-on employer la majuscule ?**

La majuscule est le signe du nom propre :
Je m'appelle Annie.

Employée comme signe de ponctuation, elle sert à marquer le début d'une phrase.
Je m'appelle Annie. J'habite Paris.
Attention !

Après un point d'interrogation, d'exclamation, des points de suspension ou des guillemets, on emploie la minuscule si le texte continue une phrase interrompue :
En l'apercevant, elle s'écria : « Encore lui ! »
sachant que sa remarque le blesserait.

En poésie, la majuscule est employée au début de chaque vers.

- **L'alinéa**

Bien qu'il ne soit pas à proprement parler un signe de ponctuation, l'alinéa (ou paragraphe), qui consiste à aller à la ligne, marque encore plus fortement que le point, le passage à une idée nouvelle :
C'était à Mégara, faubourg de Carthage, dans les jardins d'Hamilcar.

Les soldats qu'il avait commandés en Sicile se donnaient un grand festin pour célébrer le jour anniversaire de la bataille d'Eryx [...]

Le palais, bâti en marbre numidique tacheté de jaune, superposait tout au fond, sur de larges assises, ses quatre étages en terrasses [...] (Flaubert, Salammbô, ch.1)

Chacun des paragraphes ci-dessus marque une étape dans la description : le lieu, les soldats, le palais.

- **La barre oblique**

Aussi appelée barre transversale ou barre de fraction, elle s'emploie :

– en remplacement de la préposition *par* dans l'écriture de mesures comme :
100 km / h.

– en remplacement d'un trait d'union :
La ligne de métro Châtillon / Saint-Denis.

– en abréviation :
(pour *care of* : *aux bons soins de*, en anglais)
M. Durand C / O Mr Dupont.

P RÉPOSITION

« On ne badine pas avec l'amour. » (MUSSET)

La **préposition** est un mot (ou une locution) invariable qui introduit un mot (nom, pronom, adjectif, infinitif, gérondif, adverbe) ou un groupe de mots qui a la fonction de complément (➡ § 216 à § 223). Elle sert donc à **marquer la fonction** de ce mot ou de ce groupe de mots :

▌Il a agi **avec prudence**. (C.C. de manière)
▌Il a téléphoné **pour annoncer son arrivée**. (C.C. de but)
▌Elle a pensé **à toi**. (C.O.I.)

457

Quelles sont les formes des prépositions ?   **458**

Les prépositions peuvent se présenter sous la forme :

● **d'un mot simple (préposition) :**

   à, après, avant, avec, chez, contre, dans, de, depuis, derrière, dès, devant, durant, en, entre, excepté, hormis, hors, malgré, outre, par, parmi, pendant, plein, pour, sans, sauf, selon, sous, suivant, sur, vers, vu...

● **d'un groupe de mots (locution prépositive) :**

   à cause de, à condition de, à force de, à la façon de, à la manière de, à moins de, à travers, afin de, au-delà de, au-dessous de, au-dessus de, au-devant de, au lieu de, au sortir de, aux environs de, avant de, d'après, dans l'intention de, dans le cas de, de façon à, de manière à, en attendant, en dépit de, en face de, en faveur de, en raison de, en vue de, étant donné, eu égard à, grâce à, jusqu'à, loin de, par-delà, par-dessous, par-dessus, par-devant, près de, quant à, sous prétexte de, vis-à-vis de...

À quoi servent les prépositions ?   **459**

■ Les prépositions ou locutions prépositives introduisent un mot ou un groupe de mots qui a la fonction de complément. Elles servent donc à marquer la fonction des mots dans la phrase. Notons qu'en latin et en allemand, la fonction d'un mot ne se marque pas au moyen d'une préposition, mais de désinences qui changent selon la fonction (désinences du nominatif, de l'accusatif, du génitif...). Le mot ou groupe de mots introduit par la préposition peut être :

● **un nom ou un groupe nominal :**

   *Vous avez agi **avec prudence**. (avec* marque la fonction du nom *prudence* = C.C. de manière)
   *Vous avez agi **avec une grande prudence**. (avec* marque la fonction du G.N. *avec une grande prudence* = C.C. de manière).*

- **un pronom ou un groupe du pronom :**

  Pensez à lui. (*à* marque la fonction du pronom *lui* = C.O.I.)
  Pensez à chacun d'eux. (*à* marque la fonction du groupe du pronom *chacun d'eux* = C.O.I.)

- **un adverbe ou un groupe adverbial :**

  Il est parti par ici. (*par* marque la fonction de l'adverbe *ici* = C.C. de lieu)
  Il est estimé de beaucoup de gens. (*de* marque la fonction du groupe adverbial *beaucoup de gens* = C. d'agent)

- **un infinitif :**

  Il pense à déménager. (*à* marque la fonction de l'infinitif *déménager* = C.O.I.)

■ La préposition *en* suivie du participe présent forme le gérondif du verbe (➠ § 323 à § 327) :

  Il est parti en sifflant.

---

460 | ***Quels sont les compléments introduits par des prépositions ?***

■ La préposition relie le mot ou le groupe de mots qu'elle précède :

- **Au verbe de la phrase.**

Elle peut alors introduire :

– **un complément d'objet indirect :**

  Il a parlé de son père.

– **un complément d'agent :**

  Il est estimé de tous ses amis.

– **un complément circonstanciel** (lieu, temps, manière...) :

  Il habite dans cette maison.

- **À un autre mot de la phrase.**

Elle peut alors introduire :

– **un complément du nom :**

  Elle porte une robe à pois et un chapeau de paille.

– **un complément de l'adjectif qualificatif :**

  Il est fier de ton travail.

– **un complément du pronom :**

  J'ai interrogé chacun d'eux.

– **un complément de l'adjectif numéral :**

  Trois de mes amis étaient présents.

– **un complément de l'adverbe** :

Nous avons agi conformément à ses volontés.

■ *À* et *de* sont le plus souvent utilisées pour relier un mot ou un groupe de mots à un autre mot de la phrase.
Les autres prépositions sont plutôt utilisées pour relier un mot ou un groupe de mots au verbe de la phrase : *à cause de, avec, par, dès, depuis,* etc.

~ *Exceptions :*
*Un chapeau **avec des fleurs**.* (*avec* relie un G.N. à un autre G.N.)
*Il rêve **de** **ce voyage**.* (*de* relie un G.N. au verbe).

Quelles nuances les prépositions permettent-elles d'exprimer ? **461**

■ Certaines prépositions ont un sens précis et limité à une ou deux nuances :
• *Avant, après, dès, depuis, durant, en attendant, jusqu'à, pendant,* etc., expriment généralement le **temps**.
• *À l'intérieur de, au-dessus de, au-dessous de, au-delà de, chez, dans, loin de, par-dessous, par-dessus, près de,* etc., expriment le plus souvent le **lieu**.
• *Entre* et *dans* expriment aussi bien le **lieu** (phrases 1 et 3) que le **temps** (phrases 2 et 4) :

*Il habite **entre** l'école et la poste.* **(1)**
*Il viendra **entre** cinq et sept heures.* **(2)**
*Il habite **dans** une vieille maison.* **(3)**
*Il arrive **dans** deux jours.* **(4)**

• *À cause de, en raison de, étant donné, par suite de, sous prétexte de, vu,* etc., expriment la **cause**.
• *De façon à, de manière à,* etc., expriment la **conséquence**.
• *Afin de, dans l'intention de, en vue de,* etc., expriment le **but**.
• *À condition de, à moins de, dans le cas de,* etc., expriment la **condition**.
• *À la manière de, selon,* etc., expriment la **comparaison**.

■ D'autres prépositions ont des valeurs et des nuances très variées. C'est surtout le cas de : *à, avec, de, en, par, pour,* etc.

*Elle joue **avec** une camarade.* **(accompagnement)**
*Elle travaille **avec** acharnement.* **(manière)**
*Elle travaille **avec** un ordinateur.* **(moyen)**
*Il habite **à** Marseille.* **(C.C. de lieu)**
*Il arrive **à** 5 heures.* **(C.C. de temps)**
*Il porte un pantalon **à** rayures.* **(C. du nom)**
*Il parle **à** son frère.* **(C.O.I.)**

462 — Qu'est-ce qui distingue la préposition de la conjonction de subordination ?

● La préposition et la conjonction de subordination jouent en somme le même rôle : elles introduisent un mot ou un groupe de mots qui a la fonction de complément ; elles en marquent la fonction.

~ Mais...

Alors que la préposition introduit un mot ou un groupe de mots (phrase 1), la conjonction de subordination introduit toujours une proposition subordonnée circonstantielle (phrase 2) :

 *Il est parti **dès mon arrivée**. (1)*
 *Il est parti **dès que je suis arrivée**. (2)*

● Beaucoup de locutions conjonctives ne sont autres que des prépositions suivies de *que* ou de *ce que* :

PRÉPOSITIONS	LOCUTIONS CONJONCTIVES
avant	*avant que*
pour	*pour que*
par	*parce que*
jusqu'à	*jusqu'à ce que*

● De même, certaines locutions prépositives deviennent conjonctives en modifiant *de* en *que* :

LOCUTIONS PRÉPOSITIVES	LOCUTIONS CONJONCTIVES
avant de	*avant que*
afin de	*afin que*
à condition de	*à condition que*
en vue de	*en vue que*

463 — Qu'est-ce qui distingue la préposition de l'adverbe ?

● Alors que la préposition n'a pas de fonction propre, mais sert à introduire un mot ou un groupe de mots qui a la fonction de complément (phrase 1), l'adverbe est un complément à lui seul (phrase 2) :

 *Il est passé **devant notre maison** tout à l'heure. (1)*
 *Passez **devant**. (2)*

Ce n'est pas *devant* qui joue le rôle de C.C. de lieu, mais le groupe nominal prépositionnel *devant notre maison*.

• Certaines prépositions ou locutions prépositives marquant le lieu ont un adverbe ou une locution adverbiale qui leur correspond :

PRÉPOSITION	ADVERBE	LOC. PRÉP.	LOC. ADV.
dans	dedans	au(-)dedans de	au(-)dedans
hors	dehors	au(-)dehors de	au(-)dehors
sous	dessous	au(-)dessous de	au(-)dessous
sur	dessus	au(-)dessus de	au(-)dessus

 Le sens d'une expression peut tenir à un mot : la préposition...

• *Sourire à / sourire **de***
• *Rêver à / rêver **de***
• *L'avion **de** Londres / l'avion **pour** Londres*
• *Finir **de** / finir **par***
• *Manquer **de** / manquer **à***
Ce qu'il faut dire...
• *Aller **chez** le docteur* et non ****au** docteur.*
• ***Avant** peu* et non *****sous** peu.*
• *Causer **avec** quelqu'un* et non **à quelqu'un.*
• *C'est **ma** faute* et non **c'est **de** ma faute.*
• *D'ici **à** demain* et non **d'ici demain.*
• *Deux fois **par** mois* et non **deux fois **le** mois.*

• *En réponse à, comme suite à* et non **suite à.*
• *Être fâché **contre** quelqu'un* et non **après quelqu'un.*
• *La femme **de** mon frère* et non **la femme à mon frère.*
• *Lire **dans** le journal* et non ****sur** le journal.*
• *Pallier un inconvénient* et non **à un inconvénient.*
• *Pareil à moi* et non **pareil **que** moi.*
• *S'absenter **pour** une semaine* et non **partir pour une semaine.*
• ***Sur** le plan financier* et non ****au** plan.*
• ***Vers** midi* et non **vers **les** midi.*
• *Crier **après** quelqu'un* et non **crier **sur** quelqu'un*
• *Habiter **à** Paris* et non **être **sur** Paris*

P RÉSENTATIFS

« C'est l'hôpital qui se moque de la Charité. »

Les **présentatifs** sont des mots ou locutions généralement invariables qui servent à introduire un mot ou un groupe de mots en le mettant en **relief** :

C'est mon frère.
Voici mon frère.
Il y a quelqu'un à la porte.

466 *Quels sont les principaux présentatifs ?*

■ Les principaux présentatifs sont :

● *voici, voilà* :

Voici mon frère. Voilà quelqu'un.

● *il y a* :

Il y a quelqu'un à la porte.

● *c'est, c'est ... qui (que)* :

C'est le facteur.
C'est le facteur qui a sonné.

■ Les mots suivants jouent aussi le rôle de présentatifs :

● *soit* :

Soit un triangle isocèle.

● *vive* :

Vive le Roi !

● *à bas* :

À bas le racisme !

● *à, au* :

À la soupe ! Au feu !

● *dire que* :

Dire que je lui ai tout raconté.

467 *Comment emploie-t-on* voici, voilà *?*

■ *Voici, voilà* étaient à l'origine une forme du verbe *voir* suivie des adverbes de lieu *ci* et *là* ; ils étaient habituellement suivis d'un complément :

Voici Pierre. = Vois ici Pierre.

Même si cette origine n'est plus sensible, la construction n'a pas changé.
Voici et *voilà* sont généralement suivis d'un mot ou d'un groupe de mots qui joue le rôle de complément du présentatif.

■ *Voici, voilà* peuvent « présenter » :

● **un nom ou un pronom :**

Voici **mon frère. Le** voici.

- **une proposition subordonnée conjonctive (phrase 1), relative (phrases 2 et 3) ou interrogative indirecte (phrase 4) :**

  Voici que mon frère arrive. **(1)**   *Voilà qui est bien dit.* **(3)**
  Voici mon frère qui arrive. **(2)**   *Voici ce qu'il m'a dit.* **(4)**

■ Le mot ou groupe de mots présenté, la plupart du temps placé après, peut être placé en tête de phrase. C'est le cas notamment avec :

- **un pronom personnel :**

  Me voici.

- **un pronom relatif avec son antécédent :**

  La belle affaire que voilà ! L'homme que voici habite près de chez moi.

■ Le choix entre *voici* et *voilà* obéit à la même règle que celui entre *celui-ci* et *celui-là*, c'est-à-dire à une nuance de proximité et d'éloignement :

  Voici ce que j'ai à te dire. Voilà ce qu'il m'a dit.

Voilà est plus fréquemment employé que *voici*, même dans la langue écrite.

■ *Voici, voilà* peuvent être employés avec la valeur d'une préposition introduisant un complément circonstanciel de temps :

  Il est parti voilà cinq jours.

Attention !
Voici, voilà de par leur origine, équivalent à un verbe au présent de l'impératif accompagné des adverbes *ci* ou *là*. Il est donc incorrect de les employer dans un récit au passé : **Enfin voici l'auberge : ils étaient arrivés.*
Il faut dire : *Enfin voici l'auberge : ils sont arrivés.*

Comment emploie-t-on il y a ?   468

■ *Il y a* peut introduire :

- **un nom, un groupe nominal ou un pronom :**

  Il y a une dame à la porte. Il y a quelqu'un à la porte.

- **une proposition :**

  Il y a une dame qui attend à la porte.
  Il y a que je n'ai pas dormi depuis trois jours.

■ *Il y a* est invariable en nombre, mais il peut varier en temps et en mode :

  Il y avait une dame à la porte. Il y aurait quelqu'un à la porte.

■ *Il y a* peut être employé avec la valeur d'une préposition introduisant un complément circonstanciel de temps :

  Il est parti il y a cinq jours.

469 *Comment emploie-t-on* c'est, c'est... qui (que) *?*

■ *C'est* est le plus employé des présentatifs et peut introduire des mots de **natures différentes (un nom, un groupe nominal ou un pronom, un adverbe)** :

*C'est **mon frère**. C'est **lui**. C'est **loin** !*

■ *C'est* peut introduire des mots de **fonctions différentes** :

● un élément en fonction de **sujet** :

C'est **mon frère** *qui* l'a dit.

Le nom *frère* occupe la fonction de sujet, relayé par le pronom relatif *qui*, lui-même en fonction de sujet :

Mon frère *l'a dit. (C'est)* **mon frère** *(qui) l'a dit.*

C'est... qui, mais aussi *voilà... qui, il y a... qui*, permettent donc de mettre en relief le sujet. En cas d'identification difficile, ils peuvent d'ailleurs être intro-duits dans la phrase pour repérer plus facilement le sujet :

*Qui vous l'a dit ? **Pierre**. → C'est **Pierre** qui me l'a dit.*
***Cet homme** est responsable. → Voilà **l'homme** qui est responsable.*
***Des gens** vous attendent. → Il y a **des gens** qui vous attendent.*

● un élément en fonction de **C.O.D.** :

C'est **mon frère** *que je vois.*

Le nom *frère* occupe la fonction de C.O.D., relayé par le pronom relatif *que*, lui-même en fonction de C.O.D. :

Je vois **mon frère**. *(C'est)* **mon frère** *(que) je vois.*

Le présentatif *c'est... que* permet de mettre en relief tous les mots ou groupes de mots en fonction de C.O.D.

● par analogie avec de telles constructions, on a étendu l'emploi de la locution *c'est... que* pour mettre en valeur n'importe quel terme de la phrase, quelle que soit sa fonction :

*C'est **hier** que j'ai vu mon frère. (hier : C.C. de temps)*
*C'est **à vous** que je parle. (à vous : C.O.I.)*
*C'est **à toi** que j'offre ces fleurs. (à toi : C.O.S.)*

On a pris pour habitude de ne plus analyser le mot ou le groupe de mots mis en relief par la locution *c'est... que*, sauf lorsqu'il s'agit du sujet ou du C.O.D.

■ *C'est* peut varier en nombre (➡ **§ 32**) :

*C'est lui. **Ce sont** eux.*

PRONOM

470

Le mot « **pronom** » vient du latin *pro nomen* qui signifie « à la place du nom ». Aussi le pronom est-il souvent défini comme un mot qui a pour rôle de **remplacer un nom ou un groupe nominal** :

■ *J'ai vu Pierre. **Il** est venu ce matin.*

Dans cet exemple, le pronom personnel *il* remplace effectivement un nom : Pierre. Cette reprise par le pronom permet d'éviter la répétition du nom « Pierre » et préserve une cohésion de sens entre les deux phrases.

Il existe différentes catégories de pronoms.

471

On peut distinguer six espèces de pronoms :

- les pronoms **démonstratifs** (➡ § 476 à § 483) :
  celui, ceux, celle, celui-ci, ceux-là, cela...

- les pronoms **indéfinis** (➡ § 484 à § 501) :
  aucun, chacun, certains, quelqu'un, tous...

- les pronoms **interrogatifs** (➡ § 502 à § 507) :
  qui ? que ? quoi ? lequel ? laquelle ? lesquels ?...

- les pronoms **personnels** (➡ § 508 à § 516) :
  je, tu, il, elle, moi, toi, se, en, y...

- les pronoms **possessifs** (➡ § 517 à § 523) :
  le mien, le tien, le sien, la nôtre, les vôtres, les leurs...

- les pronoms **relatifs** (➡ § 524 à § 531) :
  qui, que, quoi, dont, où, laquelle, auquel...

Le pronom se distingue du nom.

472

Même s'il peut remplacer le nom, le pronom n'est pas un nom pour autant.

Comparons :

■ *Regarde cet homme.* **(1)** *Regarde-le.* **(2)**

■ Dans la phrase 1, le nom « homme », comme tous les noms, comporte un élément descriptif et évoque un certain nombre de qualités propres à l'être humain. Le nom « homme » ne pourrait désigner un cheval ou un tableau. Il contient en outre une indication :

- **de genre :** *homme* = masculin.

- **de nombre :** *homme* = singulier par opposition à *hommes*, pluriel.

En revanche, le nom ne porte en lui aucune indication d'identité (on ne sait de quel homme il s'agit que grâce au déterminant *cet*) ni de fonction (qu'il soit sujet, C.O.D. ou C.O.I., le nom « homme » présente toujours la même forme).

■ Dans la phrase 2, le pronom « le » ne comporte aucun élément descriptif : il n'évoque aucune qualité et pourrait aussi bien désigner un cheval qu'un tableau :

Regarde ce cheval. ⟶ *Regarde-le.*
Regarde ce tableau. ⟶ *Regarde-le.*

En revanche, le pronom « le » porte en lui une indication :

● de genre : *le* est masculin, par opposition à *la*, féminin.

● de nombre : *le* est singulier, par opposition à *les*, pluriel.

● d'identité : *le* désigne l'homme que l'on montre.

● de personne : *le* renvoie à la 3ᵉ personne, par opposition à *te, me...*

● de fonction : *le* est C.O.D. par opposition à *il*, sujet, ou *lui*, C.O.I.

Tous les pronoms se distinguent du nom en ce qu'ils n'évoquent pas les qualités de l'être ou de la chose désignée.

Tous les pronoms ne donnent pas une indication de genre (féminin, pluriel) et de fonction (*il* : sujet ; *le* : C.O.D. ; *lui* : C.O.I.).

En revanche, tous les pronoms donnent une indication de nombre (singulier, pluriel), d'identité (*le mien, celui-ci, le premier...*).

473   *Le pronom n'a pas toujours la fonction d'un représentant.*

▶ **Comparons :**

Mon frère est à Londres. Il nous a téléphoné ce matin. **(1)**
Quelqu'un a téléphoné ce matin. **(2)**

Dans la phrase 1, le pronom personnel « il » remplace le nom « frère ». On dit qu'il est utilisé comme **représentant** puisqu'il représente le nom « frère ». Le nom « frère » est appelé son **antécédent**.

Dans la phrase 2, le pronom indéfini « quelqu'un » ne représente personne, il ne remplace aucun mot. On dit qu'il est employé comme **nominal** puisque, à la manière d'un nom, il désigne à lui seul un être ou une chose.

L'indication d'identité que donne le pronom est fournie, dans le cas du nom, par le déterminant qui le précède (*mon* dans la phrase 1). On peut donc dire que, dans sa fonction de représentant, le pronom remplace, non pas un nom, mais un groupe : **nom + déterminant**.

Dans de nombreux cas, le remplacement du nom déterminé par le pronom se fait selon les correspondances suivantes :

DÉTERMINANT + NOM		PRONOM
article défini *Le courrier est arrivé.*	→	pronom personnel de la 3ᵉ personne *Il est arrivé.*
article indéfini *Prends une pomme.*	→	pronom indéfini *un* *Prends-en une.*
adjectif démonstratif *Je voudrais ce gâteau.*	→	pronom démonstratif *Je voudrais celui-ci.*
adjectif possessif *J'ai pris son vélo.*	→	pronom possessif *J'ai pris le sien.*
adjectif interrogatif *Quel livre choisissez-vous ?*	→	pronom interrogatif *Lequel choisissez-vous ?*
adjectif indéfini *Chaque élève doit participer.*	→	pronom indéfini autre que *un* *Chacun doit participer.*

Le nom n'est pas le seul mot qui puisse être représenté par un pronom.   `474`

Le pronom n'est pas toujours le substitut d'un nom. Il peut représenter :

- **un adjectif qualificatif :**

  Inquiète, je le suis.

- **un infinitif :**

  Mentir, ce serait le trahir.

- **une proposition :**

  Il est le meilleur, je le reconnais.

- **un autre pronom :**

  Je veux celui-ci. Il me le faut absolument.

Le pronom peut occuper toutes les fonctions du nom.   `475`

Il peut être :

- **sujet :**

  Il est arrivé ce matin.

- **attribut du sujet :**

  À partir d'aujourd'hui, cette place est la mienne.

- **C.O.D. :**
  Je **le** vois peu.

- **C.O.I. :**
  Je **lui** parle parfois.

- **C.O.S. :**
  Je le **lui** donne.

- **complément circonstanciel :**
  Je me suis installée à ma table, lui à **la sienne**.

- **complément d'agent :**
  Elle est aimée de **tous**.

- **complément du nom :**
  Le toit de votre maison est rou..., le toit de **la nôtre** est plutôt gris.

- **complément de l'adjectif :**
  Je suis fière de **toi**.

- **mis en apposition :**
  Ton frère, **lui**, il travaille.

Attention !
Lorsque l'on utilise un pronom, il faut s'assurer que celui à qui l'on s'adresse est en mesure de savoir de qui ou de quoi il s'agit :
- **soit parce que l'on partage avec lui une expérience suffisante :**
  Tu sais, **il** ne viendra plus.
- **soit parce que l'on a mentionné précédemment le nom qui est remplacé :**
  Le voisin du dessus a déménagé. [...]
  Il m'était sympathique.

PRONOM DÉMONSTRATIF

« Tout flatteur vit aux dépens de celui qui l'écoute. »

---

476 Le **pronom** (➞ § 470 à § 475) démonstratif permet de distinguer, dans l'ensemble d'êtres ou de choses désignés par l'antécédent, un ou des êtres, une ou des choses identifiés par leur situation dans l'espace – et que l'on peut montrer d'un geste – ou dans le temps. Il permet aussi de désigner, en le situant dans l'espace ou le temps, un être ou une chose déjà mentionné :

*Tous ces **tableaux** sont magnifiques, mais c'est **celui-là** que je préfère.*

Quelles sont les formes du pronom démonstratif ? **477**

Le pronom démonstratif présente deux séries de formes :
- **Des formes simples :** *celui, celle, ceux, celles, ce.*

   *Cette bicyclette est trop petite, **celle** de mon frère est plus grande.*

Attention !
Ce est élidé devant les noms qui commencent par une voyelle et prend une cédille devant un *a* : *C'est difficile. Ç'a été difficile.*

- **Des formes composées** à l'aide des adverbes *ci* et *là*. Ces adverbes sont rattachés aux formes simples par un trait d'union : *celui-ci (là), celle-ci (là), ceux-ci (là), celles-ci (là).*

   *Je voudrais ce livre, **celui-ci** est trop cher.*

Au neutre, les formes sont soudées et l'adverbe *là* perd son accent :

   ceci, cela.

Cela est souvent remplacé par *ça* dans la langue parlée :

   ***Ça** m'est égal.*

	SINGULIER	PLURIEL
MASCULIN	*celui (-ci,-là)*	*ceux (-ci,-là)*
FÉMININ	*celle (-ci,-là)*	*celles (-ci,-là)*
NEUTRE	*ce, ceci, cela*	

Comment le pronom démonstratif s'accorde-t-il ? **478**

■ Les formes masculines et féminines du pronom démonstratif s'accordent :
- soit en genre et en nombre avec leur antécédent :

   *Parmi toutes ces **symphonies**, c'est **celles-ci** que je préfère.* **(féminin pluriel)**

● soit en genre uniquement :

■ *Parmi toutes ces **symphonies**, c'est **celle-ci** que je préfère.* **(une parmi toutes)**

■ Les formes neutres n'ont pas de pluriel, qu'elles représentent plusieurs idées, plusieurs choses ou une seule :

■ *Fais comme tu veux, **cela** m'est égal.*

■ *Goûtez ceci, **ce** sont des framboises de notre jardin.*

---

479 ## À quoi sert le pronom démonstratif ?

Le pronom démonstratif remplace la plupart du temps un nom précédé d'un adjectif démonstratif (➡ § 49 à § 53) :

■ *Tu connais cet **homme** : c'est **celui** dont je t'ai parlé hier. (= cet homme)*

---

480 ## Qu'est-ce que le pronom démonstratif permet d'exprimer ?

Comme son nom l'indique (*démonstratif* vient du latin *demonstrare* qui signifie *montrer*), il sert à montrer, à localiser l'être ou la chose évoquée :

● **Dans l'espace (il peut alors s'accompagner d'un geste) :**

■ *Regarde ce tableau là-bas, et **celui-ci** : ils sont magnifiques.*

● **Dans le temps :**

■ *Il rentre de voyage la semaine prochaine, pas **celle-ci**.*

● **Renforcé par -ci, il marque la proximité ; par -là, il marque l'éloignement :**

■ *Je vous présente mes voisins : **celui-ci** habite à côté, **celui-là** un peu plus loin.*

● ***Celui-ci** et **celui-là** s'emploient également lorsqu'on veut distinguer deux per-sonnes ou deux choses ; ils ont alors valeur d'indéfinis (= un tel) :

■ *Il est lunatique : aimable avec **celui-ci**, détestable avec **celui-là**.*

● **À l'écrit, l'opposition entre *-ci* et *-là* permet d'éviter de confondre les antécé-dents. Les formes en *-ci* représentent le nom le plus rapproché, les formes en *-là* le nom le plus éloigné :**

■ *Il a un chien et un chat : **celui-ci** s'appelle Minet, **celui-là** Médor.*

● ***Celui-ci**, **celui-là** peuvent prendre une valeur affective, laudative ou, c'est le cas le plus fréquent, péjorative :

■ *Pour qui se prend-il **celui-là** ?*

● ***Celui**, **celles**, **ceux** peuvent être employés sans antécédent. Ils ont alors une valeur générale, et signifient *l'homme, les gens* :

■ *« Que **celui** qui n'a jamais péché lui jette la première pierre. »* (JEAN)

- **Ceci** annonce ce dont on va parler ; **cela** résume ce qui a été dit :

*Je voudrais vous dire **ceci** : votre conduite est inadmissible.*
*Je voulais vous dire **cela** pour qu'il n'y ait pas de malentendu.*

Attention !
Il est donc incorrect de dire : * Ceci dit.*
Il faut dire : *Cela* dit.

- **La forme neutre ça** peut remplacer un pronom personnel pour marquer l'attendrissement ou le mépris :

Ça tête encore sa mère et ça voudrait courir le monde.

Comment emploie-t-on le pronom démonstratif ? 481

■ Il faut distinguer l'emploi des formes composées de celui des formes simples :

- **Les formes composées** se suffisent à elles-mêmes et remplacent un nom précédé d'un adjectif démonstratif :

*Ce livre ne m'intéresse pas, donnez-moi plutôt **celui-ci**.*

- **Les formes simples** sont complétées par un complément déterminatif qui peut être :

– une proposition subordonnée relative :
*Regarde cet homme, c'est **celui dont je t'ai parlé**.*

– un groupe nominal introduit par la préposition *de* :
*Je reconnais ce pull, c'est **celui de mon frère**.*

– un adverbe :
*Ce gâteau n'est pas mauvais, mais **celui d'hier** était meilleur.*

– un participe présent ou passé :
*Ces appartements sont calmes, **ceux donnant** sur la rue sont bruyants.*
*Ce gâteau n'est pas mauvais, mais je préfère **ceux faits** par toi.*

– associé au verbe *être*, il forme un présentatif :
C'est, ce sont...

■ Le complément du pronom démonstratif permet d'exprimer diverses nuances :

- **le temps :**
*La réunion d'hier était inintéressante. Je compte sur **celle de demain**.*

- **le lieu :**
*Les gens de la campagne sont calmes contrairement à **ceux des villes**.*

- **la possession :**
*Mon bureau et **celui de mon collègue** sont mitoyens.*

- **complété par une relative, il se charge d'une valeur partitive :**
Je félicite **celles d'entre vous** qui ont réussi.

482 *Quelles fonctions le pronom démonstratif peut-il occuper ?*

■ En tant que pronom, il peut occuper **toutes les fonctions possibles du nom** :
Celui-ci me plaît. (sujet) Je voudrais **celui-ci**. (C.O.D.)
La couleur de **celui-ci** est plus belle. (C. du nom)

■ Le pronom neutre ce (c') appelle quelques remarques. Il peut être :

- **sujet** avec pour attribut un nom, un adjectif ou un pronom :
C'est une erreur. **C'**est difficile. **C'**est lui.

- **sujet** (sans attribut) dans des expressions toutes faites :
Ce me semble.

- **complément d'objet** dans certaines expressions toute faites :
Ce faisant. Pour **ce** faire.

- **complément circonstanciel** :
Sur **ce**, il sortit.

483 *PLUS* **Il ne faut pas confondre ça et çà :**
- **çà, est :**
– soit une interjection vieillie :
Çà ! qui va là ?

– soit un adverbe de lieu :
Il errait çà et là ne sachant trop que faire.
- **ça**, est un pronom démonstratif neutre :
Ça m'est égal.

P RONOM INDÉFINI

« Chacun pour soi, Dieu pour tous. »

484 ■ Le **pronom** (➠ § 470 à § 475) **indéfini** permet d'exprimer une nuance de détermination et de quantité :

Ne dis pas **n'importe quoi**.
Chacun fait ce qu'il veut.
Tous ne sont pas là, **la plupart** sont en vacances.

■ On peut répartir les pronoms indéfinis en deux catégories :

● **ceux qui ont un antécédent (les indéfinis représentants)** ; ils représentent un être ou une chose, un groupe d'êtres ou de choses déjà mentionnés : *aucun(e), nul(le), pas un(e), un(e), l'un(e), l'un(e) l'autre, les un(e)s les autres, certain(e)s, la plupart, plusieurs, quelqu'un(e), quelques-un(e)s, chacun(e), tout, tous, toutes, n'importe lequel (laquelle), n'importe lesquel(le)s* :

> *Parmi ces tableaux, **aucun** ne me plaît.*
> *Avez-vous lu **l'un** ou **l'autre** de ces livres ?*
> *J'ai acheté trop de fruits : emportez-en **quelques-uns**.*

● **ceux qui ne représentent aucun nom mentionné auparavant (les indéfinis nominaux)** : *personne, rien, quelqu'un(e), quelque chose, quelques-un(e)s, chacun, certains, l'autre, les autres, autrui, tel, n'importe qui, le même, les mêmes, n'importe quoi, je ne sais qui, je ne sais quoi, tout, tous, on, maint(e)(s)* :

> ***Personne** n'est venu.*
> ***Rien** ne l'intéresse.*
> ***Certains** pensent que tu devrais démissionner.*
> ***Tout** l'intéresse.*
> ***Tous** pensent que tu devrais démissionner.*
> ***Chacun** pour soi.*
> *Ce sont toujours **les mêmes** qui travaillent.*
> *Avec toi, **les autres** ont toujours raison.*
> ***Tel** est pris qui croyait prendre.*

À quoi sert le pronom indéfini ? 485

Le qualificatif « indéfini » employé à propos de ces pronoms n'est pas toujours justifié. On constate, en effet, que si certains pronoms expriment une indétermination, d'autres en revanche ont un sens très précis.

■ Le pronom indéfini a de multiples valeurs, il peut exprimer :

● **une quantité nulle** : *personne, rien, aucun, aucune, nul, nulle, pas un, pas une, ni l'un, ni l'autre* :

> ***Pas une** de mes amies n'était là. **Aucun** de mes amis n'était là.*

● **une quantité partielle ou indéfinie** : *certains, certaines, plusieurs, d'autres ; (l')un(e), l'autre ; l'un(e) ou l'autre ; l'un(e) et l'autre ; quelqu'un, quelque chose, tel, maint(e)(s)*

> ***Plusieurs** de mes amies étaient là. **Certains** de mes amis étaient là.*

• une quantité totale distributive *(chacun)* ou globale *(tout, tous, toutes)* :

    Chacune de mes amies était là. ***Tous*** *étaient là.*

• l'indétermination d'une personne ou d'une chose au moyen des locutions *je ne sais qui (quoi), je ne sais lequel (laquelle, lesquels, lesquelles), on ne sait qui (quoi), on ne sait lequel (laquelle, lesquels, lesquelles), n'importe qui (quoi, lequel, laquelle, lesquels, lesquelles)* :

    Elle a encore inventé ***je ne sais quoi.***
    N'importe qui *peut entrer sans être inquiété.*

• l'identité : *le même, la même, les mêmes* :

    Ce sont toujours ***les mêmes*** *qui gagnent.*
    C'est ***la même*** *que la dernière fois.*

• la différence d'identité : *autre, autre chose, autrui* :

    Comme dirait ***l'autre****, tout finit par s'arranger.*
    Ne fais pas à ***autrui*** *ce que tu ne voudrais pas que l'on te fasse.*

■ Le complément du pronom indéfini se charge parfois d'une valeur partitive :

    Certains ***d'entre eux*** *sont partis.*

486   Comment emploie-t-on aucun ?

• *Aucun* est pronom s'il n'est suivi d'aucun nom (1), sinon il est adjectif (2) :

    Vous avez beaucoup de modèles, mais ***aucun*** *ne me convient.* **(1)**
    Vous n'avez ***aucun*** *modèle qui me convienne.* **(2)**

Aucun avait autrefois un sens positif et signifiait *quelque*. Ce sens a été conservé dans certaines tournures :

    D'aucuns *pensent que vous devriez démissionner.*

• *Aucun* varie en genre, mais il est toujours au singulier :

    Parmi ces tableaux (affiches), ***aucun(e)*** *ne me plaît.*

487   Comment emploie-t-on certains, certaines ?

• Dans son emploi nominal, il indique que l'identité de ce dont on parle est connue de celui qui parle, mais que ce dernier ne juge pas utile de la préciser :

    Certains pensent que tu as eu tort.

• *Certains* varie en genre, mais il est toujours au pluriel :

    Parmi ces livres (affiches), ***certain(e)s*** *me plaisent beaucoup.*

Comment emploie-t-on chacun, chacune ?

• Il indique que la personne ou la chose qu'il évoque fait partie d'un groupe :
░ *Faites passer le plat.* **Chacun** *d'entre nous se servira.*

• Il peut être employé :
– comme **nominal** :
░ **Chacun** *fait ce qu'il lui plaît.*
– ou comme **représentant** :
░ **Chacun** *des convives avait apporté une rose.*

• *Chacun* varie en genre, mais il est toujours au singulier :
░ **Chacun(e)** *d'entre vous fera ce qu'il (elle) voudra.*

Comment emploie-t-on l'un(e) l'autre ?

• *Autre* est presque toujours précédé d'un déterminant. Il s'emploie souvent dans des expressions figées comme *à d'autres, comme dit l'autre...* Il s'emploie aussi comme pronom nominal pour désigner un ensemble de personnes indéterminées :
░ *Tu attends trop des* **autres**.

Autrui (forme complément de *autre*) ne se trouve plus que dans des expressions figées où il est toujours complément :
░ *le bien d'***autrui**.

• Le pronom *un(e)* est parfois précédé de l'article défini élidé *l'*, de même que le pronom *l'autre.* Cet article n'a aucune valeur de détermination, il permet simplement d'éviter le contact entre deux sons vocaliques :
░ *Donnez-moi l'**un ou l'autre**.*

Les pronoms *l'un(e), l'autre* permettent d'opposer plusieurs personnes ou plusieurs choses. Lorsque l'on oppose deux êtres ou deux choses entre elles, l'emploi de l'article défini est obligatoire devant *un* et *autre* :
░ *Elle a deux sœurs :* **l'une** *est sympathique,* **l'autre** *désagréable.*

Lorsque l'on oppose plus de deux personnes ou deux choses, *un* est précédé de l'article défini, tandis que *autre* est précédé de l'article indéfini :
░ *Tous avaient apporté un cadeau :* **l'un** *un bouquet,* **un autre** *un livre,* **un autre** *des chocolats.*

Le même type d'opposition se retrouve au pluriel : *les uns, les autres ; les uns, d'autres, d'autres...*

● *L'un* et *l'autre* varient en genre et en nombre, mais *l'autre* présente la même forme au masculin et au féminin :

L'un(e) *est gentil(le)*, **l'autre** *est méchant(e).*
Les un(e)s *sont gentil(le)s*, **les autres** *sont méchant(e)s.*

Attention !
Autrui est invariable : il est toujours au singulier.

---

490 ## Comment emploie-t-on le même, la même, les mêmes ?

Employé comme pronom, *même* est précédé de l'article défini. Il est employé :

● soit comme **nominal** au masculin pluriel ou singulier dans des expressions figées :

Ce sont toujours **les mêmes** *qui se plaignent. C'est du pareil au* **même**.

● soit comme **représentant** ; il peut alors varier en genre et en nombre, mais il présente la même forme au masculin qu'au féminin :

Il n'est plus **le même**. *Elle n'est plus* **la même**.
Tous les hommes sont **les mêmes**. *Toutes les femmes sont* **les mêmes**.

---

491 ## Comment emploie-t-on n'importe qui (quoi), n'importe le(s)quel(s), n'importe laquelle (lesquelles) ?

● *N'importe qui* et *n'importe quoi* sont employés comme pronoms nominaux :

Ne mange pas **n'importe quoi**. **N'importe qui** *peut entrer ici.*

● *N'importe le(s)quel(le)(s)*, *laquelle*, sont employés comme représentants :

Parmi ces cartes, choisissez **n'importe laquelle**.

● *N'importe qui* et *n'importe quoi* sont invariables. En revanche, dans l'expression *n'importe lequel, laquelle,* etc., *n'importe* reste invariable tandis que les pronoms *lequel, lesquels, laquelle, lesquelles* varient en genre et en nombre :

N'importe lequel (laquelle) *de mes fil(le)s aurait fait la même chose.*
N'importe lesquel(le)s *d'entre eux (elles) auraient fait la même chose.*

---

492 ## Comment emploie-t-on on ?

● *On* ne s'emploie que pour désigner des êtres humains. Il peut signifier *tout le monde, n'importe qui* :

« **On** *a souvent besoin d'un plus petit que soi.* » (La Fontaine)
On *sonne à la porte.*

- *On*, qui vient du mot *homme*, peut être précédé d'un article défini élidé :
  On ne fait pas toujours ce que l'on veut.
- *On* est invariable.

Comment emploie-t-on personne, rien ?   **493**

■ Il faut distinguer deux cas d'emploi :

- si la phrase comporte un verbe, ils sont accompagnés de la négation *ne* :
  *Il n'a **rien** fait. **Rien** n'a été fait.*
  *Il n'est venu **personne**. **Personne** n'est venu.*

- si la phrase ne comporte pas de verbe, ils s'emploient sans négation :
  *As-tu vu quelqu'un ? **Personne**.*
  *Veux-tu boire quelque chose ? **Rien**, merci.*

■ *Personne* et *rien* sont invariables ; lorsqu'ils sont sujet, le verbe se met au masculin singulier :
  Personne n'est venu. Rien n'est arrivé.

Personne et *rien* avaient autrefois un sens positif : *personne* signifiait *une personne* et *rien*, *un rien*. Ces sens sont conservés dans certaines tournures :
  *Je doute que **personne** n'ait compris. As-tu **rien** vu de plus beau ?*

Comment emploie-t-on plusieurs ?   **494**

- Il exprime la pluralité sans précision. Il exprime un nombre supérieur à un.
  ***Plusieurs** pensent que tu as eu tort.*

- *Plusieurs* a la même forme au masculin qu'au féminin, il est toujours au pluriel :
  *Parmi ces tableaux (affiches), **plusieurs** sont vendu(e)s.*

Comment emploie-t-on quelqu'un, quelqu'une ?   **495**

■ *Quelqu'un(e)* expriment l'indétermination.

- Au singulier, lorsqu'ils sont représentants, ils s'emploient surtout dans la langue littéraire pour désigner des personnes ou des choses :
  *Ces livres (revues) sont très intéressant(e)s. Achetez-en **quelqu'un(e)**.*
  *Achetez **quelques-uns** de ces livres ou **quelques-unes** de ces revues.*

● Au masculin, le pronom *quelqu'un* s'emploie comme nominal. Au singulier, il désigne une personne indéterminée :

Quelqu'un *est venu.*

● Au pluriel, il désigne également des personnes et exprime une petite quantité :

Quelques-uns *pensent que tu devrais renoncer.*

■ *Quelqu'un* varie en genre et en nombre :

Quelqu'un(e) *d'entre vous serait-il (elle) assez gentil(le) pour m'aider ?*
Quelques-un(e)s *de mes ami(e)s sont là.*

496   Comment emploie-t-on quelque chose, autre chose ?

● *Quelque chose* et *autre chose* sont des **pronoms nominaux** ; ils sont toujours employés sans antécédent :

Veux-tu boire **quelque chose** *? Désirez-vous* **autre chose** *?*

● *Quelque chose* et *autre chose* sont des pronoms neutres invariables. Lorsqu'ils sont sujet, le verbe se met au masculin singulier :

Quelque chose *m'est arrivé.* **Autre chose** *lui* **est arrivé.**

497   Comment emploie-t-on tel ?

● Pronom, *tel* est concurrencé par *un tel* ; il est surtout employé dans des expressions adverbiales ou figées :

Tel *est pris qui croyait prendre.*

Un tel désignant une personne peut s'écrire en un ou deux mots :

M. **Un tel***, M.* **Untel** *; Mme* **Une Telle***, Mme* **Unetelle***.*

● *Tel* varie en genre ; il s'emploie surtout au singulier :

Tel *ou* **tel** *vous dira le contraire.* **Telle** *ou* **telle** *vous dira le contraire.*

498   Comment emploie-t-on tout, tous ?

● Au pluriel, il s'emploie comme **pronom représentant** :

J'ai invité cinquante personnes et **toutes** *sont venues.*
J'ai invité mes amis, **tous** *sont venus.*

● Au masculin singulier ou pluriel, il s'emploie comme **pronom nominal** :

Il a **tout** *mangé. Il faut savoir donner à* **tous***.*

Attention !
Tous ne peut occuper la fonction de C.O.D. : *Je les veux tous.*
Dans cette phrase, *les* est C.O.D. du verbe *veux* et *tous* est **apposé** au C.O.D.

● Au singulier, *tout* est toujours masculin ; au pluriel, il varie en genre et en nombre :

Tout *le dérange.* **Tous** *sont venus.* **Toutes** *sont venues.*

Attention !
Placé devant un adjectif qualificatif, *tout* est adverbe, donc invariable :
Il est tout rouge.

~ **Mais...**
Elle est toute rouge.

Comment emploie-t-on un(e) ?   499

● L'adjectif numéral *un* peut être employé comme pronom :
*Voulez-vous ces trois avocats pour 10F ? Non, je n'en veux qu'**un**.*

● *Un* varie en genre, mais il est toujours au singulier :
*Combien voulez-vous d'avocats (oranges) ? Je n'en veux qu'**un(e)**.*

Quelles fonctions le pronom indéfini peut-il occuper ?   500

En tant que pronom, il peut occuper toutes les fonctions possibles du nom :
● **sujet :**
Chacun *fait ce qu'il veut.*

● **C.O.D. :**
J'ai aperçu **quelqu'un**.

● **C.O.I. :**
Je n'ai besoin de **rien**.
etc.

PLUS **Je ne sais qui peut être :**
  ● Soit une proposition principale suivie d'une proposition subordonnée interrogative indirecte :
Je ne sais pas / qui est venu.

● Soit une locution indéfinie :   501
Je ne sais qui / est venu.
La pause marquée à l'oral (après *qui* dans le second cas, après *pas* dans le premier) peut aider à les distinguer.

P RONOM INTERROGATIF

« Qui est plus aveugle que celui qui ne veut pas voir ? »

502 • Le **pronom** (➥ § 470 à § 475) **interrogatif** sert à interroger sur des êtres ou des choses déjà mentionnés :

   *De ces deux solutions, **laquelle** choisis-tu ?*

ou qui vont l'être :

   ***Laquelle** de ces deux solutions choisis-tu ?*

---

503   *Quelles sont les formes du pronom interrogatif ?*

Le pronom interrogatif présente trois séries de formes :

• **Des formes variables composées, toujours employées avec un antécédent :**

	SINGULIER	PLURIEL
MASCULIN	*lequel ?*	*lesquels ?*
FÉMININ	*laquelle ?*	*lesquelles ?*

• **Des formes invariables simples employées sans antécédent :**

	SUJET	ATTRIBUT ET COMPLÉMENTS	
		Forme atone	Forme tonique
Chose	*que (qu') ?*	*que (qu') ?*	*quoi ?*
Personne	*qui ?*	*qui ?*	

• **Des formes renforcées employées sans antécédent :**

   qui est-ce qui ? qui est-ce que ? qu'est-ce qui ? qu'est-ce que ?
   qu'est-ce que c'est que ? à (de, par, pour, ...) quoi (qui) est-ce que ?

> *Attention !*
> **Lorsqu'ils sont construits avec à et de, le pronom masculin et le pronom fémi-nin pluriel présentent des formes contractées :**
>   *auquel ? auxquels ? duquel ? desquels ? auxquelles ? desquelles ?*

---

504   *Comment le pronom interrogatif s'accorde-t-il ?*

■ Les **formes variables** du pronom interrogatif varient en genre et en nombre. Le pronom interrogatif s'accorde :

• soit **en genre** :

   *Je vous ai apporté plusieurs **livres**. **Lequel** choisissez-vous ?*

• soit en **genre et en nombre** avec le nom qu'il représente (son antécédent) :
*Je vous ai apporté plusieurs **livres**. **Lesquels** choisissez-vous ?*

■ Qu'il s'agisse des **formes simples ou renforcées,** le pronom interrogatif sans antécédent est invariable :
Qui va là ?

Qui peut désigner une ou plusieurs personnes, de sexe masculin ou féminin :
Qui est-il ? Qui est-elle ? Qui sont-ils ? Qui sont-elles ?

À quoi sert le pronom interrogatif ? `505`

Il remplace un nom précédé d'un adjectif interrogatif (➠ § 79 à § 85) :
*J'ai apporté plusieurs **livres**. **Lequel** choisissez-vous ? (lequel = quel livre ?)*

Comment emploie-t-on le pronom interrogatif ? `506`

Le pronom interrogatif peut être employé :

• **dans une proposition indépendante interrogative :**
Qui sont-ils ? À quoi penses-tu ?

• **dans une proposition subordonnée interrogative indirecte :**
*Dites-moi **qui** vous êtes. Dis-moi à **quoi** tu penses.*

Attention !
Dans une proposition subordonnée interrogative, les pronoms neutres que, qu'est-ce que, qu'est-ce qui, deviennent *ce que* **ou** *ce qui* **:**
*Que fais-tu ? Qu'est-ce que tu fais ? Dis-moi ce que tu fais.
Qu'est-ce qui t'intéresse ? Dis-moi ce qui t'intéresse.*

Quelles fonctions le pronom interrogatif peut-il occuper ? `507`

■ En tant que pronom, il peut **occuper toutes les fonctions possibles du nom,** qu'il soit en proposition indépendante ou subordonnée :
*Qui a fait cela ? (sujet) Dites-moi qui a fait cela.
Lequel voulez-vous ? (C.O.D.) Dites-moi lequel vous voulez.
De quoi parliez-vous ? (C.O.I.) Dites-moi de quoi vous parliez.*

■ Il peut être suivi d'un complément et prend alors une **nuance partitive :**
Laquelle d'entre vous vient avec moi ?

■ *Qui* **est généralement sujet, mais il peut être :**

• **attribut du sujet :**

   *Qui est-elle ? Dis-moi **qui** elle est.*

• **C.O.D. :**

   *Qui fréquentes-tu ? Dis-moi **qui** tu fréquentes.*

• **C.O.I. :**

   *À **qui** voulez-vous parler ?*

■ *Que* **est généralement C.O.D., mais il peut être :**

• **attribut du sujet :**

   *Que deviennent-ils ? Dis-moi **ce qu'ils** deviennent.*

• **sujet réel :**

   *Que vous faut-il ? Dis-moi **ce qu'il** vous faut.*

■ *Qui est-ce qui, qu'est-ce qui, ce qui* **sont toujours sujets :**

   *Qui est-ce qui t'accompagne ? **Qu'est-ce qui** t'arrive ? Dis-moi **ce qui** t'arrive.*

■ *Qui est-ce que* **est toujours C.O.D. :**

   Qui est-ce que tu fréquentes ?

■ *Qu'est-ce que, ce que* **sont toujours C.O.D. ou attributs :**

   Qu'est-ce que tu veux ? **(C.O.D.)**
   *Dis-moi **ce que** tu veux.* **(C.O.D.)**
   Qu'est-ce que tu deviens ? **(attribut du sujet)**
   *Dis-moi **ce que** tu deviens.* **(attribut du sujet)**

P RONOM PERSONNEL

« Il faut se conduire avec ses amis
comme on voudrait les voir se conduire avec soi. »

508 ■ Les **pronoms** (➡ § 470 à § 475) **personnels** désignent des personnes ou des choses. Il jouent deux rôles essentiels :

• Ils remplacent un nom ou un groupe nominal déjà exprimé et permettent d'en éviter la répétition :

   *J'ai vu **ta sœur**, ce matin. **Elle** était en pleine forme.*

- Il marquent la personne grammaticale :
  – la **première personne** *(je, nous)* représente celui ou ceux qui parlent :
    ▢ *J'ai vu ta sœur.* ***Nous*** *avons vu ta sœur.*
  – la **deuxième personne** *(tu, vous)* représente celui ou ceux à qui l'on parle :
    ▢ ***Tu*** *viens ?* ***Vous*** *venez ?*
  – la **troisième personne** *(il(s), elle(s))* représente l'être ou la chose, les êtres ou les choses dont on parle :
    ▢ ***Elle*** *était en pleine forme.*
    ▢ *On m'a offert des chocolats :* ***ils*** *sont délicieux.*

Quelles sont les formes du pronom personnel ? `509`

Le pronom personnel présente deux séries de formes :

- **Des formes conjointes,** employées soit immédiatement devant le verbe, soit immédiatement après. Ces formes du pronom personnel varient selon le ou les personnes évoquées et selon la fonction qu'il occupe.

  ▢ *Pierre parle.* → ***Il*** *parle.*
  ▢ *Je parle à Pierre.* → *Je* ***lui*** *parle.*
  ▢ *Je comprends* ***Pierre.*** → *Je* ***le*** *comprends.*
  ▢ *Je comprends* ***Marie.*** → *Je* ***la*** *comprends.*

PERSONNE	FONCTION		
	SUJET	**C.O.D.**	**C.O.I.**
1ère pers. (masc. ou fém.)	**je** *je parle*	**me** *il me regarde*	**me** *il me parle*
2e pers. (masc. ou fém.)	**tu** *tu parles*	**te** *il te regarde*	**te** *il te parle*
3e pers. (masc. ou fém.)	**on** *on parle*	**en** *il en mange*	**lui, en, y** *il lui parle* *il en parle* *il y pense*
3e pers. (masc.)	**il** *il parle*	**le** *il le regarde*	
3e pers. (fém.)	**elle** *elle parle*	**la** *il la regarde*	

1ère pers. (masc. ou fém.)	nous nous parlons	nous il nous regarde	nous il nous parle
2e pers. (masc. ou fém.)	vous vous parlez	vous il vous regarde	vous il vous parle
3e pers. (masc. ou fém.)		les il les regarde en il en mange	leur, en, y il leur parle il en parle il y pense
3e pers. (masc.)	ils ils parlent		
3e pers. (fém.)	elles elles parlent		

● **Des formes disjointes** (séparées du verbe) employées lorsqu'on veut insister sur la personne. L'emploi de ces formes est obligatoire après une préposition :
Moi seule le comprends. Viens avec moi.

PERSONNE	FORMES DISJOINTES
1ère pers. (masc. ou fém.)	moi *Moi, ça m'est égal.*
2e pers. (masc. ou fém.)	toi *Toi, tu es tranquille.*
3e pers. (masc. ou fém.) 3e pers. (masculin)	lui *Lui, il est tranquille.*
3e pers. (féminin)	elle *Elle, elle est est tranquille.*
3e pers. (neutre)	soi *Chacun pense à soi.*
1ère pers. (masc. ou fém.)	nous *Venez avec nous.*
2e pers. (masc. ou fém.)	vous *Vous, soyez à l'heure !*
3e pers. (masc. ou fém.)	leur *Dis-leur.*
3e pers. (masculin)	eux *Pars sans eux.*
3e pers. (féminin)	elles *Pars sans elles.*

Comment les formes du pronom personnel varient-elles ?

Les formes des pronoms personnels varient :

■ **Selon la personne et le nombre :**

• **la première personne du singulier** *(je)* représente celui qui parle (locuteur) ou qui écrit (scripteur) :

Je pars.

• **la première personne du pluriel** *(nous)* représente un ensemble de personnes dont celui qui parle fait partie :

Nous partons.

Nous peut désigner : *toi et moi, lui et moi, eux et moi.*

Attention !
Nous peut désigner une seule personne ; c'est ce qu'on appelle le pluriel de majesté ou de modestie. Dans cet emploi, l'épithète ou l'attribut se met au singulier et prend le genre de la personne représentée :
Nous nous sommes efforcée d'être claire.

• **la deuxième personne du singulier** *(tu)* représente celui à qui l'on parle (interlocuteur) ou à qui l'on écrit (lecteur) :

Tu pars ?

• **la deuxième personne du pluriel** *(vous)* représente un ensemble de personnes à qui l'on parle :

Vous partez demain ?

Vous peut désigner : *toi et toi, toi et lui, toi et eux.*

Attention !
Vous ne peut désigner qu'un seul interlocuteur que l'on vouvoie ; c'est ce que l'on appelle le pluriel de politesse. Dans cet emploi, l'épithète ou l'attribut se met au singulier et prend le genre de la personne représentée :
Pierre, vous êtes renvoyé !

• **la troisième personne** *(il(s), elle(s))* représente un être ou une chose (3e personne du singulier), des êtres ou des choses (3e personne du pluriel) dont on parle :

Il part. J'ai mangé tous les chocolats : ils étaient délicieux.

Attention !
Dans une construction impersonnelle, le pronom *il* ne remplace rien ni personne ; il est sujet apparent (ou grammatical) du verbe :
Il pleut.

■ **Selon la fonction :**

• le pronom change de forme selon qu'il est **sujet** ou **complément** :

– première personne :

  Je parle. ⇝ *On **me** parle.*

– deuxième personne :

  Tu parles. ⇝ *On **te** parle.*

– troisième personne :

  Il (elle) parle. ⇝ *On **lui** parle.*
  Ils (elles) parlent. ⇝ *On **leur** parle.*

Attention !
Cette distinction n'est pas marquée pour *nous* et *vous* :
  Nous parlons. ⇝ *On **nous** parle.*   *Vous parlez.* ⇝ *On **vous** parle.*

• à la troisième personne, le pronom change aussi de forme selon qu'il est C.O.D. ou C.O.I. :

  *Je parle à **Pierre** (ou **Marie**).* ⇝ *Je **lui** parle.*
  *Je vois **Pierre**.* ⇝ *Je **le** vois.*
  *Je vois **Marie**.* ⇝ *Je **la** vois.*

■ **Selon la place ;** on distingue, sauf à la première et à la deuxième personne du pluriel, les formes conjointes (phrase 1) des formes disjointes (phrase 2) :

  *Je **le** comprends.* **(1)**
  ***Moi** seule le comprends.* **(2)**

〜 *Mais...*
  ***Nous** le comprenons. **Nous** seules le comprenons. Viens avec **moi**.*
  et non pas : **Viens avec **je**.*

〜 *Mais...*
  *Venez avec **nous**.*

■ **Selon que le pronom complément à la troisième personne renvoie ou non au même être que le sujet ;** il est alors **réfléchi** :

  *Pierre lave **son chien**.* ⇝ *Il **le** lave.*   *Pierre **se** lave.* ⇝ *Pierre lave **Pierre**.*

Attention !
Il existe une forme disjointe du pronom réfléchi : *soi*. Cette forme s'emploie lorsque le sujet est indéfini ou absent :
  *Chacun pense à **soi**. Penser à **soi** n'est pas égoïste.*

■ **Selon le genre, à la troisième personne seulement :**

• *il, elle* en fonction de sujet :

  Pierre part. ⇝ *Il part.*   *Marie part.* ⇝ *Elle part.*

- *le, la* en fonction de C.O.D. :

  Je vois **Pierre**. → Je **le** vois.
  Je vois **Marie**. → Je **la** vois.

- *lui, elle* comme formes disjointes :

  Je pars avec **Pierre**. → Je pars avec **lui**.
  Je pars avec **Marie**. → Je pars avec **elle**.

Quelles fonctions et quelles places les formes conjointes du pronom personnel peuvent-elles occuper ?

511

■ Le pronom personnel **sujet** se place soit :

- **immédiatement avant le verbe :**

  Je pars, **tu** pars, **elle** part...

Il peut néanmoins être séparé du verbe par un autre pronom en fonction de complément ou d'attribut, ainsi que par la négation *ne* :

  Je vois Pierre. → **Je** le vois.
  Il est intelligent. → **Il** l'est.
  Je ne pars pas.

> *Attention !*
> **Je s'élide devant une voyelle, un *h* muet, *en* et *y* :**
> J'apprécie. J'hésite. J'en viens. J'y vais.

- **immédiatement après le verbe.**

C'est le cas dans les phrases interrogatives, dans les propositions incises, dans certaines phrases exclamatives et dans tous les autres cas où l'inversion du sujet se pratique. Le pronom est alors séparé du verbe par un trait d'union :

  Pars-**tu** ? Je pars, dit-**il**. Est-**il** bête ! Peut-être viendra-t-**il**.

> *Attention !*
> **Si le verbe est à un temps composé, le pronom sujet s'intercale entre l'auxiliaire et le participe passé :** Est-il parti ? As-tu vu sa nouvelle voiture ?

■ Le pronom personnel **C.O.D.** (1) ou **C.O.I.** (2) se place devant le verbe :

  Je vois Pierre. → Je **le** vois. **(1)**
  Je parle à Pierre. → Je **lui** parle. **(2)**

> *Attention !*
> **Lorsque le verbe est à l'impératif, le pronom personnel complément se place après le verbe, sauf lorsqu'on utilise la forme négative ; dans ce cas, il se place avant le verbe :**
> Prends-**le**. → Ne **le** prends pas.   Parle-**lui**. → Ne **lui** parle pas.

■ Lorsque le verbe est complété par deux pronoms de troisième personne, l'un C.O.D., l'autre C.O.S., ces pronoms se placent devant le verbe selon l'ordre C.O.D. *(le(s), la)*-C.O.S. *(lui, leur)* :

> *Je donne mon vélo à Pierre.* → *Je le lui donne.*
> *Rends son vélo à Pierre.* → *Rends-le-lui.*

■ Lorsque le verbe est complété par deux pronoms de personne différente (1ère pers. + 3e pers. ; 2e pers. + 3e pers.), l'un C.O.D., l'autre C.O.S., ces pronoms se placent devant le verbe selon l'ordre C.O.S.-C.O.D. :

> *Je te le donne. (te* : C.O.S. ; *le* : C.O.D.*)*

■ Lorsque le pronom est sujet d'un infinitif dans une proposition infinitive après des verbes comme *entendre, faire, laisser, regarder, sentir, voir,* il se place devant le verbe de la principale :

> *J'entends / les oiseaux chanter.* → *Je les entends chanter.*
> *Je regarde / partir Pierre.* → *Je le regarde partir.*

■ Lorsque le pronom est complément d'un infinitif, lui-même C.O.D. d'un verbe conjugué, il se place devant l'infinitif :

> *Je veux voir tes parents.* → *Je veux les voir.*

Attention !
À l'impératif, le pronom se met après le verbe conjugué :
> *Je le regarde partir.* → *Regarde-le partir.*

～ *Mais...*
À la forme négative, il se place devant : *Ne le regarde pas partir.*

| 512 | *Comment emploie-t-on le pronom* on *?* |

On est invariable et ne s'emploie que pour désigner des êtres humains. Il occupe toujours la fonction de sujet. Il peut signifier :

● **tout le monde, n'importe qui :**
> « *On a souvent besoin d'un plus petit que soi.* » (LA FONTAINE)

● **quelqu'un :**
> *On sonne à la porte.*

● **nous :**
> *On y va.*

● **tu, vous :**
> *Alors, on nous quitte, on déménage.*

Comment emploie-t-on les pronoms adverbiaux en et y ?   `513`

■ *En* et *y* sont invariables ; ils sont appelés **pronoms adverbiaux** ou **adverbes pronominaux** parce qu'ils sont à la fois proches des emplois d'un pronom et de ceux d'un adverbe :

> *Elle aime beaucoup **son jardin** : elle **en** prend grand soin.* (en représente le G.N. prépositionnel « de son jardin »)
> *Viens-tu de **là-bas** ! Oui, j'**en** viens.* (en représente l'adverbe « là-bas »)

■ **Le pronom *en* peut occuper les fonctions suivantes :**

● **C.O.D.** ; il remplace alors un nom précédé de l'article *un, des,* ou *du* :

> *J'ai vu **des Indiens**.* → *J'**en** ai vu.*   *J'ai bu **du lait**.* → *J'**en** ai bu.*

> *Attention !*
> **Lorsque le C.O.D. est déterminé par un adjectif marquant la quantité *(un, deux, plusieurs...)*, cet adjectif est repris sous forme de pronom à la fin de la phrase :**
> *J'ai rencontré **plusieurs** Japonais.* → *J'**en** ai rencontré **plusieurs**.*
> *J'ai feuilleté **quelques** magazines.* → *J'**en** ai feuilleté **quelques-uns**.*

● **C.O.I.** de verbes se construisant avec la préposition *de* : *dire de, se douter de, parler de...* :

> *Il parle toujours **de ses vacances**.* → *Il **en** parle toujours.*
> *Je me doutais **de sa réaction**.* → *Je m'**en** doutais.*

> *Attention !*
> **Dans un registre de langue soutenu, on ne doit pas utiliser *en* pour remplacer un animé ; cependant, l'usage tend à généraliser cet emploi :**
> *Il parle souvent de ses amis.* → *Il **en** parle souvent.*
> **On devrait dire :** *Il parle souvent **d'eux**.*

● **C.C. de lieu** avec des verbes indiquant la provenance *(sortir, venir de...)* :

> *Je sors **de la réunion**.* → *J'**en** sors.*

■ **Le pronom *y* peut avoir les fonctions suivantes :**

● **C.O.I.** de verbes se construisant avec la préposition *à (penser à, participer à, tenir à...)* :

> *Il tient **à ce projet**.* → *Il **y** tient.*
> *Je participerai **à ce tournoi**.* → *J'**y** participerai.*

> *Attention !*
> **Dans un registre de langue soutenu, on ne doit pas utiliser *y* pour remplacer un animé ; cependant, l'usage tend à généraliser cet emploi :**
> *Je pense souvent **à mon grand-père**.* → *J'**y** pense souvent.*
> **On devrait dire :** *Je pense souvent **à lui**.*

● **C.C. de lieu** de verbes indiquant la direction *(aller à, partir à (pour), se rendre à...)* :

    *Je pars à **New York**.* → *J'y pars.*
    *Je me rends à **Limoges**.* → *Je m'y rends.*

514   *Quand emploie-t-on les formes disjointes du pronom personnel ?*

On emploie les formes disjointes du pronom personnel lorsque ce dernier est séparé du verbe par un élément quelconque (préposition, virgule, c'est... que, etc.) ou lorsqu'on veut reprendre ou remplacer une forme conjointe.

■ **On emploie les formes disjointes du pronom personnel en fonction de sujet :**

● lorsque le pronom est séparé du verbe par autre chose qu'un autre pronom ou la négation *ne* (adjectif qualificatif, proposition relative) :

    Moi seule *le comprends.*
    Lui qui croyait avoir réussi, *il va être déçu.*

● pour opposer le pronom à un autre terme de la phrase :

    Sa femme *partit,* **lui** *resta.*

● lorsque le pronom est coordonné à un autre sujet :

    Mon frère *et* **moi** *sommes jumeaux.*

● pour reprendre avec insistance une forme conjointe du pronom sujet :

    Moi, je *l'aurais fait.*

● dans une proposition où le verbe est omis ou sous-entendu :

    Qui est là ? **Moi.** *(= je suis là)*

● lorsque le pronom est sujet d'un participe ou d'un infinitif :

    Moi *parti, vous serez tranquilles.*
    Moi *jurer ? Jamais.*

● lorsque le pronom est encadré par la locution *c'est... qui* :

    C'est lui qui *l'a dit.*

■ **On emploie les formes disjointes du pronom en fonction de C.O.D. :**

● pour renforcer un autre pronom complément de forme conjointe :

    Je **le** *connais,* **lui.**

● dans une proposition où le verbe est omis ou sous-entendu :

    Qui dois-je remercier ? **Lui.**

- lorsque le pronom est encadré par la locution *c'est... que* :

  C'est toi que *je veux voir.*

- lorsque le verbe est accompagné de la locution *ne... que* :

  Je **ne** *crois* **que** *lui.*

- après un verbe à l'impératif :

  *Attends-**moi**.*

  *Sauve-**toi**.*

■ **On emploie les formes disjointes du pronom en fonction de complément après une préposition :**

- avec une autre préposition que *à* ou *de* :

  Pars **sans** *moi.*

  Pars **avec** *lui.*

- avec la préposition *à* lorsque le pronom est C.O.I.

Les critères d'emploi sont les mêmes que pour le pronom en fonction de C.O.D. :

  *Tu as osé lui dire cela, **à lui** !* (reprise)

  *À qui doit-il s'adresser ? **À moi**.* (verbe sous-entendu)

  *C'est **à toi** que je parle. (c'est... que)*

  *Je ne pense qu'**à toi**. (ne... que)*

De plus, certains verbes comme *penser, prendre garde, avoir affaire, recourir...* n'admettent que les formes disjointes comme objets indirects :

  Je pense à Pierre. → *Je pense à **lui**.*

On ne peut pas dire :

  *Je lui pense.

> *Attention !*
> À l'impératif, le pronom C.O.I. est employé sans la préposition à : *Parle-**moi**.*
> Rien ne le distingue du pronom C.O.D. : *Attends-**moi**.*

- avec la préposition *de* lorsque le pronom est C.O.I.

Les critères d'emploi sont les mêmes que pour le pronom en fonction de C.O.D. :

  *On en parle, **de toi** !* (reprise)

  *De qui vient cette lettre ? **De moi**.* (verbe sous-entendu)

  *C'est **de lui** qu'il s'agit. (c'est... que)*

  *On ne parle que **de lui**. (ne... que)*

■ Les formes disjointes peuvent être renforcées par *même, autre, seul, pour, quant à*, ou par un numéral pour marquer l'insistance :

  toi seul ; moi-même ; vous autres ; nous cinq ; quant à eux.

257

515

Quelles sont les formes et les emplois du pronom personnel réfléchi ?

■ Les formes du pronom personnel réfléchi sont les suivantes :

	PRONOM PERSONNEL	PRONOM RÉFLÉCHI
SINGULIER	1ère pers. (masc. ou fém.) 2e pers. (masc. ou fém.) 3e pers. (masc. ou fém.)	*me* *te* *se (soi)*
PLURIEL	1ère pers. (masc. ou fém.) 2e pers. (masc. ou fém.) 3e pers. (masc. ou fém.)	*nous* *vous* *se (soi)*

Attention !
- *Se*, forme conjointe, s'emploie en fonction de C.O.D. (phrases 1 et 2) et de C.O.I. (phrase 3) :
   Elle se regarde dans la glace. **(1)**
   Ils se sont regardés. **(2)**
   Ils se sont souri. **(3)**
- *Soi*, forme disjointe, s'emploie en fonction de complément prépositionnel :
   Chacun pense à soi.

■ Le pronom personnel réfléchi désigne la même personne (/chose) que le sujet du verbe. C'est pourquoi il sert à la formation des verbes pronominaux.

516

Comment se fait l'accord avec les pronoms personnels ?

■ L'attribut s'accorde en genre et en nombre avec le pronom personnel selon le nom que celui-ci remplace :

   Je suis déçu(e). Il (Elle) est déçu(e).
   Ils sont déçus. Elles sont déçues.

■ Avec le *vous* de politesse et le *nous* de modestie, l'attribut ou l'épithète s'accorde en genre avec le pronom selon le nom que celui-ci remplace :

   *Pierre, **vous** êtes renvoyé. Marie, **vous** êtes renvoyée.*
   Nous nous sommes efforcée d'être claire. (c'est une femme qui parle)

■ Aux temps composés :
- lorsque le verbe est conjugué avec l'auxiliaire *avoir*, le participe passé s'accorde en genre et en nombre avec le pronom personnel C.O.D. :

   *Ils sont arrivés, vous **les** avez vus ?*

- lorsque le verbe conjugué avec l'auxiliaire *avoir* a pour C.O.D. le pronom *en*, la règle veut qu'on laisse invariable le participe passé :

> *J'ai mangé des fraises.* → *J'**en** ai mangé.*
> *Des lettres, si tu savais combien il m'**en** a écrit !*

Néanmoins, l'usage est très indécis et l'accord en genre et en nombre avec le nom remplacé a souvent lieu :

> *J'ai mangé des fraises.* → *J'**en** ai mangées.*
> *Des lettres, si tu savais combien il m'**en** a écrites !*

- lorsque le verbe conjugué avec l'auxiliaire *avoir* a pour C.O.D. le pronom neutre *le*, le participe passé reste invariable :

> *Elle est plus courageuse que je ne l'aurais pensé.*

En effet, le pronom *le* ne remplace pas *elle*, mais la proposition toute entière.

- le participe passé conjugué avec l'auxiliaire *être* dans une forme verbale ayant pour sujet *on*, se met généralement au masculin singulier :

> *On est décidé à ne rien faire.*

Néanmoins on admettra que le participe passé prenne la marque du genre et du nombre quand *on* signifie *nous* et qu'il désigne une ou plusieurs personnes :

> *Mes **parents** et **moi**, on est décidés à ne rien faire.*
> *On est restées bonnes amies, **Marie** et **moi**.*

■ Quand les noms représentés sont de genre différent, on emploie *ils* :

> *Mon **père** et ma **mère** sont arrivés ; **ils** resteront jusqu'à jeudi.*

P RONOM POSSESSIF

« Le mien vaut mieux que le nôtre. »

■ Le **pronom** (→ § 470 à § 475) **possessif** remplace un nom ou un groupe nominal précédé d'un adjectif possessif : 517

> *C'est mon vélo, c'est **le mien**.*

■ Il donne, à propos de l'être ou de la chose qu'il remplace, une indication de personne et de possession, c'est-à-dire qu'il précise à qui « appartient » l'être ou la chose qu'il représente :

> *Vous avez votre vélo, j'ai **le mien**.*
> *Vous avez votre vélo, j'ai **le sien**.*

518 *Quelles sont les formes du pronom possessif ?*

Le pronom possessif est constitué des formes toniques de l'adjectif possessif *(mien, tien, sien...)* précédées de l'article défini *(le, la, les)* :

		SINGULIER		PLURIEL	
		MASCULIN	FÉMININ	MASCULIN	FÉMININ
un possesseur	1ère pers.	le mien	la mienne	les miens	les miennes
	2e pers.	le tien	la tienne	les tiens	les tiennes
	3e pers.	le sien	la sienne	les siens	les siennes
plusieurs possesseurs	1ère pers.	le nôtre	la nôtre	les nôtres	
	2e pers.	le vôtre	la vôtre	les vôtres	
	3e pers.	le leur	la leur	les leurs	

Attention !
● Précédé de la préposition *à* ou *de*, le pronom possessif présente des formes contractées : *au mien, du mien ; aux nôtres, des nôtres.*
● À la différence des formes atones de l'adjectif possessif, *nôtre(s)* et *vôtre(s)* prennent un accent circonflexe comme les formes toniques de l'adjectif possessif.

519 *Comment s'accorde le pronom possessif ?*

■ Le pronom possessif varie en genre, en nombre et en personne. Il prend :

● soit le genre et le nombre de son antécédent :

   *Prenez mes **livres** et donnez-moi **les siens**.*

● soit uniquement le genre de son antécédent :

   *Prenez mes **livres** et donnez-moi **le sien**.*

■ Le pronom possessif s'accorde en personne avec le possesseur ; le choix de la personne dépend de celui qui possède l'être ou la chose dont on parle :

   *Ce livre **m'**appartient : c'est **le mien**. Ce livre **t'**appartient : c'est **le tien**.*
   *Ce livre **lui** appartient : c'est **le sien**.*

À quoi sert le pronom possessif ?

520

■ Le pronom possessif remplace un nom précédé d'un adjectif possessif (➥ § 98 à § 103) atone :

*Je vais d'abord laver mes **affaires**, puis je laverai **les tiennes**. (= tes affaires)*

■ Il indique que le nom qu'il remplace (objet possédé) est en relation avec :

• celle(s), celui, ceux qui parle(nt) = la première personne :

*C'est mon livre, c'est **le mien**.*

• celle(s), celui, ceux à qui l'on parle = la deuxième personne :

*C'est ton livre, c'est **le tien**.*

• celle(s), celui, ceux dont on parle = la troisième personne :

*C'est son livre, c'est **le sien**.*

Comment emploie-t-on le pronom possessif ?

521

• De même que le pronom possessif peut ne prendre que le genre de son antécédent sans en prendre le nombre, de même il n'est pas obligatoire que le pronom possessif soit à la même personne que l'adjectif possessif qui détermine son antécédent :

*J'ai pris **mon** pull et **le tien**.*

mon : adj. possessif de la 1ère personne ; *le tien* : pr. possessif de la 2e personne.

• Il arrive que le pronom possessif soit employé avec la valeur d'un nom ; dans ce cas, il n'a pas d'antécédent :

*Les **miens** passent avant tout.*
*Les **nôtres** ont remporté le match.*
*À la **vôtre** !*
*Si tu n'y mets pas **du tien**, tu n'y arriveras jamais.*
*Il a encore fait **des siennes**.*

Quelles fonctions peut-il occuper ?

522

En tant que pronom, il peut occuper toutes les fonctions possibles du **nom** :

*Ses parents sont sévères, alors que **les tiens** sont indulgents.* **(sujet)**
*Prends mes affaires et donne-moi **les tiennes**.* **(C.O.D.)**
*Comme j'avais oublié mes patins, je me suis servi **des tiens**.* **(C.O.I.)**
*Mets ta main **dans la mienne**.* **(C.C.)**

523 **Il ne faut pas confondre...**

• *les leurs* (pronom possessif) et *les*
+ *leur* (pronoms personnels) :
Pronom possessif pluriel de la 3ᵉ personne,
les leurs s'écrit avec un *s* :
*Mes parents ont oublié leurs clefs. Je suis
sûre que celles-ci sont les leurs.*

• Pronom personnel, *leur* est toujours
invariable, même précédé du pronom
personnel *les* :
*As-tu rendu leurs clefs aux voisins ? Oui,
je les leur ai rendues.*

les remplace le nom *clefs, leur* remplace
le nom *voisins.*

• Le pronom possessif peut être remplacé
par son antécédent précédé de l'adjectif
possessif :
Je suis sûre que celles-ci sont leurs clefs.
Cette substitution n'est pas possible dans
le second exemple :
*Oui, je leurs clefs ai rendues.

PRONOM RELATIF

« Pierre qui roule n'amasse pas mousse. »

524 Le **pronom** (➧ § 470 à § 475) **relatif** sert à rattacher une proposition subordonnée à un nom ou un pronom qui appartient à une proposition qui précède :
▦ *Il a cassé le **vase / qui** était sur la table.*

525 *Quelles sont les formes du pronom relatif ?*

Le pronom relatif présente deux séries de formes :

• **des formes simples invariables :**
▦ *qui, que, quoi, dont, où.*

• **des formes composées variables en genre et en nombre :**

	SINGULIER	PLURIEL
MASCULIN	*lequel*	*lesquels*
FÉMININ	*laquelle*	*lesquelles*

Attention !
Construits avec les prépositions *à* et *de*, le pronom relatif masculin et le pronom relatif féminin pluriel présentent des formes contractées :
auquel, auxquels, auxquelles ; duquel, desquels, desquelles.

~ *Mais...*
à laquelle, de laquelle.

• **des formes composées invariables (pronoms relatifs indéfinis) :**
quiconque, qui (quoi) que, qui (quoi) que ce soit qui (que).

À quoi sert le pronom relatif ?   526

Le pronom relatif joue deux rôles dans une phrase.

■ Comme tous les pronoms, il remplace un nom précédé d'un adjectif relatif :
*Je suis venue avec un **ami qui** habite près de chez moi. (qui = lequel ami)*

Attention !
L'adjectif relatif (*lequel, laquelle, lesquel(le)s, auquel(le), auxquel(le)s... duquel, desquel(le)s*) n'est presque plus employé ; on le rencontre essentiellement dans la langue administrative ou judiciaire et dans l'expression : *auquel cas*.

Le nom remplacé occupe presque toujours, au sein de la principale, une fonction différente de celle du pronom relatif qui le représente dans la subordonnée :
*Je suis venue avec un **ami** / **qui** habite près de chez moi.*

L'antécédent occupe la fonction de complément circonstanciel du verbe de la principale, alors que le pronom relatif occupe la fonction de sujet du verbe de la subordonnée.

■ Comme les conjonctions de subordination, il introduit une proposition subordonnée appelée proposition subordonnée relative (➧ § 628 à § 637) :
*Je suis venue avec un ami / **qui habite près de chez moi**.*

Quels sont les mots ou groupes de mots que peut remplacer le pronom relatif ?   527

■ Le mot ou groupe de mots remplacé par le pronom relatif est appelé **antécédent**. Le pronom relatif remplace la plupart du temps :

• **un nom ou un groupe nominal :**
*J'ai cassé **le vase qui** était sur la table.*

■ Néanmoins il peut remplacer :

● **un pronom, la plupart du temps un pronom personnel ou démonstratif :**

C'est **elle qui** a trouvé la fève.

On élira reine **celle qui** trouvera la fève.

● **un adverbe de lieu :**

Asseyez-vous **là où** vous êtes le mieux.

● **une proposition :**

Nous irons au cinéma, après **quoi** nous irons dîner.

528

Quelle place le pronom relatif occupe-t-il par rapport à son antécédent ?

● En général, le pronom relatif **doit suivre immédiatement son antécédent** :

J'ai vu chez un brocanteur un **meuble qui** était très beau.

*J'ai vu un **meuble** chez un brocanteur **qui** était très beau.

● Il arrive que le pronom relatif soit séparé de son antécédent par une épithète, un complément du nom ou un pronom :

J'ai lu un **livre d'aventures qui** m'a passionné.

Je **l'**ai entendu **qui** pleurait.

● De même dans la langue littéraire :

« C'est un **merle**, chanteur crédule,
Ignorant du calendrier,
Qui rêve soleil et module
L'hymne d'avril en février. »   (Théophile GAUTIER)

529

Quelle place le pronom relatif occupe-t-il dans la proposition subordonnée relative ?

■ Le pronom relatif est le premier mot de la proposition subordonnée relative :

Je connais l'homme / **dont** tu parles.

■ Il arrive que le pronom relatif soit précédé :

● d'une préposition ou d'une locution prépositive :

Je connais l'homme / **à qui** tu as parlé.

● d'un nom dont il est le complément :

Je connais l'homme / **aux côtés duquel** elle se tient.

Comment emploie-t-on le pronom relatif ?

■ *Qui, que (qu'), quoi* :
Qui et *que* peuvent avoir pour antécédent une personne ou une chose :

> Le **livre qui** est sur la table m'appartient.
> L'**homme qui** arrive est mon père.

〜 *Mais...*
La distinction chose/personne doit être faite lorsque le pronom relatif est précédé d'une préposition :
• Si l'antécédent désigne une personne, on doit employer **qui** :
> Voici les **gens** à **qui** j'ai vendu ma maison.

• Si l'antécédent désigne une chose, on doit employer **quoi** ou les formes composées du pronom relatif :
> Regarde **ce** à **quoi** j'ai échappé.
> La **solution** à **laquelle** je pense est la meilleure.

■ *Dont* :
Dont, qui signifie *de qui, de quoi, duquel*, etc., s'emploie plus souvent que le pronom relatif précédé de la préposition *de*.

On dira :

> L'**homme dont** je t'ai parlé habite à côté.
> Je ne sais plus **ce dont** il a parlé.
> La **château dont** on aperçoit les tours est hanté.

plutôt que :

> L'**homme de qui** je t'ai parlé habite à côté.
> Je ne sais plus **ce de quoi** il a parlé.
> La **château duquel** on aperçoit les tours est hanté.

〜 *Mais...*
On emploie *de qui* **ou les formes composées du pronom relatif quand le pronom relatif est complément d'un nom lui-même précédé d'une préposition :**
> La maison **sur le toit de laquelle** on voit une girouette est la mienne.
Le pronom relatif *de laquelle* est complément du nom *toit* qui est précédé de la préposition *sur*.

■ *Où* :
Où ne peut avoir pour antécédent qu'une chose :

> À l'**époque où** nous vivons. La **maison où** j'habite.

■ *Quiconque* :
Il ne se rapporte à aucun antécédent. Il signifie *celui, quel qu'il soit, qui* :

> **Quiconque** franchira cette porte sera le bienvenu.

Attention !
Quand *quiconque* fait référence à une personne du genre féminin, l'adjectif qui s'y rapporte se met aussi au féminin :
*Quiconque d'entre elles sera assez **courageuse** pour lui parler aura à s'en repentir.*

531 ## Quelles fonctions le pronom relatif peut-il occuper dans la phrase ?

Le pronom relatif a diverses fonctions dans la phrase ; il change de forme selon sa fonction :

• comme sujet du verbe de la subordonnée relative, il se présente sous la forme *qui, quiconque* :

*Je suis venue avec un ami **qui** habite près de chez moi.*
***Quiconque** franchira cette porte sera le bienvenu.*

• comme C.O.D. du verbe de la subordonnée relative, il se présente sous la forme *que* :

*J'aime beaucoup le disque **que** tu m'as offert.*

• comme C.O.I. du verbe de la subordonnée relative, il se présente sous la forme *quoi*, toujours précédée d'une préposition :

*Regarde ce **à quoi** j'ai échappé.*

• comme complément du nom (phrase 1), C.O.I. du verbe de la subordonnée relative (phrase 2), complément de l'adjectif (phrase 3) ou complément d'agent (phrase 4), il se présente sous la forme ***dont*** :

*La maison / **dont** tu aperçois le toit / appartient à mon père.* **(1)**
*(Tu aperçois le toit **d'une maison**. Cette maison appartient à mon père.)*

*L'homme / **dont** je t'ai parlé / est arrivé.* **(2)**
*(Je t'ai parlé **d'un homme**. Cet homme est arrivé.)*

*Elle m'a présenté l'homme / **dont** elle est amoureuse.* **(3)**
*(Elle est amoureuse **d'un homme**. Elle me l'a présenté.)*

*Elle m'a présenté l'homme / **dont** elle est aimée.* **(4)**
*(Elle est aimée **d'un homme**. Elle me l'a présenté.)*

• comme C.C. de lieu ou de temps, il se présente sous la forme *où* :

*La ville **où** j'habite est une ville médiévale.*

Attention !
Le pronom relatif occupe presque toujours une fonction différente de celle de son antécédent.

PRONOMINAL (VERBE)

« Les jours se suivent, mais ils ne se ressemblent pas. »

532

■ Les **verbes** (➠ § 674 à § 689) **pronominaux** présentent dans leur conjugaison les deux caractéristiques suivantes :

• La présence, devant le verbe, d'un **pronom personnel complément.**
Ce pronom, appelé **pronom réfléchi** (➠ § 515), renvoie au sujet :

▨ *Pierre se lave. (Pierre lave Pierre)*

Le sujet, *Pierre*, et le pronom C.O.D. *se* désignent ici la même personne.

• L'utilisation, aux temps composés, de l'**auxiliaire être** (➠ § 211 à § 215) :

▨ *Pierre s'est lavé.*

■ Certains verbes sont toujours pronominaux comme *s'enfuir, se souvenir* ; d'autres s'utilisent soit de façon pronominale, soit de façon non pronominale ; c'est le cas de *(se) laver.*

■ On distingue, selon leur sens, **quatre sortes** de verbes pronominaux : les pronominaux de **sens réfléchi**, les pronominaux de **sens réciproque**, les pronominaux de **sens passif**, les verbes **essentiellement pronominaux.**

Que servent à exprimer les pronominaux de sens réfléchi ? 533

▨ *Pierre se lave.*

• Dans la phrase ci-dessus, le sujet *Pierre* est à la fois la source et le but de l'action du verbe *laver*, c'est-à-dire qu'il fait et subit l'action simultanément.

• Le sujet d'un verbe pronominal de sens réfléchi peut être singulier ou pluriel :

▨ *Pierre se lave. Les enfants se lavent.*

• Selon le verbe utilisé, le pronom réfléchi est C.O.D., C.O.I. ou C.O.S. :

▨ *Pierre se lave. (se = C.O.D. ; Pierre lave Pierre.)*
Pierre se lave les mains. (se = C.O.S. ; Pierre lave les mains / à Pierre.)

Que servent à exprimer les pronominaux de sens réciproque ? 534

▨ *Pierre et Marie s'aiment.*

• La phrase ci-dessus comporte deux sujets : *Pierre, Marie*. Chacun de ces deux sujets est source pour lui-même et but pour l'autre de l'action du verbe *aimer*, c'est-à-dire qu'il fait une action et qu'il subit simultanément la même action faite par l'autre sujet.

● Les pronominaux de **sens réciproque** ont obligatoirement un sujet au pluriel ou plusieurs sujets au singulier coordonnés :

    Pierre et Marie s'embrassent. Ils s'embrassent.

● Le pronom réfléchi est tantôt C.O.D., tantôt C.O.I. ou C.O.S. :

    Pierre et Marie s'embrassent. (se = C.O.D. *; Pierre embrasse Marie et Marie embrasse Pierre.)*

    Pierre et Marie s'envoient des lettres. (se = C.O.S. *; Pierre envoie des lettres / à Marie et Marie envoie des lettres / à Pierre.)*

● Certains grammairiens distinguent des pronominaux de **sens successif** :

    Les jours se suivent.

Dans la phrase ci-dessus, le verbe *se suivent* exprime que chaque jour est à la fois source de l'action de suivre pour le jour précédent (le jour J+1 suit le jour J) et but pour le jour suivant (le jour J+1 est suivi par le jour J+2). Cette catégorie comprend un petit nombre de verbes tels que *se succéder, s'enchaîner...*
Le pronom réfléchi est tantôt C.O.D., tantôt C.O.I. :

    Les jours se suivent. (se = C.O.D. *; Chaque jour suit un jour.)*
    Les jours se succèdent. (se = C.O.I. *; Un jour succède à un jour.)*

535   *Que servent à exprimer les pronominaux de sens passif ?*

    Ce livre se vend bien.

● Dans la phrase ci-dessus le sujet *livre* n'est pas en mesure de faire l'action de vendre. Il ne peut donc pas être reconnu comme la source de l'action de vendre, il n'en est que le but. Cet emploi se distingue donc des emplois réfléchis, réciproques et successifs où le sujet fait et subit tout à la fois l'action. Le verbe *se vend* est équivalent ici de *est vendu*. Le verbe pronominal de sens passif se distingue néanmoins du verbe à la voix passive par les caractéristiques suivantes :

● Le pronominal de sens passif ne peut pas avoir de complément d'agent.
Il tient donc souvent lieu de passif à une phrase active à sujet indéterminé :

    On vend bien ce livre. → *Ce livre se vend bien.*

∿ **Mais...**
    Tous les libraires vendent ce livre. → *Ce livre est vendu par tous les libraires.*

● Seul le pronominal de sens passif exprime une action en train de se faire :

    La façade se détériore de jour en jour.

On ne peut pas dire :

    *La façade est détériorée de jour en jour.

● Le pronominal de sens passif admet mal un sujet animé :

    Les gens heureux se reconnaissent au premier coup d'œil.

Cette phrase peut être comprise de deux façons différentes :

On reconnaît facilement les gens heureux. (**sens passif**)
Les gens heureux se reconnaissent entre eux. (**sens réciproque**)

L'ambiguïté peut être levée grâce à un pronom neutre de relais (*on* ou *ça*) :

Les gens heureux, on les reconnaît... Les gens heureux, ça se reconnaît...

Dans le cas d'un pronominal de sens passif, on n'analyse pas le pronom réfléchi.

Que servent à exprimer les verbes essentiellement pronominaux ou de sens lexicalisé ?

536

Comparons :

Pierre s'est évanoui. **(1)** *Pierre s'aperçoit de son erreur.* **(2)**

Dans la phrase 1, le verbe *évanouir* n'existant pas, il est impossible d'établir une relation entre le sujet et le pronom personnel *s'*. Dans la phrase 2, le verbe *apercevoir* existe mais avec un sens différent de la forme pronominale :

Pierre aperçoit Paul.

Il est donc impossible d'établir une relation entre le sujet *Pierre* et le pronom personnel *s'*. Ces verbes sont dits de **sens vague** ou **lexicalisé**. On distingue :

● Les verbes n'existant qu'à la forme pronominale, parfois appelés verbes **essentiellement pronominaux**, comme *s'évanouir, s'écrouler, se souvenir...* :

La tour s'est écroulée.

● Les verbes pouvant être employés, soit à la voix active, soit à la forme pronominale. Leur sens change alors :

Pierre s'ennuie. Pierre ennuie son petit frère.
Pierre se rappelle ses vacances en Italie. Pierre m'a rappelé ce matin.

PLUS ■ Il faut veiller à l'accord du participe passé des verbes pronominaux (➡ § 20 à § 23).

● Le participe passé des verbes pronominaux de sens lexicalisé s'accorde toujours en genre et en nombre avec le sujet :
Il s'est évanoui. Elle s'est évanouie.
Ils se sont évanouis. Elles se sont évanouies.

● Pour bien accorder tous les autres verbes pronominaux, il faut déterminer si le pronom réfléchi, dans sa relation avec le sujet, occupe la fonction de C.O.D. ou celle de C.O.I. :

– s'il est C.O.D., il y a accord en genre et en nombre avec le sujet :
Marie s'est séchée. (Marie a séché « se ».)
– s'il est C.O.I. ou C.O.S., pas d'accord :
Marie s'est séché les cheveux. (Marie a séché les cheveux à « s' ».)

■ Un même verbe pronominal peut avoir des sens différents :
Pierre s'aperçoit dans la glace. (**réfléchi**)
Pierre et Paul s'aperçoivent dans la rue. (**réciproque**)
Ce bâtiment s'aperçoit de loin. (**passif**)
Pierre s'aperçoit de son erreur. (**lexicalisé**)

537

PROPOSITIONS INDÉPENDANTE, PRINCIPALE, SUBORDONNÉE

« Le temps fuit sans retour. »
« On a toujours assez de temps quand on l'emploie bien. »

538

■ On appelle **indépendante** une proposition qui ne dépend d'aucune autre et dont aucune autre ne dépend. Elle se suffit à elle-même :
  Pierre réussira : il est sérieux.

■ On appelle **principale**, une proposition qui, dans une phrase complexe, a une ou plusieurs subordonnées sous sa dépendance. Elle ne peut fonctionner seule, mais elle ne dépend d'aucune autre proposition :
  Pierre réussira / *parce qu'il est sérieux.*

■ On appelle **subordonnée**, une proposition qui, dans une phrase complexe, a la fonction d'un mot (nom, adjectif ou adverbe). Elle ne peut fonctionner seule et dépend toujours d'une autre proposition principale ou subordonnée :
  Pierre réussira / ***parce qu'il est sérieux.***

539

Qu'est-ce qui distingue l'indépendante de la principale et de la subordonnée ?

Comparons :

  Pierre réussira : il est sérieux. **(1)**
  Pierre réussira parce qu'il est sérieux. **(2)**

La phrase 1 comporte deux verbes à un mode personnel, donc deux propositions. Ces propositions sont des **indépendantes**, mais l'ensemble de la phrase exprime une idée totale unique. Les deux idées contenues dans cette phrase sont présentées avec une importance égale.
La phrase 2 comporte également deux verbes à un mode personnel, donc deux propositions ; mais une de ces propositions joue, par rapport à l'autre, le rôle d'un complément circonstanciel de cause :
parce qu'il est sérieux = grâce à son sérieux.
Cette proposition n'a pas d'existence propre : elle sert à compléter l'idée exprimée par l'autre proposition. C'est pourquoi on dit qu'elle lui est **subordonnée**, l'autre étant appelée **principale**.

Attention !
Il arrive souvent qu'une proposition subordonnée dépende, non pas de la principale, mais d'une autre subordonnée :
  Je crois / que la personne / dont vous parlez / est arrivée.

270

Cette phrase peut être décomposée comme suit :

/ **Je crois** /
prop. principale

/ **que la personne... est arrivée** /
prop. sub. complétive

/ **dont vous parlez** /
prop. sub. relative

La proposition *dont vous parlez* est subordonnée à la proposition *que la personne... est arrivée*, laquelle est subordonnée à *Je crois*.
Inversement, *Je crois* est principale par rapport à la proposition *que la personne... est arrivée*, laquelle est principale par rapport à *dont vous parlez*.

Quelle place la proposition principale occupe-t-elle dans la phrase ?

540

La proposition principale est relativement mobile.
Elle peut :

- **précéder la (les) proposition(s) subordonnée(s) :**

  Je partirai / dès que tu seras rentré.

- **suivre la (les) proposition(s) subordonnée(s) :**

  Dès que tu seras rentré / *je partirai.*

- **encadrer la (les) proposition(s) subordonnée(s) :**

  Les gens / qui habitent la maison d'en face / **sont très sympathiques**.

Quelle place la proposition subordonnée occupe-t-elle dans la phrase ?

541

Selon sa nature et sa fonction, la proposition subordonnée est plus ou moins mobile (➠ § 550, 557, 564, 572, 579, 586, 593, 602, 610, 617, 635).
Elle peut :

- **suivre la proposition principale :**

  Je crois / **qu'il est arrivé.**

- **précéder la proposition principale :**

  Quand je serai grand / je serai pompier.

- **prendre place au milieu de la proposition principale :**

  Pierre / **bien qu'il soit l'aîné** / est le plus petit de la famille.

271

542

Quelles fonctions la proposition subordonnée peut-elle occuper dans la phrase ?

Selon sa nature, la proposition subordonnée peut occuper des fonctions variées ; en règle générale, elle peut avoir presque toutes les fonctions du nom. Elle peut être :

● **sujet :**

▨ *Que tu sois le meilleur* / reste à prouver.

● **complément d'objet :**

▨ Je sais / *que tu es le meilleur*.

● **complément circonstanciel :**

▨ *Quand il fait beau* / les gens sont gais.

● **attribut du sujet :**

▨ L'incroyable est / *qu'il y soit arrivé*.

● **mise en apposition :**

▨ Je ne souhaite qu'une chose, / *qu'il réussisse*.

● **complément du nom :**

▨ Je formule le souhait / *qu'il réussisse*.

● **complément de l'adjectif :**

▨ Je suis fier / *de ce que tu as fait*.

543

Quels sont les mots qui introduisent une proposition subordonnée ?

La proposition subordonnée est généralement introduite par un mot subordonnant qui la relie à la proposition principale.

On distingue :

● **les conjonctions de subordination** (ou locutions conjonctives, ➠ § 284 à § 292) :

▨ *que (qu')*, *quand*, *parce que*, *bien que*...

● **les pronoms relatifs** (➠ § 524 à § 531) :

▨ *qui*, *que*, *quoi*, *dont*, *où*, *lequel*, *quiconque*...

● **les mots interrogatifs** (➠ § 614 et § 615) :

▨ *comment*, *si*, *qui*, *pourquoi*, *où*…

Qu'appelle-t-on la subordination explicite et la subordination implicite ?

Comparons :

Si tu dis un mot de plus, je sors. **(1)** *Tu dis un mot de plus, je sors.* **(2)**

Dans la phrase 1, le rapport de subordination est marqué par la conjonction de subordination *si* qui a pour rôle d'introduire la proposition subordonnée. On dit dans ce cas que la subordination est **explicite**.

Dans la phrase 2, les deux propositions sont simplement séparées par une virgule. Pourtant, ces propositions subordonnées entretiennent bien un rapport de subordination ; en effet, elles n'ont de sens que l'une par rapport à l'autre : On dit dans ce cas que la subordination est **implicite**.

Attention !

Il existe deux cas où la subordination, bien qu'explicite, n'est pas marquée par un mot subordonnant. Il s'agit des propositions subordonnées infinitives et participiales : *J'entends / siffler le train. Le chat parti / les souris dansent.*

Quels sont les différents types de propositions subordonnées ?

On distingue :

■ **Les conjonctives,** introduites par une conjonction de subordination ou une locution conjonctive. Elles se subdivisent en :

• **complétives,** qui complètent le verbe de la principale et jouent le rôle d'un complément essentiel (C.O.D., C.O.I.) :

*Je veux **que tu m'obéisses**.*

• **circonstancielles,** qui jouent le rôle d'un complément circonstanciel :

*Je viendrai **quand j'aurai terminé**.*

■ **Les relatives,** introduites par un pronom relatif ; elles complètent un nom :

*J'ai rencontré l'homme **dont tu m'avais parlé**.*

■ **Les interrogatives indirectes,** introduites par un adverbe ou un pronom interrogatif :

*Je me demande **où il va**.*

■ **Les infinitives :**

*J'entends **siffler le train**.*

■ **Les participiales :**

Le chat parti, les souris dansent.

ROPOSITION SUBORDONNÉE CONJONCTIVE CIRCONSTANCIELLE DE BUT

> « La providence a mis du poil au menton des hommes
> pour que l'on puisse de loin les distinguer des femmes. »
>
> (PROVERBE GREC)

546

■ **La proposition subordonnée circonstancielle de but**, aussi appelée **finale**, est une proposition **conjonctive** introduite par une **conjonction de subordination** (➡ § 284 à § 292) ou une **locution conjonctive**.

■ Elle indique dans quelle intention, dans quel dessein s'effectue l'action exprimée par le verbe de la principale (➡ § 538 à § 545).

■ Elle occupe toujours la fonction de **complément circonstanciel de but** du verbe de la principale :

*Il se bat / **pour que les prisonniers soient libérés**.*

547

À quoi sert la proposition subordonnée conjonctive circonstancielle de but ?

La proposition subordonnée circonstancielle de but (phrase 1) joue dans la phrase le même rôle qu'un nom ou qu'un G.N. C.C. de but (phrase 2) :

*Il se bat / **pour que les prisonniers soient libérés**. (1)*
*Il se bat **pour la libération des prisonniers**. (2)*

La proposition subordonnée *pour que les prisonniers soient libérés* joue le même rôle que le G.N. *pour la libération des prisonniers*, c'est-à-dire celui de C.C. de but indiquant dans quelle intention se fait l'action exprimée par le verbe de la proposition principale.

548

Qu'est-ce qui distingue la subordonnée de but de la subordonnée de conséquence ?

Comparons :

*J'ai tant insisté / **que Pierre est parti**. (1)*
*J'ai insisté / **pour que Pierre parte**. (2)*

Dans la phrase 1, mon insistance a eu pour conséquence le départ de Pierre.
Dans la phrase 2, le but visé (le départ de Pierre) est en fait une conséquence que je voulais voir se réaliser sans savoir si elle se réaliserait.
C'est pourquoi on emploie de préférence le mode indicatif dans les subordon-

nées de conséquence (phrase 1) et le mode subjonctif dans les subordonnées de but (phrase 2).

Quels sont les mots qui introduisent une proposition subordonnée circonstancielle de but ?

549

• Les locutions conjonctives *à seule fin que (ne... pas), afin que (ne... pas), pour que (ne... pas), de peur que, de crainte que, dans la crainte que, de sorte que (ne... pas), en vue que (ne... pas)* :

*Il se bat / **à seule fin que** les prisonniers soient libérés.*
*Il se bat / **à seule fin que** les prisonniers **ne** soient **pas** condamnés.*

• La conjonction *que* derrière un verbe à l'impératif :

*Viens / **que** je t'admire.*

La simple conjonction *que* peut se substituer à l'ensemble des conjonctions et locutions conjonctives lorsqu'on veut éviter la répétition dans une proposition coordonnée :

*Il se bat / **afin que** les prisonniers soient libérés / **et** / (afin) **qu'**ils ne soient pas punis injustement.*

Attention !
Les locutions *dans la crainte que, de crainte que, de peur que*, qui sont équivalentes de *afin que ne... pas*, sont souvent accompagnées d'un *ne* explétif (sans valeur grammaticale) sans valeur négative :
*Il lui a prêté de l'argent / **de crainte qu'**elle **ne** soit à découvert.*

∼ **Mais...**
Ne peut garder son sens négatif : *Pars vite / qu'il ne te voie.*

Quelle place la subordonnée circonstancielle de but occupe-t-elle dans la phrase ?

550

La subordonnée circonstancielle de but suit généralement la proposition dont elle dépend :

*Il se bat / **afin que** les prisonniers soient libérés.*

∼ **Mais...**
Elle peut aussi :
• précéder la principale :
De crainte qu'elle ne soit à découvert, / il lui a prêté de l'argent.
• couper la principale :
Pierre /, de crainte qu'elle ne soit à découvert, / lui a prêté de l'argent.

551 ### À quel mode se trouve le verbe dans la subordonnée circonstancielle de but ?

Le verbe de la subordonnée circonstancielle de but se met **toujours au subjonctif**, le but n'étant qu'une intention au résultat incertain :

▮ *Il se bat / afin que les prisonniers **soient** libérés.*

552 ### Quels sont les autres moyens d'exprimer le but ?

La proposition subordonnée circonstancielle de but a de nombreux équivalents :

● **un nom ou un G.N. C.C. de but** :

▮ *Il se bat **pour la libération des prisonniers.***

● **un infinitif prépositionnel C.C. de but** construit avec les prépositions ou les locutions *pour, afin de, de crainte de, de peur de, en vue de...* :

▮ *Il se bat **en vue d'assurer la libération des prisonniers.***

● **une proposition subordonnée relative** avec valeur circonstancielle de but :

▮ *Prescrivez-moi un remède / **qui me guérisse rapidement.***

P ROPOSITION SUBORDONNÉE CONJONCTIVE CIRCONSTANCIELLE DE CAUSE

« Une chose n'est pas juste parce qu'elle est loi.
Mais elle doit être loi parce qu'elle est juste. »
(MONTESQUIEU, *Mes pensées*)

553 ■ La **proposition subordonnée circonstancielle de cause**, aussi appelée **causale**, est une proposition **conjonctive** introduite par une **conjonction de subordination** (➡ § 284 à § 292) ou une **locution conjonctive**.

■ Elle indique pourquoi, pour quel(s) motif(s) s'effectue l'action exprimée par le verbe de la principale (➡ § 538 à § 545).

■ Elle occupe toujours la fonction de **complément circonstanciel de cause** du verbe de la principale :

▮ *Il est absent / **parce qu'il est malade.***

À quoi sert la proposition subordonnée circonstancielle de cause ?

554

La proposition subordonnée circonstancielle de cause (phrase 1) joue dans la phrase le même rôle qu'un nom ou qu'un G.N. C.C. de cause (phrase 2) :

*Il est absent / **parce qu'il est malade**. (1)*
*Il est absent **pour cause de maladie**. (2)*

Qu'est-ce qui distingue la subordonnée de cause de la subordonnée de conséquence ?

555

Comparons :

*Jean est absent / **parce qu'il est malade**. (1)*
*Jean est malade / **si bien qu'il est absent**. (2)*

Les informations transmises par ces deux phrases sont rigoureusement identiques : Jean est malade et absent. Dans la phrase 1, la principale exprime la conséquence des faits énoncés dans la subordonnée de cause. Dans la phrase 2, la principale exprime la cause des faits énoncés dans la subordonnée de conséquence. La relation de conséquence est donc l'inverse de la relation causale.

Quels sont les mots qui introduisent une proposition subordonnée circonstancielle de cause ?

556

• La subordonnée circonstancielle de cause est introduite par les conjonctions de subordination et les locutions conjonctives suivantes : *attendu que, comme, du fait que, du moment que, étant donné que, non (pas) que, parce que, puisque...*

• La conjonction *que* peut se substituer aux conjonctions et locutions conjonctives lorsqu'on veut éviter la répétition dans une proposition coordonnée :

*Il est absent / **parce qu'il est malade** / et / (parce) **qu'il doit se reposer**.*

Quelle place la proposition subordonnée circonstancielle de cause occupe-t-elle dans la phrase ?

557

La subordonnée circonstancielle de cause est **mobile**. Elle peut :

• **suivre la proposition principale :**

*Raconte-nous toute l'histoire / **puisque tu la connais**.*

• **couper la proposition principale :**

*Raconte-nous / **puisque tu la connais** / toute l'histoire.*

- précéder la proposition principale :

    Puisque tu connais toute l'histoire / raconte-la nous.

Attention !
- Introduite par la conjonction de subordination *comme*, la subordonnée précède la principale : *Comme tu as été bien sage* / je vais te récompenser.
- Introduite par la locution *parce que*, la subordonnée suit la plupart du temps la principale : *Il est absent* / *parce qu'il est malade.*
- Introduite par les locutions *vu que, attendu que*, la subordonnée précède généralement la principale : *Vu que tu as été bien sage* / je vais te récompenser.

- être construite sans proposition principale à la forme interrogative :

    Pourquoi ris-tu ? Parce que (tu es drôle).

558 · À quel mode se trouve le verbe dans la subordonnée circonstancielle de cause ?

Le mode de la subordonnée circonstancielle de cause est l'**indicatif** :

    Il est absent / *parce qu'il **est** malade.*

∼ *Mais...*
Le verbe de la subordonnée de cause se met :
- **Au subjonctif** après les locutions *non que, non pas que, ce n'est pas que,* car dans ce cas, la cause est présentée comme fausse :

    *Il est absent, non pas qu'il **soit** malade, mais il est fatigué.*

En revanche, si l'on remplace *que* par *parce que* après *non, non pas, ce n'est pas,* le verbe est à l'indicatif :

    *Il est absent, non pas parce qu'il **est** malade, mais il est fatigué.*
- **Au conditionnel** lorsque la cause est présentée comme une éventualité :

    Ne pars pas / *parce que tu le **regretterais**.*

559 · Quels sont les autres moyens d'exprimer la cause ?

La subordonnée circonstancielle de cause a de nombreux équivalents :
- un nom ou un G.N. C.C. de cause :

    *Je tremble **de rage**.*

- un pronom C.C. de cause :

    *J'ai été puni **à cause de toi**.*

- un infinitif prépositionnel C.C. de cause construit avec les prépositions ou les locutions *à force de, de, pour, sous prétexte de* :

    *Il a été puni **pour avoir menti**.*

- un gérondif C.C. de cause :

    En refusant d'avouer, vous aggravez votre cas.

- **une proposition subordonnée participiale C.C. de cause :**
  - *Son travail étant terminé, il alla se coucher.*

- **un nom, un adjectif ou un participe apposés** à valeur circonstancielle de cause :
  - *Fatigué, il alla se coucher.*

- **un attribut construit avec *que* ou *comme* :**
  - *Fatigué qu'il était, il alla se coucher. Fatigué comme il l'était, il alla se coucher.*

- **une proposition subordonnée relative** à valeur circonstancielle de cause :
  - *Mon frère, **qui travaille beaucoup**, a d'excellents résultats.*

 Il ne faut pas confondre…

- ***parce que* et *par ce que* :**

Parce que est une locution conjonctive qui introduit une subordonnée circonstancielle de cause :

*Il est absent / **parce qu'**il est malade.*

Par ce que est formé de la préposition *par*, du pronom démonstratif *ce* et du pronom relatif *que* :

*Il est choqué **par ce que** tu as fait.*

- ***pourquoi* et *pour quoi* :**

Pourquoi est un adverbe interrogatif que l'on rencontre dans l'interrogation directe ou indirecte. À la question *pourquoi*, on répond par *parce que* :

*Pourquoi se bat-il ? **Parce qu'**il aime ça.*
*Je me demande **pourquoi** il se bat.*

Pour quoi est formé de la préposition *pour* et du pronom interrogatif *quoi*. *Pour quoi* s'emploie dans l'interrogation directe ou indirecte. À la question *pour quoi*, on répond par *pour* + G.N. :

*Pour quoi se bat-il ? **Pour la liberté.***
*Je me demande **pour quoi** il se bat.*

560

PROPOSITION SUBORDONNÉE CONJONCTIVE CIRCONSTANCIELLE DE COMPARAISON

« Comme on fait son lit, on se couche. »

■ La **proposition subordonnée circonstancielle de comparaison**, parfois appelée **comparative**, est une proposition **conjonctive** introduite par une conjonction de subordination (➠ § 284 à § 292) ou une **locution conjonctive**.

■ Elle marque un rapport de comparaison avec le fait exprimé dans la principale (➠ § 538 à § 545).

■ Elle occupe toujours la fonction de **complément circonstanciel de comparaison** du verbe de la principale :

*Il a agi / **comme agirait un père.***

561

562

À quoi sert la proposition subordonnée circonstancielle de comparaison ?

■ La proposition subordonnée circonstancielle de comparaison (phrase 1) joue le même rôle qu'un nom ou qu'un G.N. C.C. de comparaison (phrase 2) :

*Il a agi / **comme agirait un père**. (1) Il a agi **en père**. (2)*

■ La proposition subordonnée circonstancielle de comparaison marque, entre l'action exprimée par le verbe de la principale et l'action exprimée par le verbe de la subordonnée :

● **un rapport de ressemblance ou d'égalité :**

*Il travaille / **comme travaille un élève sérieux**.*
*Il travaille / **autant que son frère**.*

● **un rapport de différence :**

*Il travaille / **mieux que son frère**.*

● **un rapport de proportion :**

*Il travaille / **d'autant plus que** son frère travaille moins.*
***Plus** il travaille / **plus** il réussit.*

563

Quels sont les mots qui introduisent une proposition subordonnée circonstancielle de comparaison ?

■ La proposition subordonnée marquant la ressemblance ou l'égalité est introduite par la conjonction *comme* et les locutions *à mesure que, ainsi que, aussi* (+ adj.) *que, autant que, comme, comme si, de même que, le même que, même que, moins* (+ adj.) *que, plus que, tel que, si… que, tant… que* :

Il n'est pas si grand que toi.

Il arrive que la proposition principale et la subordonnée comparative soient introduites par la locution dont on a enlevé *que* :

***Autant** il est sympathique / **autant** sa femme est antipathique.*

De même pour exprimer la proportion : *plus… plus, moins… moins, plus… moins, moins… plus* :

***Plus** j'y réfléchis, **moins** je comprends.*

> **Attention !**
> La proposition subordonnée introduite par *comme* peut se souder à une proposition subordonnée circonstancielle de temps *(comme quand)*, de condition *(comme si)* ou à un infinitif prépositionnel de but *(comme pour)* :
> *C'est resté **comme quand j'étais petit**. Elle se cache **comme pour nous éviter**.*

■ La proposition subordonnée marquant la différence est introduite par les locutions conjonctives *autre chose que, autrement que, autre que, davantage que, meilleur que, moindre que, plutôt que, moins... que, pire que, plus... que.*

Attention !
La subordonnée marquant la différence comporte souvent un *ne* explétif sans valeur grammaticale ni négative :
*Il travaille **plus qu'**on **ne** le croit.*

■ La proposition subordonnée marquant la proportion est introduite par les locutions conjonctives *à mesure que, à proportion que, d'autant moins que, d'autant plus que, pour autant que, au fur et à mesure que, selon que, suivant que, dans la mesure où.*

Attention !
La subordonnée comparative est souvent elliptique. Elle se confond alors avec :
● **un G.N. C.C. de comparaison :**
*Il a agi **comme un père** (agirait).*
● **le complément du comparatif de l'adjectif ou de l'adverbe :**
*Il est plus travailleur **que son frère** (ne l'est).*
*Il travaille mieux **que son frère** (ne travaille).*

Quelle place la subordonnée circonstancielle de comparaison occupe-t-elle dans la phrase ?   564

Elle suit généralement la proposition principale.

∼ *Mais...*
Elle peut, pour des raisons de mise en relief, précéder la proposition principale :
***Comme on fait son lit** / on se couche.*

À quel mode se trouve le verbe dans la subordonnée circonstancielle de comparaison ?   565

Il est généralement à l'indicatif.

∼ *Mais...*
Il se met :
● **Au conditionnel lorsqu'il exprime une éventualité :**
*Il a agi / comme je l'**aurais fait**.*
● **Au subjonctif derrière *autant que, pour autant que* et avec le verbe *pouvoir* :**
*Pour autant qu'il m'en **souvienne** / vous deviez venir hier.*
*Il est malin / autant qu'on **puisse** l'être.*

566   *Quels sont les autres moyens d'exprimer la comparaison ?*

La subordonnée circonstancielle de comparaison a de nombreux équivalents :

- **un nom ou un G.N. C.C. de comparaison ou complément du comparatif :**
  *Il s'est conduit **en chef**. Il est plus travailleur **que son frère**.*
- **un pronom :**
  *Il est plus travailleur **que toi**.*
- **le complément du verbe *préférer* :**
  *Je préfère **le cinéma** à la télévision.*
- **deux propositions indépendantes elliptiques construites parallèlement :**
  Tel père, tel fils.

567   *PLUS*   ***Comme*,** conjonction de subordination, peut aussi introduire :
- **une proposition subordonnée circonstancielle de temps :**
*Il partait / **comme j'arrivais**.*

- une proposition subordonnée circonstancielle de cause :
Comme tu as été gentil / je vais te récompenser.

PROPOSITION SUBORDONNÉE CONJONCTIVE CIRCONSTANCIELLE DE CONCESSION

« L'art de plaire est plus difficile, quoi qu'on pense, que l'art de déplaire. »
(G. Bauër, *Carnets*)

568   ■ La **proposition subordonnée circonstancielle de concession**, aussi appelée **concessive**, est une proposition **conjonctive** introduite par une **conjonction de subordination** (➟ § 284 à § 292) ou une **locution conjonctive**.

■ Elle marque une opposition avec le fait exprimée par la principale (➟ § 538 à § 545).

■ Elle occupe toujours la fonction de **complément circonstanciel de concession** du verbe de la principale :

*Je sortirai / **quoiqu'il pleuve**.*

À quoi sert la proposition circonstancielle de concession ?

La proposition subordonnée circonstancielle de concession (phrase 1) exprime l'idée d'un fait qui devrait s'opposer au fait qu'exprime le verbe de la proposition principale. Elle joue le même rôle qu'un nom ou qu'un G.N. C.C. de concession (phrase 2) :

*Je sortirai / **quoiqu'il pleuve**. (1)*
*Je sortirai **malgré la pluie**. (2)*

Qu'est-ce qui distingue la concession de l'opposition ?

▲ **Comparons :**

*Personne n'aime Pierre / **bien qu'il soit très gentil**. (1)*
*Pierre est gentil / **tandis que son frère est méchant**. (2)*

Dans la phrase 1, le fait exprimé dans la subordonnée de concession (Pierre est gentil) devrait empêcher l'existence du fait exprimé dans la principale (personne n'aime Pierre). Dans la phrase 2, on est en présence d'une opposition entre deux faits qui existent en même temps, à savoir la gentillesse de Pierre d'une part, la méchanceté de son frère d'autre part, deux caractéristiques qui les opposent.
La concession exprime le contraire de ce à quoi on peut s'attendre, tandis que l'opposition permet de constater la différence entre deux faits concomitants.

Quels sont les mots qui introduisent une proposition subordonnée circonstancielle de concession ou d'opposition ?

■ La proposition subordonnée de **concession** est introduite par :

• **les conjonctions ou locutions conjonctives** *bien que, encore que, quoique, malgré que* quand le fait pouvant s'opposer à l'action principale est réel :

*Je sortirai / **quoiqu'il pleuve**.*

┌ *Attention !*
│ **Malgré que** est aujourd'hui d'usage :
│ « *Malgré que nous le lui assurions...* » (M. PROUST, *Le Temps retrouvé*, II)
└

• **les conjonctions ou locutions conjonctives** *alors même que, même si, quand, quand bien même* quand le fait pouvant s'opposer à l'action principale n'est qu'une éventualité :

*Je sortirais / **quand bien même il pleuvrait**.*
***Même si tu me suppliais** / je n'accepterais pas.*

- **les locutions conjonctives** *aussi... que, pour... que, quelque... que, si... que, tout... que* quand la concession porte sur un adjectif (phrase 1) ou un adverbe (phrase 2) :

  ***Aussi mauvais que soit le temps** / je sortirai.* **(1)**
  ***Si loin que tu habites** / je viendrai.* **(2)**

- **les pronoms relatifs indéfinis** *qui que, quoi que, quel(le)(s) que, d'où que* :

  ***Quel que soit votre courage** / vous n'y arriverez pas.*
  ***Qui que vous soyez** / vous n'entrerez pas.*

- ***que*** peut se substituer à l'ensemble des conjonctions et locutions conjonctives lorsqu'on veut éviter la répétition dans une proposition coordonnée :

  *Je sortirai / **quoiqu**'il pleuve / **et** / **qu**'il fasse froid.*

> **Attention !**
> Après ***quoique*** et ***bien que***, lorsque la subordonnée comporte un attribut, le sujet et le verbe peuvent être omis (subordonnée elliptique) :
> ***Quoique très travailleur** / il ne réussit guère.*

■ La proposition subordonnée d'**opposition** est introduite par :

- **les locutions conjonctives** *alors que, au lieu que, bien loin que, loin que, pendant que, tandis que* :

  *Il est gentil / **tandis que son frère est méchant**.*
  *Il n'est pas juste qu'il se repose / **alors que moi je travaille**.*

---

572 | *Quelle place la subordonnée circonstancielle de concession occupe-t-elle dans la phrase ?*

La subordonnée circonstancielle de concession est **mobile**, tout comme le G.N. C.C. dont elle est l'équivalent. Elle peut :

- **suivre la proposition principale :**

  *Nous irons nous promener / **bien qu'il pleuve**.*

- **couper la proposition principale :**

  *Nous irons / **bien qu'il pleuve** / nous promener.*

- **précéder la proposition principale :**

  ***Bien qu'il pleuve** / nous irons nous promener.*

À quel mode se trouve le verbe dans la subordonnée circonstancielle de concession ou d'opposition ?

573

Le verbe de la subordonnée circonstancielle de concession (opposition) se met :

● **au subjonctif** après *bien que, encore que, malgré que, quoique, sans que, pour... que, quelque... que, si... que, où que, quel que, qui que, quoi que, au lieu que* :

▨ *Quelque* mauvais *que soit* le temps / je sortirai. *Quoi que* tu *dises* / je sortirai.

● **au conditionnel** après *alors même que, quand, quand bien même* :

▨ *Quand bien même* il *pleuvrait* / je sortirai.

| **Attention !**
| *Alors que, au lieu que, pendant que, tandis que* peuvent être également suivis d'un verbe au conditionnel quand le fait exprimé est présenté comme non réalisé :
| *Tu passes ton temps à lire / **alors que** tu **devrais** travailler.*

● **à l'indicatif** après *même si, si, alors que, pendant que, tandis que* :

▨ *Tu passes ton temps à ne rien faire / **alors que** ton frère **travaille**.*

● **à l'indicatif ou au subjonctif** après la locution *tout... que* :

▨ ***Tout** gentil **qu'il est (soit)**, il ne me plaît pas.*

Quels sont les autres moyens d'exprimer la concession ou l'opposition ?

574

La subordonnée circonstancielle de concession a de nombreux équivalents :

● **un nom ou un groupe nominal C.C. de concession ou d'opposition :**

▨ *Je sortirai **malgré la pluie**.*

● **un pronom :**

▨ *Je sortirai **malgré tout**.*

● **un infinitif prépositionnel C.C. de concession ou d'opposition** construit avec les prépositions ou les locutions *au lieu de, (bien) loin de, pour* :

▨ *Il joue **au lieu de travailler**. **Pour être spécialiste**, il n'est pas compétent.*

● **un gérondif :**

▨ *Il a de piètres résultats **en travaillant beaucoup**.*

● **un nom, un adjectif ou un participe apposés :**

▨ ***Rejeté par tous ses amis**, il garde encore espoir.*

- **une proposition subordonnée relative** à valeur circonstancielle de concession :
  Cette femme / qui a été prise en flagrant délit / nie les faits.
- **deux propositions indépendantes coordonnées ou juxtaposées :**
  Il fait nuit, mais je sortirai.
- **la locution** *avoir beau* + **infinitif :**
  Cette femme a beau nier, elle est coupable.
- **une proposition participiale :**
  Toute chance de le revoir évanouie, elle continuait à guetter son retour.

575

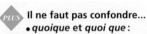 **Il ne faut pas confondre...**
- *quoique* et *quoi que* :
Quoique est une conjonction de subordination introduisant une subordonnée circonstancielle de concession :
Quoiqu'il fasse mauvais, / je sortirai.
Elle peut être remplacée par *bien que.*
Quoi que est considéré comme un pronom relatif indéfini, participant d'une proposition subordonnée de concession.

Il signifie *n'importe quelle chose que* :
Quoi que tu fasses / je sortirai.
- *si... que* (concessif) et *si... que* (consécutif)
Les deux éléments sont ou ne sont pas dans la même proposition :
Si pénible que soit la situation / je prendrai une décision. (concession)
La situation est si pénible / que je prendrai une décision. (conséquence)

P ROPOSITION SUBORDONNÉE CONJONCTIVE CIRCONSTANCIELLE DE CONDITION

« Si ma tante avait été un homme, elle serait mon oncle. »
(PROVERBE ANGLAIS)

576

■ La **proposition subordonnée circonstancielle de condition**, aussi appelée **conditionnelle**, est une proposition **conjonctive** introduite par une **conjonction de subordination** (➠ § 284 à § 292) ou une **locution conjonctive**.

■ Elle indique à quelle condition se fait l'action exprimée par le verbe de la principale (➠ § 538 à § 545).

■ Elle occupe toujours la fonction de **complément circonstanciel de condition** du verbe de la principale :
Nous irons à la plage / s'il fait beau.

À quoi sert la proposition subordonnée circonstancielle de condition ?

577

La proposition subordonnée de condition indique à quelle condition peut se réaliser l'action exprimée par le verbe de la principale :

▨ *Nous irons à la plage / **s'il fait beau**.*

L'action exprimée par le verbe de la principale *(aller)* ne peut se réaliser qu'à condition que l'action exprimée par le G.V. de la subordonnée se réalise (faire beau). Elle joue le même rôle qu'un nom ou qu'un G.N. C.C. de condition :

▨ *Nous irons à la plage **en cas de beau temps**.*

Quels sont les mots qui introduisent une proposition subordonnée circonstancielle de condition ?

578

● **La conjonction de subordination** *si* :

▨ *Si **tu es sage** / je te donnerai un bonbon.*

● **Les locutions conjonctives** *à supposer que, au cas où, dans le cas où, pour le cas où, à (la) condition que, sous la condition que, à moins que, en admettant que, dans l'hypothèse où, supposé que, à supposer que, en supposant que, pour peu que, pourvu que, quand bien même, selon que... ou (que), suivant que... ou (que), soit que... soit que, que... ou que.*

Attention !
À moins que est souvent accompagné d'un *ne* explétif sans valeur grammaticale ni négative :
*Nous irons à la plage / à **moins qu'**il **ne** fasse mauvais.*

● **La simple conjonction** *que* peut se substituer à l'ensemble des conjonctions et des locutions conjonctives quand on veut éviter la répétition dans une proposition coordonnée :

▨ *S'il fait beau et **que** tu n'es pas trop fatigué nous irons à la plage.*

Quelle place la subordonnée circonstancielle de condition occupe-t-elle dans la phrase ?

579

La subordonnée circonstancielle de condition est **mobile**. Elle peut :

● **suivre la proposition principale :**

▨ *Ton frère pourrait réussir / **s'il faisait un effort**.*

- **couper la proposition principale :**
  *Ton frère / **s'il faisait un effort** / pourrait réussir.*

- **précéder la proposition principale :**
  ***S'il faisait un effort** / ton frère pourrait réussir.*

580 ## À quel mode se trouve le verbe dans la subordonnée circonstancielle de condition ?

■ Les subordonnées introduites par *si* se mettent **à l'indicatif** :
*Si tu **travailles** / tu progresseras.*

■ Les subordonnées introduites par une autre conjonction que *si* se mettent :

• **à l'indicatif** après *dans la mesure où, selon que, suivant que* :
« *Selon que vous **serez** puissant ou misérable,*
Les jugements de cour vous rendront blanc ou noir. »   (LA FONTAINE)

• **au subjonctif** après *à supposer que, à moins que, en admettant que, pour peu que, pourvu que, soit que... soit que* :
*Pour peu que vous **soyez** en retard de quelques minutes, il sera déjà parti.*

• **à l'indicatif futur ou au subjonctif** après *à (sous) (la) condition que* :
*J'accepte votre invitation / à la condition que vous **dînerez** chez moi.*
*J'accepte votre invitation / à condition que vous **dîniez** chez moi.*

• **au conditionnel** après *au cas où, dans le cas où, pour le cas où, dans l'hypothèse où, des fois que, quand bien même* :
*Au cas où il **téléphonerait** / dites-lui que je suis partie.*

581 ## Comment s'opère la concordance des temps dans les subordonnées de condition introduites par si ?

On emploie l'indicatif après *si*.

∿ Mais...
Il convient de distinguer les deux cas suivants :
• **Le verbe de la proposition principale est à l'indicatif :**
– le verbe de la principale et de la subordonnée sont au même temps :
*Si tu le **désires** / tu **peux** nous accompagner.* **(présent)**
*Si tu l'**as jugé** malhonnête / tu t'**es trompé**.* **(passé composé)**

Attention !
Le verbe de la principale peut être à l'impératif ou au subjonctif présent :
  *Si tu le désires / **pars** plus tôt.*
  *S'il le désire / qu'il **parte** plus tôt.*

– le verbe de la principale est au futur ou au futur antérieur, le verbe de la subordonnée est au présent avec valeur de futur, ou au passé composé avec valeur de futur antérieur :

  *Si tu **termines (as terminé)** avant huit heures / nous **irons** au restaurant.*
  *Si tu **réussis (as réussi)** / tu **auras remporté** une belle victoire.*

Il s'agit de faits réels, qui le sont, qui l'ont été ou qui peuvent le devenir, d'où l'emploi de l'indicatif dans la principale et la subordonnée.

• **Le verbe de la proposition principale est au conditionnel :**
– s'il est au conditionnel présent, celui de la subordonnée est à l'imparfait de l'indicatif :

  *Si j'**étais** lui / je ne me **laisserais** pas faire. **(1)***
  *S'il **partait** / je ne le **supporterais** pas. **(2)***

Dans la phrase 1, l'imparfait exprime un fait donné comme non réalisé dans le présent : c'est ce qu'on appelle **l'irréel du présent**.
Dans la phrase 2, l'imparfait exprime un fait donné comme non réalisé dans le présent, mais réalisable dans l'avenir : c'est ce qu'on appelle **le potentiel**.
– s'il est au conditionnel passé, celui de la subordonnée est au plus-que-parfait de l'indicatif :

  *Si tu me l'**avais demandé** / je l'**aurais fait**.*

Le plus-que-parfait exprime un fait donné comme non réalisé dans le passé et dont on sait qu'il ne se produira plus : c'est ce qu'on appelle **l'irréel du passé**.

Attention !
L'irréel du passé peut s'exprimer au moyen de l'indicatif imparfait dans la proposition principale :
  *Si tu n'**étais** pas **intervenu** / il se **cassait** une jambe.*

Quels sont les autres moyens d'exprimer la condition ? `582`

La proposition subordonnée circonstancielle de condition a de nombreux équivalents possibles :

• **un nom ou un G.N. C.C. de condition :**
  ***Sans ton intervention**, il tombait.*
  ***En cas de tempête**, revenez au port.*

- **un pronom :**
  Sans toi, il tombait.

- **un infinitif prépositionnel précédé de** à, *à condition de, à moins de, de, sans* :
  Nous arriverons en retard, à moins de partir tout de suite.

- **un gérondif :**
  En partant tout de suite, nous serons à l'heure.

- **une proposition participiale :**
  Tes parents partis, nous pourrions organiser une grande fête.

- **un nom, un adjectif ou un participe apposés :**
  Plus attentif, tu aurais de meilleurs résultats.

- **deux propositions indépendantes coordonnées ou juxtaposées :**
  Refaites ça et vous êtes un homme mort.

- **une proposition subordonnée relative à valeur circonstancielle de condition :**
  Un homme / qui oserait l'affronter / y laisserait la vie.

- **une proposition subordonnée de condition sans principale :**
  Si seulement j'avais su !

- **une proposition subordonnée de condition elliptique :**
  Dussé-je y passer la nuit, je terminerai ce travail pour demain.

P ROPOSITION SUBORDONNÉE CONJONCTIVE CIRCONSTANCIELLE DE CONSÉQUENCE

« Tant va la cruche à l'eau qu'à la fin elle se casse. »

583

■ La **proposition subordonnée circonstancielle de conséquence**, aussi appelée **consécutive**, est une proposition **conjonctive**. Elle est introduite par une **conjonction de subordination** (➟ § 284 à § 292) ou une **locution conjonctive**.

■ Elle occupe toujours la fonction de **complément circonstanciel de conséquence** du verbe de la principale (➟ § 538 à § 545) :
Il est malade / si bien qu'il est absent.

À quoi sert la proposition subordonnée circonstancielle de conséquence ?

584

La proposition subordonnée circonstancielle de conséquence (phrase 1) joue dans la phrase le même rôle qu'un nom ou qu'un G.N. C.C. de conséquence (phrase 2) et indique le résultat de l'action exprimée par le verbe de la principale :

> *Il est malade / **si bien qu'il est absent**. (1)*
> *Il est malade **d'où son absence**. (2)*

Quels sont les mots qui introduisent une proposition subordonnée circonstancielle de conséquence ?

585

La proposition subordonnée de conséquence est introduite par :

• la conjonction de subordination *que* corrélée à des adverbes ou locutions adverbiales comme *à ce point, à tel point, si, si bien, tant, tellement*, ou aux adjectifs *tel(le)(s)* :

> *Il est **si** gentil / **que tout le monde l'aime**.*
> *Il est d'une **telle** gentillesse / **que tout le monde l'aime**.*

• des locutions conjonctives comme *à telle enseigne que, au point que, de (telle) sorte que, de (telle) manière que, de (telle) façon que, en sorte que, pour que, sans que...* :

> *Il a agi / **de telle manière que tout le monde le déteste**.*
> *Il a agi / **sans qu'on le sache**. (de telle façon qu'on ne l'a pas su)*

~ **Remarques :**
• La locution *au point que* peut être réduite à *que* dans des expressions comme :
Elle est angoissée / que c'en est inquiétant.
• Après une principale négative, *sans que* peut être remplacée par *que* :
Il ne se passe pas une minute / qu'il ne fasse des bêtises.

• la locution conjonctive *pour que* annoncée par les verbes impersonnels *il faut, il suffit*, par les adverbes *assez, trop, trop peu, (in)suffisamment*, par l'adjectif *(in)suffisant(e)(s)* ou par une proposition interrogative :

> *Il **suffit que** je dise quelque chose / **pour qu'il dise le contraire**.*
> *Il fait **trop peu** d'efforts / **pour que je l'encourage**.*
> *Qu'a-t-il fait / **pour que je l'encourage** ?*

• *Que* peut se substituer à l'ensemble des conjonctions et locutions conjonctives lorsqu'on veut éviter la répétition dans une proposition coordonnée :

> *Il est malade / **si bien qu'**il est absent / **et** / (si bien) **que** nous devons lui trouver un remplaçant.*

586   *Quelle place la subordonnée circonstancielle de conséquence occupe-t-elle dans la phrase ?*

Elle suit toujours la proposition dont elle dépend :
Il est malade / si bien qu'il est absent.

587   *À quel mode se trouve le verbe dans la subordonnée circonstancielle de conséquence ?*

Le verbe de la subordonnée circonstancielle de conséquence se met :

■ **À l'indicatif, si la conséquence est présentée comme réellement atteinte :**
*Il est malade / si bien qu'il **est** absent.*

■ **Au subjonctif, si la conséquence n'est pas atteinte :**
● après une proposition principale ayant un sens négatif ou interrogatif :
  ***Il n'est pas si malade / qu'il ne puisse** travailler*
  ***Est-il si malade / qu'il ne puisse** travailler ?*
● après *pour que* et *sans que* :
  *Il a été trop désagréable / **pour que** je lui **pardonne**.*
  *Il est parti / **sans que** je le **sache**.*
● après le verbe *faire* et la locution *faire en sorte que* :
  ***Faites (en sorte) / qu'il s'en **aille**.*

■ **Au conditionnel, si la conséquence est présentée comme une éventualité :**
*Il a tellement changé / que tu ne le **reconnaîtrais** pas.*

588   *Quels sont les autres moyens d'exprimer la conséquence ?*

Elle a de nombreux équivalents possibles :
● **un nom ou un G.N. C.C. de conséquence :**
  *Il nous a quittés **pour notre plus grand malheur**.*

● **un infinitif prépositionnel C.C. de conséquence** construit avec les prépositions ou les locutions *à, assez... pour, au point de, de manière à, jusqu'à, trop... pour* :
  *Il a couru **à en perdre haleine**.*

● **deux propositions indépendantes, coordonnées ou juxtaposées :**
  *« **Je pense**, donc **je suis**. »* (DESCARTES) *Il est malade, aussi **est-il absent**.*

• une **proposition subordonnée relative** à valeur circonstancielle de conséquence :

▨ *Je rêve d'une femme **qui me comprenne**.*

◆*PLUS* **Il ne faut pas confondre...**

• ***pour que*** introduisant une subordonnée circonstancielle de conséquence (phrase 1) et ***pour que*** introduisant une proposition subordonnée circonstancielle de but (phrase 2) :

*Il fait trop peu d'efforts / **pour que** je l'encourage.* **(1)**

*Il fait tout / **pour que** ses enfants soient heureux.* **(2)**

La nuance est parfois subtile dans la mesure où le but peut être considéré comme une conséquence non encore réalisée (pour le bonheur futur de ses enfants). Or dans la phrase 1, la conséquence est également présentée comme non réalisée (je ne l'encouragerai pas).

• ***sans que*** introduisant une proposition subordonnée circonstancielle de conséquence (phrase 1) et ***sans que*** introduisant une proposition subordonnée circonstancielle de concession (phrase 2) :

*Elle a déménagé / **sans qu**'on le remarque.* **(1)** (= de telle manière, qu'on ne l'a pas remarqué)

*Il propose toujours son aide / **sans qu**'on la lui demande.* **(2)** (= bien qu'on ne la lui demande pas)

589

P ROPOSITION SUBORDONNÉE CONJONCTIVE CIRCONSTANCIELLE DE TEMPS

« Il faut battre le fer <u>pendant qu'il est chaud.</u> »

■ La **proposition subordonnée circonstancielle de temps**, aussi appelée **temporelle**, est une proposition **conjonctive** introduite par une **conjonction de subordination** (➡ § 284 à § 292) ou une **locution conjonctive**.

590

■ Elle indique si l'action exprimée par le verbe de la principale (➡ § 538 à § 545) se déroule en même temps, avant ou après l'action que son verbe exprime.

■ Elle occupe toujours la fonction de **complément circonstanciel de temps** du verbe de la principale :

▨ *Je lui annoncerai la bonne nouvelle / **lorsqu'**il reviendra.*

591 ## À quoi sert la proposition subordonnée circonstancielle de temps ?

■ Elle permet d'établir une relation d'**antériorité**, de **simultanéité** ou de **postériorité** entre l'action principale et l'action subordonnée, c'est-à-dire qu'elle indique si l'action exprimée dans la principale se déroule :

● **avant** celle exprimée dans la subordonnée (action antérieure) :

▨ *Je partirai / **avant qu'il revienne**.*

● **en même temps** que celle exprimée dans la subordonnée (action simultanée) :

▨ *Je partirai / **au moment où il reviendra**.*

● **après** celle exprimée dans la subordonnée (action postérieure ou ultérieure) :

▨ *Je partirai / **après qu'il sera revenu**.*

■ La proposition subordonnée circonstancielle de temps joue dans la phrase le même rôle qu'un nom ou qu'un G.N. C.C. de temps :

▨ *Je lui annoncerai / **quand il reviendra**. Je lui annoncerai **à son retour**.*

592 ## Quels sont les mots qui introduisent une proposition subordonnée circonstancielle de temps ?

● La proposition subordonnée marquant l'**antériorité** est introduite par les conjonctions et locutions *avant que, d'ici que, en attendant que, jusqu'à ce que, jusqu'au moment où...* :

▨ *Je resterai là / **jusqu'à ce que** tu reviennes.*

> **Attention !**
> **Avant que** est souvent accompagné d'un *ne* explétif, sans valeur négative :
> ▨ *Je partirai / **avant qu'**il **ne** revienne.*

● La proposition subordonnée marquant la **simultanéité** est introduite par les conjonctions et locutions *alors que, à mesure que, au moment où, aussi longtemps que, chaque fois que, comme, en même temps que, lorsque, maintenant que, pendant que, quand, tandis que, tant que, toutes les fois que...* :

▨ *Je partais / **au moment où** tu es arrivé.*
▨ *Il pleure / **toutes les fois qu'**il perd au Monopoly.*

● La proposition subordonnée marquant la **postériorité** est introduite par les conjonctions et locutions *après que, aussitôt que, depuis que, dès que, lorsque, quand, sitôt que, une fois que...* :

▨ *Je partirai / **après que** tu seras revenu.*
▨ *Je reviendrai / **quand** vous aurez terminé.*

• La conjonction *que* peut se substituer à l'ensemble des conjonctions et locutions conjonctives lorsqu'on veut éviter la répétition dans une proposition coordonnée :

*Je lui dirai / **quand** il reviendra / et / **qu'il** sera prêt.*

Quelle place la subordonnée circonstancielle de temps occupe-t-elle dans la phrase ?

593

Elle est **mobile**, tout comme le G.N. C.C. dont elle est l'équivalent. Elle peut :

• **suivre la proposition principale :**

*Je lui annoncerai la bonne nouvelle / **quand il reviendra**.*

• **couper la proposition principale :**

*Je lui annoncerai / **quand il reviendra** / la bonne nouvelle.*

• **précéder la proposition principale :**

***Quand il reviendra** / je lui annoncerai la bonne nouvelle.*

À quel mode se trouve le verbe dans la subordonnée circonstancielle de temps ?

594

Il varie selon que la subordonnée exprime l'antériorité, la simultanéité ou la postériorité. Le verbe de la subordonnée circonstancielle de temps se met :

■ **À l'indicatif**, lorsqu'il indique que l'action exprimée par le verbe de la proposition principale se déroule **après** ou **en même temps** que celle qu'il exprime. Dans ces cas-là, le fait exprimé par la subordonnée est réel ou considéré comme tel :

*Je partirai / après qu'il **sera revenu**.*

| *Attention !*
|_*Après que* gouverne l'indicatif.

■ **Au subjonctif**, lorsqu'il indique que l'action exprimée par le verbe de la proposition principale se déroule **avant** celle qu'il exprime. Dans ce cas, le fait exprimé par la subordonnée n'est pas encore réalisé, il n'est qu'envisageable :

*Je partirai / avant qu'il ne **revienne**.*

| *Attention !*
|_*Avant que* est toujours suivi du subjonctif.

■ **Au conditionnel :**

• lorsque le verbe de la principale est au passé et que l'on veut exprimer un futur dans le passé :

*Je **souhaitai** le voir / quand il **arriverait**.* (passé simple / conditionnel présent)

● lorsqu'il marque la simultanéité (1) ou l'antériorité (2) par rapport à l'action exprimée par un verbe au conditionnel dans la principale :

*Il **pourrait** travailler / pendant que nous **discuterions**.* (cond. prés. / cond. prés.)
(1) *Il **pourrait** travailler / après que nous **aurions discuté**.* (cond. prés. / cond. passé) **(2)**

595 ### Quels sont les autres moyens d'exprimer le temps ?

La subordonnée circonstancielle de temps a de nombreux équivalents :

● **un nom ou un G.N. C.C. de temps :**
*À **son retour**, je lui annoncerai la bonne nouvelle.*

● **un pronom C.C. de temps :**
*Je partirai **avant toi**.*

● **un adverbe C.C. de temps :**
*Je n'attendrai pas son retour ; je partirai **avant**.*

● **un infinitif prépositionnel C.C. de temps** construit avec les prépositions ou les locutions *après, avant de, avant que de* :
***Après avoir joué**, il s'est couché.*

● **un gérondif C.C. de temps :**
***En partant**, il m'a salué.*

● **une proposition participiale C.C. de temps :**
***Son travail terminé**, il se coucha.*

● **un participe apposé** avec valeur circonstancielle de temps :
***Enfin calmé**, il s'excusa.*

● **une proposition subordonnée relative** avec valeur circonstancielle de temps :
*Mon père, **qui venait de partir**, fut appelé au téléphone.*

● **une proposition subordonnée elliptique** introduite par *une fois* :
***Une fois rentré chez lui**, il s'est couché immédiatement.*

596 | *PLUS* **Il ne faut pas confondre...**
● *comme* introduisant une subordonnée circonstancielle de cause :
***Comme** tu as été gentil, / je vais te récompenser.* (= vu que)

● *comme* introduisant une proposition subordonnée circonstancielle de temps :
*Il partait / **comme** j'arrivais.* (= au moment où)

PROPOSITION SUBORDONNÉE COMPLÉTIVE

« Quand on veut noyer son chien, on dit qu'il a la rage. »

La **proposition complétive** est une proposition **subordonnée conjonctive.** Elle est généralement introduite par la **conjonction de subordination** (➡ § 284 à § 292) *que* et complète la plupart du temps le verbe de la principale (➡ § 538 à § 545), comme le ferait un **groupe nominal complément d'objet. Elle fait partie du groupe verbal :**

597

Je souhaite / qu'il parte. → *Je souhaite son départ.*

À quoi sert la proposition subordonnée complétive ?

598

La proposition subordonnée complétive, comme son nom l'indique, permet de **compléter le verbe de la proposition principale. Elle joue le rôle d'un complément essentiel (C.O.D., C.O.I.)** et ne peut donc être supprimée :

Je souhaite qu'il réussisse.

La complétive par *que* complète donc le verbe de la principale tout comme pourrait le faire un nom ou un G.N. :

Je souhaite sa réussite.

Quelles fonctions la subordonnée complétive peut-elle occuper dans la phrase ?

599

• La complétive est presque toujours **complément d'objet** du verbe de la principale et est introduite par *que* :

Je souhaite / qu'il réussisse.

Elle est le plus souvent **C.O.D.**

• **En fonction de C.O.I.**, elle est introduite par *à ce que, de ce que* :

Je veillerai / à ce que tout aille bien.
Je m'étonne / de ce qu'il parte.

• **En fonction de C.O.S.**, elle peut être introduite par *que* :

Claude a prévenu Annie / qu'il ne viendrait pas.

∼ *Mais...*
La complétive peut parfois être **sujet du verbe de la principale :**
Qu'il réussisse / est mon souhait le plus cher.
Là encore, on pourrait remplacer la complétive par un G.N. remplissant la même fonction de sujet :
Sa réussite est mon souhait le plus cher.

Attention !
Elle peut être également :
- **Sujet inversé :** *De toi dépend* / ***qu'il réussisse.***
- **Sujet réel :** *Il faut* / ***qu'il réussisse.***
- **Attribut du sujet de la principale :** *Mon **souhait** est* / ***qu'il réussisse.***
- **Apposée à un nom ou un pronom de la principale :** *Je ne souhaite qu'une chose* / ***qu'il réussisse.** **Qu'il réussisse** / voilà mon **souhait** le plus cher.*
- **Complément du nom ou de l'adjectif :** *Je formule le **souhait*** / ***qu'il réussisse.** Je suis **sûre*** / ***qu'il réussira.***

600 — Après quels types de verbes rencontre-t-on la subordonnée complétive ?

On rencontre la subordonnée complétive après des verbes :

- **de déclaration :** *affirmer, annoncer, déclarer, dire, jurer, raconter...* :
  - *Il a déclaré* / ***qu'il était innocent.***

- **de connaissance :** *apprendre, ignorer, savoir, s'apercevoir, se rendre compte...* :
  - *Je sais* / ***qu'il est venu.***

- **d'opinion :** *croire, estimer, juger, penser, trouver...* :
  - *Je trouve* / ***que tu exagères.***

- **de perception :** *entendre, sentir, voir...* :
  - *Je vois* / ***que vous avez fait des progrès.***

- **de sentiment :** *admirer, aimer, craindre, déplorer, douter, regretter...* :
  - *Je crains* / ***qu'il n'ait échoué.***

- **de souhait ou de volonté :** *désirer, exiger, ordonner, souhaiter, vouloir...* :
  - *J'exige* / ***que tu m'obéisses.***

Attention !
On trouve aussi la complétive après des tournures impersonnelles comme *il convient, il est nécessaire, il faut...* : *Il faut* / ***que je parte.***

601 — Comment forme-t-on une proposition subordonnée complétive ?

La proposition subordonnée complétive est un enchâssement de deux phrases :
  - *Je sais. Il est venu.*

La conjonction de subordination *que* permet de les subordonner :
  - *Je sais* / ***qu'il est venu.***

Quelle place la subordonnée complétive occupe-t-elle dans la phrase ?

La proposition complétive est très **mobile**. Elle peut :

• **suivre** la proposition principale, c'est le cas le plus fréquent :

Je souhaite / *qu'il réussisse.*

Attention !

• **La proposition principale peut être elliptique :**
Quelle chance / *que tu sois arrivé à temps !*
• **La proposition subordonnée complétive peut aussi être elliptique :**
Il soutient / *que oui.*

• **couper** la proposition principale :

L'espoir / *qu'il réussisse* / *me réconforte.*

• **précéder** la proposition principale :

Qu'il réussisse / *me surprendrait beaucoup.*

À quel mode se trouve le verbe dans la subordonnée complétive ?

■ Contrairement à d'autres propositions subordonnées, la proposition subordonnée complétive n'impose pas un mode à son verbe. Le choix du mode du verbe de la subordonnée complétive dépend uniquement du sens du verbe de la principale. Le verbe de la subordonnée complétive se met :

• **À l'indicatif :**

– **après les verbes de déclaration** comme *affirmer, dire, soutenir...*
Il m'a dit / *qu'il a réussi.*

– **après les verbes d'opinion** comme *croire, penser, juger...*
Je crois / *qu'il réussira.*

– **après les verbes de connaissance et de perception** comme *constater, savoir, sentir, entendre, voir...*
Je sais / *qu'il a réussi.*

• **Au conditionnel :**

– **avec valeur de futur dans le passé :**
Je savais / *qu'il réussirait.*

– **avec valeur d'hypothèse :**
Je sais / *qu'il réussirait.*

● **Au subjonctif :**

– **après des verbes de volonté** comme *désirer, souhaiter, vouloir, ordonner, interdire, défendre, redouter, permettre, obtenir…* :

▨ *Je veux / qu'il **réussisse**.*

– **après des verbes de sentiment** comme *se réjouir, déplorer, regretter…* :

▨ *Je me réjouis / que tu **aies réussi**.*

– **après des verbes de déclaration, d'opinion ou de perception** exprimant un fait seulement envisagé mais non encore réalisé, ou **de doute, de crainte** comme *douter, craindre* :

▨ *Je doute fort / qu'il **soit** capable d'un tel exploit.*

> *Attention !*
> ● **Après un verbe de crainte, le verbe de la complétive peut être accompagné d'un *ne* explétif, sans valeur négative :**
> *Je crains / qu'il **ne** vienne. (= j'ai peur qu'il vienne)*
> ● **Si l'on veut mettre la phrase à la forme négative, il faut dire :**
> *Je crains / qu'il ne vienne pas.*

– **après certaines tournures impersonnelles** comme *il se peut, il est possible, il est impossible, il faut, il importe, il vaut mieux…* :

▨ *Il vaut mieux / que tu t'en **ailles**.*

● **À l'indicatif ou au subjonctif** dans les phrases négatives ou interrogatives :

▨ *Je ne pense pas / qu'il **vienne**. Je ne pense pas / qu'il **viendra**.*
*Pensez-vous / qu'il **vienne** ? Pensez-vous / qu'il **viendra** ?*

■ Quel que soit le mode employé, le verbe de la complétive obéit toujours à la règle de la concordance des temps (➡ § 270 à § 277).

PROPOSITION SUBORDONNÉE INFINITIVE

« Laissez venir à moi les petits enfants. »

604

■ La **proposition infinitive** a pour noyau un verbe à l'infinitif (➡ § 339 à § 346) dont le sujet est distinct de celui du verbe de la principale (➡ § 538 à § 545).

■ La subordonnée infinitive occupe toujours la fonction de **complément d'objet direct** du verbe principal :

▨ *J'entends / **les oiseaux chanter**.*

À quoi sert la proposition subordonnée infinitive ? **605**

■ Elle permet de compléter le verbe de la proposition principale et joue le rôle de C.O.D. de ce verbe :

▧ *J'entends **les oiseaux chanter**.*

Elle ne peut donc être supprimée :

▧ **J'entends.*

■ La subordonnée infinitive complète donc le verbe de la principale tout comme pourrait le faire :

● **un nom ou un G.N. C.O.D. :**

▧ *J'entends **le chant des oiseaux**.*

● **une proposition subordonnée complétive :**

▧ *J'entends / **que les oiseaux chantent**.*

● **un C.O.D. complété d'une relative :**

▧ *J'entends **les oiseaux** / **qui chantent**.*

Qu'est-ce qui distingue la proposition subordonnée infinitive des autres propositions subordonnées ? **606**

■ La subordonnée infinitive présente les caractéristiques suivantes :

● À la différence des autres propositions subordonnées, conjonctive (phrase 1) ou relative (phrase 2), la subordonnée infinitive (phrase 3) **n'est pas introduite par un mot subordonnant** (conjonction de subordination ou pronom relatif) :

▧ *J'entends / **que** les oiseaux chantent.* **(1)**
*J'entends les oiseaux / **qui** chantent.* **(2)**
*J'entends / **les oiseaux chanter**.* **(3)**

● À la différence des autres propositions subordonnées, elle comporte, non pas un verbe conjugué, mais un **verbe à l'infinitif.**

● Le sujet du verbe à l'infinitif est distinct de celui de la principale :

▧ *J'entends / **les oiseaux** chanter.*

Qu'est-ce qui distingue la proposition subordonnée infinitive d'un groupe infinitif prépositionnel ? **607**

▧ *Je prie le visiteur d'entrer.*

Le verbe *prie* a deux compléments d'objet de construction différente :

- **un C.O.D. :** le G.N. *le visiteur.*
- **un C.O.I. :** l'infinitif prépositionnel *d'entrer.*

Chaque complément d'objet pourrait être remplacé par un pronom :

▦ *Je l'en prie.*

l' = le visiteur ; en = d'entrer.

Dans ce cas, on ne parlera pas de proposition subordonnée infinitive.

～ Mais...

J'entends / les oiseaux chanter.

- Dans cette phrase, le verbe *entends* a deux compléments d'objet de même construction :
– **un C.O.D. :** le G.N. *les oiseaux* ; un **deuxième C.O.D. :** l'infinitif *chanter.*

- Par ailleurs, le G.N. *les oiseaux* occupe une double fonction dans cette phrase : il est à la fois C.O.D. du verbe *entends* et sujet de l'infinitif *chanter.*

Il faut donc analyser l'ensemble *les oiseaux chanter,* où l'infinitif est construit sans préposition, et où il a un sujet propre, différent de celui de la principale, comme une proposition à part entière : *J'entends / les oiseaux chanter.*

Dans ce cas, il n'est plus possible de remplacer chacun des deux compléments d'objet par un pronom, car aucun pronom ne peut être substitué à l'infinitif C.O.D. En revanche, on peut remplacer le G.N. à la double fonction de sujet et de C.O.D. par un pronom : *J'entends **les oiseaux** chanter. ➜ Je **les** entends chanter.*

Le pronom *les* est même susceptible de remplacer l'ensemble du groupe *les oiseaux chanter : Entends-tu les oiseaux chanter ? Oui, je les entends.*

Les oiseaux chanter est naturellement perçu comme un tout homogène, une proposition, et non pas comme deux C.O.D. dépendant du verbe *entends.*

608

Après quels verbes rencontre-t-on une subordonnée infinitive ?

- **Après des verbes de sensation** *(regarder, écouter, voir, sentir, entendre)* **:**

▦ *Je regarde / **les avions décoller.***

- **Après des verbes d'affirmation** *(dire, affirmer, savoir, prétendre...)* **lorsque son sujet est le pronom relatif** *que* **:**

▦ *J'ai aimé ce spectacle / que vous disiez **être inintéressant.***

Dans la phrase ci-dessus, le pronom relatif *que* occupe une double fonction. Il est à la fois C.O.D. du verbe *disiez* et sujet de l'infinitif *être.* Dans cet enchâssement complexe, la subordonnée relative dépend de la principale. Quant à la subordonnée infinitive, elle dépend de la relative qui lui tient lieu de proposition principale.

- **Après des semi-auxiliaires comme** *faire, laisser* :
   Laisse / passer ta petite sœur.
- **Après les présentatifs** *voici, voilà* :
   Voici / venir le printemps.

Quels sont les mots ou groupes de mots qui peuvent être sujet de la proposition infinitive ?

609

Le sujet de la subordonnée infinitive peut être :
- **un nom ou un G.N. (souvent inversé) :**
   Nous regardâmes / le groupe d'enfants s'éloigner.
- **un pronom (personnel ou interrogatif) qui précède le verbe de l'infinitive :**
   J'entends / quelqu'un crier.

Attention !
- **Le sujet de l'infinitive est parfois omis :**
   J'entends pleurer. (= *j'entends quelqu'un pleurer*)
- **La relative peut être doublée d'une infinitive :**
   L'homme / que tu vois pleurer / est un ami.

Quel est l'ordre des mots dans l'infinitive ?

610

■ Généralement, le sujet de la subordonnée infinitive suit ou précède son verbe :
   J'entends / les oiseaux chanter. J'entends / chanter les oiseaux.

〜 **Mais...**
- **Lorsque le sujet est un pronom personnel, un pronom relatif ou un pronom interrogatif, ce sujet se place devant le verbe de la proposition principale :**
   J'entends / les oiseaux chanter. Je les entends chanter.
   Qui entends-je chanter ? Les oiseaux que j'entends chanter...
- **Après** *faire* **et** *voici*, **le sujet est toujours inversé :**
   Faites / entrer l'accusé. Voici / venir le printemps.
   Sauf lorsque le sujet est un pronom :
   Faites-le entrer. Le voici venir.

■ Lorsque la proposition infinitive contient un C.O.D., le sujet se place :
- **devant le verbe :**
   J'ai entendu / les oiseaux chanter une douce mélodie.
- **derrière le verbe**, en faisant précéder le sujet par les prépositions *par* ou *à* :
   J'ai entendu / chanter une douce mélodie par les oiseaux.

Attention !
Cette construction devient obligatoire derrière *faire* et *laisser*.
On ne peut dire : **J'ai fait le garagiste réparer ma voiture.*
On dira : *J'ai fait réparer ma voiture par le garagiste. Je lui ai fait réparer ma voiture.*

■ La proposition subordonnée infinitive peut contenir des compléments autres qu'un C.O.D., notamment un C.C. Celui-ci se place généralement après l'infinitif :

▨ *Je regarde / les enfants **jouer dans la cour**.*

611

PLUS ● **Il faut éviter les confusions d'analyse dans les phrases du type :**
J'entends siffler le train.
J'entends siffler le chien.
Le train est sujet inversé de *siffler*.

Le chien est C.O.D. de l'infinitif *siffler* dans une proposition infinitive dont le sujet est omis (*J'entends quelqu'un siffler le chien.*).
● **L'infinitif à la voix active peut se charger d'une nuance pronominale :**
Faites taire vos élèves.

Proposition subordonnée interrogative indirecte

« Dis-moi qui tu hantes, je te dirai qui tu es. »

612

■ La **proposition interrogative indirecte** est une proposition **subordonnée** introduite par un **mot interrogatif** (*qui, quand, comment, combien, où, lequel, que...*) et qui dépend d'un verbe principal exprimant une interrogation implicite ou explicite (*demander, se demander, dire...*) (➡ § 538 à § 545).

■ Elle est presque toujours **complément d'objet** de ce verbe :

▨ *Je lui ai demandé / **si elle viendrait ce soir**. Dis-moi / **où tu vas**.*

613

À quoi sert la subordonnée interrogative indirecte ?

La subordonnée interrogative indirecte est un des moyens dont nous disposons pour interroger quelqu'un ou s'interroger soi-même.

En effet on peut utiliser :

• **soit l'interrogation directe** exprimée par une proposition indépendante interrogative :

░ *« Viendras-tu ce soir ? »*

• **soit l'interrogation indirecte** exprimée par une proposition subordonnée interrogative indirecte :

░ *Je lui ai demandé / **si elle viendrait ce soir.***

Quelles sont les marques respectives de l'interrogation directe et de l'interrogation indirecte ? 614

■ **L'interrogation directe est exprimée :**

• **soit au moyen d'un mot interrogatif dans le cas d'une interrogation partielle** (⟶ § 352 à § 359) :

– pronom interrogatif (*qui, que, quoi, lequel...*) :

░ ***Qui** est-elle ?*

– adjectif interrogatif (*quel, quelle, quels...*) :

░ ***Quel** âge a-t-elle ?*

– adverbe interrogatif (*comment, quand, pourquoi, où, combien...*) :

░ ***Comment** va-t-elle ?*

• **soit sans mot interrogatif dans le cas d'une interrogation totale :**

– par simple inversion du sujet :

░ *Viendra-t-elle ?*

– par le gallicisme *est-ce que* :

░ *Est-ce qu'elle viendra ?*

– par la simple intonation (langue parlée) :

░ *Elle viendra ?*

■ **L'interrogation indirecte modifie ces six façons d'interroger comme suit :**

░ *Dis-moi / **qui elle est.***
*Dis-moi / **quel âge elle a.***
*Dis-moi / **comment elle va.***
*Je me demande / **si elle viendra.***
*Je me demande / **si elle viendra.***
*Je me demande / **si elle viendra.***

615 *Quelles sont les modifications qui marquent le passage de l'interrogation directe à l'interrogation indirecte ?*

- **L'inversion du sujet disparaît :**
  *Qui est-**elle** ?* → *Dis-moi / qui **elle** est.*

> **Attention !**
> Il arrive que le sujet soit inversé dans la subordonnée interrogative indirecte :
> *Dis-moi / qui **est cette femme**.*

- **Le point d'interrogation est remplacé par un point :**
  Qui est-elle ? → *Dis-moi qui elle est.*

~ **Mais...**
Si la proposition principale est elle-même interrogative, le point d'interrogation subsiste :
  ***Me direz-vous** / qui est cette femme ?*

- **Les mots interrogatifs ne changent pas :**
  ***Qui** est-elle ?* → *Dis-moi / **qui** elle est.*
  ***Quel** âge a-t-elle ?* → *Dis-moi / **quel** âge elle a.*
  ***Comment** va-t-elle ?* → *Dis-moi / **comment** elle va.*
  ***Pourquoi** est-elle là ?* → *Dis-moi / **pourquoi** elle est là.*

~ **Exceptions :**
Le pronom neutre *que*, les locutions *qu'est-ce qui, qu'est-ce que* qui deviennent *ce qui, ce que* selon la fonction qu'ils occupent :
  ***Que** fais-tu ? **Qu'est-ce que** tu fais ?* → *Dis-moi / **ce que** tu fais.*
  ***Que** se passe-t-il ? **Qu'est-ce qui** se passe ?* → *Dis-moi / **ce qui** se passe.*

- **L'interrogation directe sans mot interrogatif** marquée par la simple inversion du sujet, la locution *est-ce que* ou la simple intonation, **devient une subordonnée introduite par l'adverbe interrogatif *si*** :
  Viendra-t-elle ?
  Est-ce qu'elle viendra ? → *Dis-moi / **si** elle viendra.*
  Elle viendra ?

616 *Quelles fonctions la subordonnée interrogative indirecte peut-elle occuper ?*

Généralement, la subordonnée interrogative indirecte est C.O.D. du verbe de la principale. Elle est d'ailleurs l'équivalent d'un nom ou d'un G.N. C.O.D. :
  *Dis-moi / **qui elle est**.* → *Dis-moi **son nom**.*

Parce qu'elle est équivalente, dans cette fonction, d'un nom ou d'un G.N. C.O.D., elle peut être coordonnée à un G.N. C.O.D. (phrase 1) ou à une proposition subordonnée complétive C.O.D. (phrase 2) :

*Je sais **son adresse** et / **qui elle est**. (1)*
*Je sais / **que tu l'as fait** / et / **pourquoi tu l'as fait**. (2)*

~ *Mais...*
Il arrive qu'elle occupe la fonction de sujet. Elle joue alors le même rôle qu'un nom ou qu'un G.N. sujet :
*Qui elle est / ne me regarde pas. = **Son nom** ne me regarde pas.*

Quelle place la subordonnée interrogative indirecte occupe-t-elle dans la phrase ? **617**

■ La plupart du temps, la subordonnée interrogative indirecte **suit la proposition principale** dont elle dépend :

*Je ne sais pas / **qui elle est**.*

Attention !
Elle peut être elliptique :
*Elle n'est pas venue ; je me demande / **pourquoi**.*

■ Il arrive qu'elle précède la proposition principale :

• lorsqu'elle occupe la fonction de sujet :

Qui elle est / ne me regarde pas.

• pour des raisons de mise en relief. Elle est alors reprise par un pronom :

*Qui elle est / je ne **le** sais pas.*

Quelle autre nuance permet-elle d'exprimer ? **618**

La subordonnée interrogative indirecte peut prendre une valeur exclamative :
*Si tu savais / **comme (combien) tu es belle** !*

À quel mode se trouve le verbe dans la subordonnée interrogative indirecte ? **619**

Contrairement à d'autres propositions subordonnées, la proposition subordonnée interrogative indirecte n'impose pas un mode à son verbe. Le choix du mode du verbe de la subordonnée interrogative dépend de la nuance que l'on veut exprimer. Le verbe de la subordonnée interrogative se met :

■ **À l'indicatif, lorsque le fait est envisagé comme réel :**

*J'ignore / ce qu'il **a dit**.*

■ **Au conditionnel :**

● pour exprimer le futur dans le passé :

*J'ignorais / ce qu'il **dirait**.*

● pour exprimer une supposition :

*J'ignore / ce qu'il **dirait**.*

■ **À l'infinitif lorsque l'on veut exprimer un doute, une hésitation :**

*Je ne sais / que **dire**.*

620

PLUS **Il ne faut pas confondre...**

● **quand** (conjonction de subordination) et **quand** (adverbe interrogatif).
– quand, conjonction de subordination, introduit une proposition subordonnée circonstancielle de temps et signifie *au moment où* :
Quand tu partiras, / dis-le moi.
– quand, adverbe interrogatif, introduit une proposition subordonnée interrogative indirecte et signifie *à quel moment* :
*Dis-moi / **quand** tu comptes partir.*
On peut lui substituer une interrogation directe :
Dis-moi : « Quand comptes-tu partir ? »
● **si** (conjonction de subordination) et **si** (adverbe interrogatif).
– si, conjonction de subordination, introduit une proposition subordonnée circonstancielle de condition et signifie *au cas où* :
Si tu pars, / dis-le moi.
– si, adverbe interrogatif, introduit une proposition subordonnée interrogative indirecte :
*Dis-moi / **si** tu pars demain.*

On peut lui substituer une interrogation directe :
Dis-moi : « Est-ce que tu pars demain ? »
● **qui, ce qui, ce que** (pronoms interrogatifs) et **qui, (ce) qui, (ce) que** (pronoms relatifs) :
– qui, ce qui, ce que, pronoms interrogatifs, introduisent une proposition subordonnée interrogative indirecte :
*Dis-moi / **qui** est là.*
*Dis-moi / **ce qui** t'arrive.*
*Dis-moi / **ce que** tu fais.*
Dans ce cas, on peut substituer une indépendante interrogative directe à la subordonnée interrogative indirecte :
– Qui est là ? Qu'est-ce qui se passe ? Que fais-tu ?
qui, (ce) qui, (ce) que, pronoms relatifs, introduisent une proposition subordonnée relative :
*C'est lui / **qui** est là.*
*Ce / **qui** t'arrive / est incroyable.*
*Ce / **que** tu fais / est malhonnête.*
Dans ces cas-là, il est impossible de substituer une indépendante interrogative directe aux subordonnées relatives.

PROPOSITION SUBORDONNÉE PARTICIPIALE

« Le chat parti, les souris dansent. »

621

■ La **proposition participiale**, aussi appelée proposition **subordonnée participe**, a pour noyau un verbe au participe présent (➡ **§ 412 à § 417**) ou passé (➡ **§ 406 à § 411**) dont le sujet est distinct de celui du verbe de la principale (➡ **§ 538 à § 545**).

■ La subordonnée participiale est **circonstancielle**, c'est-à-dire qu'elle occupe toujours la fonction de **complément circonstanciel** du verbe principal :

Le gâteau découpé / on distribua une part à chaque enfant.
Le temps se couvrant / ils décidèrent de rentrer.

Qu'est-ce qui distingue la proposition subordonnée participiale des autres propositions subordonnées ?

622

• À la différence des propositions subordonnées conjonctive ou relative, et comme l'infinitive, la subordonnée participiale n'est pas introduite par un mot subordonnant (conjonction de subordination ou pronom relatif) :

Le gâteau découpé / on en distribua une part à chacun. **(participiale)**
Quand le gâteau fut découpé / on en distribua une part à chacun. **(conjonctive)**
On distribua à chacun une part du gâteau / **qui avait été découpé. (relative)**

• À la différence des autres propositions subordonnées, elle comporte, non pas un verbe conjugué, mais un verbe au **mode participe** (présent ou passé) :

*L'hiver **venant*** / les jours raccourcissent. **(participe présent)**
*Le gâteau **découpé*** / on en distribua une part à chacun. **(participe passé)**

• Le verbe de la proposition participiale ne peut pas être supprimé :

*Le gâteau, on en distribua une part à chacun.

• Le sujet du verbe au mode participe est distinct de celui de la principale :

*Le gâteau découpé / **on** en distribua une part à chacun.*

Qu'est-ce qui distingue la proposition subordonnée participiale d'un participe apposé ou épithète ?

623

▲ **Comparons :**

Ses chaussures cirées / il alla se coucher. **(prop. sub. part.)**
*Ses chaussures, bien **cirées**, faisaient l'admiration de tous.* **(apposé)**
*Il avait toujours des chaussures bien **cirées**.* **(épithète)**

On peut supprimer le participe passé *cirées* dans les phrases 2 et 3 (il équivaut à un adjectif qualificatif apposé et épithète), alors qu'il est indispensable dans la phrase 1 (il est le verbe-noyau de la proposition participiale).

624   *Quelles formes le verbe de la participiale peut-il prendre ?*

Le verbe de la proposition subordonnée participiale est toujours au mode participe. Il peut se présenter sous les formes suivantes :

■ **Un participe passé, simple ou composé (➠ § 406 à § 411) :**

● **actif :**
  *Un incident **ayant retardé** son train / il est arrivé en retard.*

● **passif :**
  *Le train **ayant été retardé** par un incident / il est arrivé en retard.*

● **pronominal :**
  *Le conducteur **s'étant trompé** d'itinéraire / le train est arrivé en retard.*

■ **Un participe présent (➠ § 412 à § 417) :**

● **actif :**
  *Sa femme n'**aimant** pas voyager / ils n'ont jamais quitté la France.*

● **passif :**
  *Le train **étant retardé** par un incident / il aura vingt minutes de retard.*

● **pronominal :**
  *La mer **se retirant** / ils décidèrent d'aller ramasser des coquillages.*

625   *À quoi sert la proposition subordonnée participiale ?*

Elle joue le même rôle qu'une subordonnée conjonctive circonstancielle. Néanmoins, elle permet d'exprimer moins de nuances que les subordonnées conjonctives circonstancielles. En effet, la proposition participiale peut exprimer :

● **le temps :**
  *Le gâteau **partagé** / on en distribua une part à chacun. (= Quand le gâteau...)*

● **la cause :**
  *L'hiver **approchant** / les jours raccourcissent. (= Vu que l'hiver...)*
Il est d'ailleurs parfois difficile de distinguer la cause du temps.

● **la condition :**
  *Elle **partie** / je me laisserais mourir. (= Si elle partait...)*

• la concession :

> *Toute chance de le revoir évanouie* / *elle continuait à guetter son retour.*
> (= Bien que...)

Quels sont les mots ou groupes de mots qui peuvent être sujet de la proposition participiale ?   `626`

• **Un nom ou un G.N. :**

> *Le gâteau d'anniversaire découpé* / *on en distribua une part à chaque enfant.*

• **Un pronom :**

> *Lui guéri* / *ils purent partir en vacances.*

• **Un adverbe de quantité :**

> *Beaucoup d'élèves étant absents* / *le cours n'a pas eu lieu.*

PLUS • **en latin...**   `627`
La proposition participiale trouve son équivalent sous la forme de l'ablatif absolu :
Partibus factis, verba fecit leo.
Les parts étant faites, le lion prit la parole.
Les caractéristiques de cette construction sont identiques à celle du français : absence de mot subordonnant, sujet (à l'ablatif) distinct de celui du verbe principal, verbe-noyau participe.

• *le cas échéant, cela dit, cela fait, moi vivant...*
Ces expressions figées sont à l'origine des propositions participiales et peuvent être analysées comme telles.

P ROPOSITION SUBORDONNÉE RELATIVE

« On ne vend pas le poisson qui est encore dans la mer. »

■ La **proposition relative** est une proposition **subordonnée** (➡ § 538 à § 545).   `628`
■ Elle est introduite par un pronom relatif (➡ § 524 à § 531) qui la relie à son antécédent :

> *Nous avons vendu la __maison__* / *qui appartenait à mon père.*

qui, pronom relatif, a pour antécédent le nom *maison*.

---

629 *À quoi sert la proposition subordonnée relative ?*

■ La proposition subordonnée relative permet de **compléter un nom ou un pronom appartenant à la proposition principale et que l'on appelle son antécédent**. Elle apporte des informations sur ce nom ou ce pronom, tout comme pourrait le faire un **adjectif épithète** ou un **complément du nom**. Elle est une **expansion du G.N.**

Comparons :

Nous avons vendu la maison. **(1)**
*Nous avons vendu la maison / **qui appartenait à mon père**.* **(2)**

Dans la phrase 1, le nom *maison* est indéterminé. Dans la phrase 2, la proposition subordonnée relative apporte suffisamment d'informations sur l'antécédent *maison* pour que l'on puisse l'identifier.

■ La même information aurait pu être apportée :

● par un **adjectif épithète** :

*Nous avons vendu la maison **paternelle**.*

● par un **complément du nom** :

*Nous avons vendu la maison **de mon père**.*

Dans ces phrases, l'information apportée par la relative, l'épithète et le complément du nom est la même. Néanmoins, il n'est pas toujours possible de remplacer la relative par un adjectif ou un complément du nom de sens équivalent.
Tout en jouant le même rôle, la proposition subordonnée relative (phrase 1) permet, la plupart du temps, d'apporter une information plus précise ou plus complète que l'adjectif épithète (phrase 2) ou le complément du nom (phrase 3) :

*Il habite la maison / **qui a des volets verts et une véranda**.* **(1)**
*Il habite la maison **voisine**.* **(2)**
*Il habite la maison **d'en face**.* **(3)**

630 *Qu'appelle-t-on subordonnée relative déterminative ?*

On dit qu'une proposition subordonnée relative est **déterminative** lorsqu'elle complète de façon indispensable l'antécédent.

*Je vous présente **l'ami** / **dont je vous ai parlé**.*

On ne peut supprimer la subordonnée relative sans que le sens de la phrase devienne incomplet :

*Je vous présente l'ami.

Qu'appelle-t-on subordonnée relative explicative ？ 631

● On dit qu'une proposition subordonnée relative est **explicative** lorsque le complément d'information qu'elle apporte sur l'antécédent peut être supprimé sans que la phrase perde son sens :

▨ Mon **frère** / **(qui est très timide)** / *parle peu.*

● La relative explicative est généralement en position détachée, encadrée par deux virgules, tout comme l'apposition :

▨ *Mon frère, très timide, parle peu.*

C'est pourquoi la relative explicative est parfois appelée **appositive**.

Quelles nuances la proposition subordonnée relative permet-elle d'exprimer ？ 632

■ Toute subordonnée relative permet de compléter le sens de son antécédent, à la manière d'un adjectif épithète ou d'un complément du nom.

■ Il arrive que la subordonnée relative se charge de nuances circonstancielles :

● **de cause (c'est essentiellement le cas de la subordonnée relative explicative) :**

▨ *Mon frère,* **qui est très timide,** *parle peu.*

● **de temps :**

▨ *Mon père,* **qui venait de partir,** *fut appelé au téléphone.*

● **de but :**

▨ *Prescrivez-moi un remède* **qui me guérisse vite.**

● **de condition :**

▨ *Un élève* **qui me répondrait sur ce ton** *serait immédiatement exclu.*

Les subordonnées relatives à valeur circonstancielle sont souvent explicatives.

Comment forme-t-on une proposition subordonnée relative ？ 633

Comme presque toutes les propositions subordonnées, la relative est reliée à la principale par un **mot subordonnant**, le **pronom relatif** ; il permet d'introduire la subordonnée et remplace, en tant que pronom, un nom ou un pronom appartenant à la proposition principale et qu'on appelle antécédent :

▨ *Nous avons vendu la* **maison** / **qui appartenait à mon père.**

L'analyse des mots *maison* et *qui* montre que :

– le nom *maison* est C.O.D. de *avons vendu*, noyau de la principale ;

– le pronom relatif *qui*, représentant le nom *maison*, est sujet de *appartenait*, noyau de la subordonnée. Le même mot *maison* occupe donc deux fonctions différentes dans deux propositions différentes, ce qui, en l'absence du pronom relatif, se traduirait par :

> *Nous avons vendu une* **maison**. (C.O.D.)
> *Cette* **maison** *appartenait à mon père*. (sujet)

Grâce au pronom relatif, on évite la répétition du nom *maison*, et on obtient une seule phrase au lieu de deux. Cette procédure est appelée **enchâssement**.

> **Attention !**
> **Le pronom relatif suit presque toujours son antécédent pour éviter des confusions du type :** *Je vous présente un ami et son frère qui habite l'Angleterre.*
> **On dira :** *Je vous présente un* **ami** / *qui habite l'Angleterre / et son frère.*

∼ Mais...
La proposition subordonnée relative peut être elliptique :

> *Elle est propriétaire de deux maisons /* **dont** *une au bord de la mer.*
> *Les invités buvaient /* **qui** *du jus de fruit /* **qui** *du porto /* **qui** *de l'eau.*

634　　　*Qu'appelle-t-on subordonnée relative sans antécédent ?*

● Certaines propositions relatives n'ont pas d'antécédent exprimé :

> **Qui aime bien** / *châtie bien.*

Il est utile, pour l'analyse, de sous-entendre un antécédent indéterminé (par exemple, le pronom *celui*) :

> *(Celui) qui aime bien / châtie bien.*

Dans ces phrases, le pronom relatif *qui* est invariable et introduit toujours un verbe à la troisième personne du singulier.

● Les propositions subordonnées relatives sans antécédent peuvent aussi être introduites par les **pronoms relatifs indéfinis** *quiconque, qui que ce soit qui (que), quoi que ce soit qui (que)* :

> *Punissez /* **quiconque désobéira**.

● Certaines relatives dépendent d'une principale elliptique :

> *« Heureux / qui comme Ulysse [...] »* (Du Bellay)

635　　　*Quelle place la subordonnée relative occupe-t-elle dans la phrase ?*

La subordonnée relative est **extrêmement mobile**, tout comme l'adjectif épithète dont elle est souvent un équivalent.

Elle peut :

- **suivre la proposition principale :**
  *Je reconnais l'homme / **qui vient d'entrer**.*
- **couper la proposition principale :**
  *L'homme / **qui venait d'entrer** / ne m'était pas inconnu.*
- **précéder la proposition principale :**
  ***Qui ne dit mot** / consent.*

À quel mode se trouve le verbe dans la subordonnée relative ? 636

Contrairement à d'autres propositions subordonnées, la relative n'impose pas un mode à son verbe. Le choix du mode du verbe de la subordonnée relative dépend donc uniquement de la nuance que l'on veut exprimer.
Le verbe de la subordonnée relative peut être :

■ **À l'indicatif :**
  *Je ne connais pas les gens / qui **habitent** la maison voisine.*

■ **Au conditionnel :**
  *Nous avons visité une exposition / qui **t'aurait** beaucoup **plu**.*

■ **Au subjonctif, notamment :**

- **après un superlatif relatif** (*le plus...*) ou après *le seul, le premier* :
  *C'est **le seul** ami / qui ne m'**ait** jamais **trahi**.*
- quand la relative exprime une **intention**, un **but**, un **désir** :
  *Prescrivez-moi un remède / qui **puisse** me guérir.*
- quand la relative se trouve après *ne... que, seulement* :
  *Je **ne** connais **qu'**une personne / qui **soit** capable d'un tel exploit.*

■ **À l'infinitif :**
  *Il a / de quoi se **plaindre**.*

Quelles fonctions la subordonnée relative occupe-t-elle dans la phrase ? 637

■ La subordonnée relative est **complément de l'antécédent** (ici : *homme*) :
  *Je connais l'**homme** / **qui t'a salué**.*
  *Je connais l'**homme** / **que tu as salué**.*
  *Je connais l'**homme** / **à qui tu as parlé**.*
  *Je connais l'**homme** / **dont le frère est ici**.*

∼ Mais...
La fonction du pronom relatif change :
*Je connais l'homme / **qui** t'a salué.* → *qui* est **sujet** de *a salué.*
*Je connais l'homme / **que** tu as salué.* → *que* est **C.O.D.** de *as salué.*
*Je connais l'homme / **à qui** tu as parlé.* → *à qui* est **C.O.I.** de *as parlé.*
*Je connais l'homme / **dont** le frère est ici.* → *dont* est **complément du nom** *frère.*

■ Les propositions relatives sans antécédent ne peuvent être complément de l'antécédent puisqu'elles n'en ont pas. Elles ont alors la fonction qu'aurait leur antécédent si on le rétablissait :

● **sujet :**
Qui aime bien / *châtie bien.*

● **C.O.D. :**
*Embrassez / **qui vous voudrez.***

● **C.O.I. ou C.O.S. :**
*Offrez ce bouquet / **à qui vous voudrez.***

● **C.C. de lieu :**
*J'irai / **où tu iras.***

STYLE DIRECT, INDIRECT, INDIRECT LIBRE

Il m'a dit : « Je m'en vais. »
Il m'a dit qu'il s'en allait.

638

■ Les paroles ou les pensées de quelqu'un peuvent être rapportées de trois façons différentes :

● **au style direct :**

Anne-Laure ne voulant pas aller à son cours de piano invente une excuse :
« J'ai beaucoup de devoirs à faire pour demain.
En rentrant de mon cours de piano, je n'aurai plus le temps d'apprendre mes leçons. »

Dans cette phrase, les paroles d'Anne-Laure sont rapportées telles quelles, sans être modifiées ; elle se désigne par le pronom personnel *je* ; elle dit : *mon cours, mes leçons, demain.* Des guillemets sont nécessaires.

● **au style indirect :**

> *Anne-Laure ne voulant pas aller à son cours de piano prétend qu'elle a beaucoup de devoirs à faire pour le lendemain et qu'en rentrant de son cours de piano, elle n'aura plus le temps d'apprendre ses leçons.*

Dans cette phrase, les paroles d'Anne-Laure sont rapportées selon le point de vue du narrateur, c'est-à-dire de celui qui parle ou écrit ; dans ce cas, c'est lui qui dit *je*. Les paroles d'Anne-Laure sont reproduites dans des propositions subordonnées introduites par *que*. Anne-Laure est représentée par le pronom personnel *elle* et le narrateur dit : *son cours, ses leçons, le lendemain*. Les guillemets ne sont plus nécessaires.

● **au style indirect libre :**

> *Anne-Laure ne voulant pas aller à son cours de piano invente une excuse : elle a beaucoup de devoirs à faire pour le lendemain, en rentrant de son cours de piano, elle n'aura plus le temps d'apprendre ses leçons.*

Les paroles d'Anne-Laure sont rapportées dans des propositions indépendantes. Anne-Laure est encore représentée par le pronom personnel *elle*, et le narrateur dit : *son cours, ses leçons, le lendemain*, mais il rapporte les paroles d'Anne-Laure sans les prendre à son compte.

Quelles sont les marques du style direct ? 639

■ Les paroles rapportées au style direct peuvent être :

● **introduites par un verbe du type** *dire, affirmer, crier...* :

> *Elle entra et **dit** : « Me voilà ! »*

● **soulignées par une proposition incise :**

> *Me voilà ! **dit-elle**.*

● **insérées dans le récit sans verbe introducteur ni incise :**

> *Elle entra. « Me voilà ! »*

■ Les paroles rapportées au style direct présentent une série de formes spécifiques qui se définissent par relation avec le locuteur et qui concernent :

● **la personne** : les pronoms personnels et les mots possessifs renvoient :
– à celui qui parle (le locuteur) : *je, ma, la mienne...*
– à celui à qui le locuteur parle (l'interlocuteur) : *tu, ta, la tienne...*
– à celui dont le locuteur et l'interlocuteur parlent : *il, sa, la sienne...*

> *Je trouve que tu n'es pas gentil. Regarde ton frère, il est sage, lui.*

- **le temps** : les temps du verbe situent l'action par rapport au présent du locuteur, c'est-à-dire par rapport au moment où il parle :

  Demain il me dira encore : « Je suis fatigué. Je ne peux pas venir. »
  Hier il m'a encore dit : « Je suis fatigué, je ne peux pas venir. »

- **le lieu** : l'adverbe *ici* désigne l'endroit où se trouve celui qui parle.

- **l'interrogation ; elle est directe** (➡ § 352 à § 359) :

  Elle entra et demanda : « Est-ce que Pierre est arrivé ? »

---

640   *Quelles sont les modifications dues au passage du style direct au style indirect ?*

■ **Les pronoms personnels et les mots possessifs** varient en fonction de la personne qui rapporte les propos tenus et en fonction du destinataire :

- **Le locuteur et l'agent de l'action sont une seule et même personne :**

STYLE DIRECT		STYLE INDIRECT
Je t'ai dit : « Je reviendrai. »	→	*Je t'ai dit que je reviendrais.*
Tu m'as dit : « Je reviendrai. »	→	*Tu m'as dit que tu reviendrais.*
Il m'a dit : « Je reviendrai. »	→	*Il m'a dit qu'il reviendrait.*

Il en est de même pour les mots possessifs :

STYLE DIRECT		STYLE INDIRECT
Je t'ai dit : « Mon père vient. »	→	*Je t'ai dit que mon père venait.*
Tu m'as dit : « Mon père vient. »	→	*Tu m'as dit que ton père venait.*
Il m'a dit : « Mon père vient. »	→	*Il m'a dit que son père venait.*

- **L'interlocuteur et l'agent de l'action sont une seule et même personne :**

STYLE DIRECT		STYLE INDIRECT
Je t'ai dit : « Tu reviendras. »	→	*Je t'ai dit que tu reviendrais.*
Tu m'as dit : « Tu reviendras. »	→	*Tu m'as dit que je reviendrais.*
Il lui a dit : « Tu reviendras. »	→	*Il lui a dit qu'il reviendrait.*

Il en est de même pour les mots possessifs :

STYLE DIRECT		STYLE INDIRECT
Je t'ai dit : « Ton père vient. »	→	*Je t'ai dit que ton père venait.*
Tu m'as dit : « Ton père vient. »	→	*Tu m'as dit que mon père venait.*
Il lui a dit : « Ton père vient. »	→	*Il lui a dit que son père venait.*

- **L'agent de l'action n'est ni le locuteur, ni l'interlocuteur :**

STYLE DIRECT		STYLE INDIRECT
Je t'ai dit : « Il reviendra. »	→	*Je t'ai dit qu'il reviendrait.*
Je lui ai dit : « Il reviendra. »	→	*Je lui ai dit qu'il reviendrait.*
		Je lui ai dit que tu reviendrais.
Il lui a dit : « Il reviendra. »	→	*Il lui a dit qu'il reviendrait.*
		Il lui a dit que je reviendrais.
		Il lui a dit que tu reviendrais.

Il en est de même pour les mots possessifs :

Je t'ai dit : « *Son père vient.* »	→	***Je t'****ai dit que **son** père venait.*
*Je **lui** ai dit :* « *Son père vient.* »	→	*Je **lui** ai dit que **son** père venait.*
		*Je **lui** ai dit que **ton** père venait.*
*Il **lui** a dit :* « *Son père vient.* »	→	*Il **lui** a dit que **son** père venait.*
		*Il **lui** a dit que **mon** père venait.*
		*Il **lui** a dit que **ton** père venait.*

Au style indirect, le pronom personnel *il* peut aussi bien être la transposition d'une première, d'une deuxième que d'une troisième personne :

   *Il lui a dit qu'**il** devait partir. (il = l'interlocuteur ou le locuteur ?)*

Ces ambiguïtés sont heureusement souvent levées dans le contexte.

■ **Les modes et les temps du verbe :**

● Le seul mode à subir une transformation est le **mode impératif** qui, au style indirect, est remplacé par l'**infinitif** ou le **subjonctif** :

   Je lui ai dit : « ***Pars !*** »   → *Je lui ai dit de **partir**.*
                                → *Je lui ai dit qu'il **parte**.*

● En ce qui concerne les temps, la transposition se fait selon les règles de la concordance des temps (➡ § **270** à § **277**).

■ **Les adverbes de temps et de lieu :**

● Les adverbes de temps *aujourd'hui, demain, hier* peuvent (ou non) devenir, au style indirect : *ce jour-là (le jour même), la veille, le lendemain* :

Il m'a dit tout à l'heure :	« *Ton père revient **aujourd'hui**.* »
→	*que mon père revenait **aujourd'hui**.*
Il m'a dit l'autre jour :	« *Ton père revient **aujourd'hui**.* »
→	*que mon père revenait **ce jour-là**.*
Il m'a dit tout à l'heure :	« *Je partirai **demain**.* »
→	*qu'il partirait **demain**.*
Il m'a dit l'autre jour :	« *Je partirai **demain**.* »
→	*qu'il partirait **le lendemain**.*
Il m'a dit tout à l'heure :	« *Mon père est arrivé **hier**.* »
→	*que son père était arrivé **hier**.*
Il m'a dit l'autre jour :	« *Mon père est arrivé **hier**.* »
→	*que son père était arrivé **la veille**.*

● L'adverbe de lieu *ici* peut être remplacé par *là* dans le style indirect :

Il m'a dit :	« *J'habite **ici**.* »
→	*qu'il habitait **là**.*

■ **Les propositions interrogatives directes** sont remplacées par des subordonnées interrogatives indirectes. Les mots interrogatifs restent les mêmes, mais l'inversion du sujet pratiquée dans l'interrogation directe est remplacée par l'ordre sujet-verbe dans l'interrogation indirecte. Le point d'interrogation disparaît :

Il m'a demandé :	« Quand pars-tu ? » → quand je partais.
	« Comment pars-tu ? » → comment je partais.
	« Où pars-tu ? » → où je partais.
	« Pourquoi pars-tu ? » → pourquoi je partais.
	« À quelle heure pars-tu ? » → à quelle heure je partais.

Attention !
- **Le pronom *que* devient *ce que* :**
  Il m'a demandé : « **Que** fais-tu ? » → Il m'a demandé **ce que** je faisais.
- **En cas d'absence de mot interrogatif on rétablit l'adverbe *si* :**
  Il m'a demandé : « Pars-tu ? » → Il m'a demandé **si** je partais.

S UJET

« La Fortune favorise les audacieux. »

641

■ Le mot « **sujet** » désigne une **fonction** par rapport au verbe.
Le sujet du verbe est un mot ou un groupe de mots qui représente l'être ou la chose dont on parle, soit :

- **qu'il fait l'action exprimée par le verbe :**
  Le chat mange la souris.

- **qu'il subit l'action exprimée par le verbe :**
  La souris est mangée par le chat.

- **qu'il se trouve dans l'état exprimé par le verbe :**
  Le chat est carnivore.

■ Le sujet ne peut être supprimé : c'est un **élément obligatoire de la phrase**.

642

À quoi sert le sujet ?

■ **Le mot ou le groupe de mots sujet représente l'être ou l'objet dont on parle.**
La phrase peut être découpée en deux parties : le **sujet** (ou **thème**) et le **prédi-**

cat ; le prédicat représente ce que l'on dit du sujet, il est constitué soit du verbe et de ses divers compléments, soit du verbe et de l'attribut :

*Le chat **mange la souris**.*
*La souris **est mangée par le chat**.*
*Le chat **est carnivore**.*

■ Il est essentiel de reconnaître le sujet, car c'est lui qui donne au verbe ses marques de personne, de nombre et de genre (➡ § 25 à § 41, § 10) :

*Il **chante** bien. **Ils chantent** bien. **Maman** est partie.*

■ Selon la nature du verbe, le sujet représente l'être ou l'objet :

• **qui fait l'action** : verbe actif ou pronominal de sens réfléchi, réciproque ou vague (➡ § 532 à § 537, § 690 à § 696) :

Le chat mange la souris.
Pierre se lave les mains.

Attention !
Certains verbes à la voix active, n'évoquent pas véritablement une action. C'est le cas des verbes perfectifs comme *recevoir, tomber, posséder...* et des verbes de sens abstrait comme *penser, craindre, redouter, croire...*
Elle a reçu une gifle. Pierre croit tout ce qu'on lui dit.
Le sujet, ici, subit plus qu'il n'agit, même si la construction du verbe est active.

• **qui subit l'action** : verbe passif ou pronominal (➡ § 532 à § 537, § 690 à § 696) de sens passif :

La souris est mangée par le chat. Ce tableau s'est vendu très cher.

• **qui se trouve dans l'état exprimé par le verbe** ; ce sont les verbes d'état *être, sembler, devenir, paraître...* (➡ § 114) :

Le chat est carnivore. Elle paraît triste.

Comment identifier le sujet dans une phrase ?   643

• Pour trouver le sujet, il suffit de transformer la phrase en phrase interrogative en posant, avant le verbe, les questions *qu'est-ce qui ?* ou *qui est-ce qui ?* :

Le chat a mangé la souris.
Qui est-ce qui a mangé la souris ? le chat = sujet

• Lorsque la phrase est interrogative, on peut faire la même transformation, sauf si la phrase contient déjà *qu'est-ce qui* ou *qui est-ce qui*, qui sont alors sujets :

Pierre sera-t-il là ?
Qui est-ce qui sera là ? Pierre = sujet

● Lorsque la phrase est introduite par *c'est... qui*, c'est le mot ou groupe de mots encadré par *c'est... qui* qui joue le rôle de sujet dans la phrase :

▢ **C'est le chat qui** a mangé la souris.

644 ## Qu'appelle-t-on sujet réel, sujet apparent ?

Certains verbes de construction impersonnelle (➡ § 334 à § 338) (verbes impersonnels, certains verbes intransitifs et pronominaux) ont un double sujet :

● un **sujet apparent (ou grammatical)** qui commande l'accord du verbe ; en général, il s'agit des pronoms neutres *il* ou *c'*.

● un **sujet réel (ou logique)** qui suit le verbe :

▢ *Il tombe **des cordes**. Il manque **trois élèves** ce matin.*

> **Attention !**
> **Les verbes impersonnels qui expriment des conditions atmosphériques sont précédés du pronom neutre sujet *il* qui ne représente rien de précis :**
> *Il neige depuis hier. Il a plu toute la nuit.*

645 ## Quelle place le sujet occupe-t-il dans la phrase ?

■ **En règle générale, le sujet est placé devant le verbe :**

▢ *Le chat mange la souris.*

Le sujet est parfois placé après le verbe : il y a alors **inversion du sujet**.

■ **L'inversion du sujet est obligatoire :**

● **dans une phrase interrogative :**

▢ *Où va-t-il ? Qui est **cet homme** ?*

> **Attention !**
> **Le sujet peut rester placé devant le verbe, mais il est alors repris par un pronom personnel qui, lui, se place après le verbe :**
> *Le chat est carnivore. **Le chat** est-il carnivore ?*

● **dans certaines phrases exclamatives :**

▢ *Est-**il** drôle !*

● **dans la plupart des propositions incises :**

▢ *Je suis là, **répondit-elle**.*

● **lorsqu'il y a un attribut placé en tête de phrase :**

▢ ***Rares** sont **les gens** qui le comprennent. **Tel** est **mon souhait**.*

- **dans une proposition indépendante au subjonctif :**

*Puissiez-**vous** dire vrai !*

- **dans l'expression** *toujours est-il que* **:**

Toujours est-il qu'il a dû partir.*

- **lorsque la phrase commence par un adverbe d'opinion** comme *sans doute* ou *peut-être* **:**

Sans doute viendra-t-**elle** demain.*

■ **L'inversion du sujet n'est pas obligatoire mais fréquente :**

Lorsque le sujet est un pronom personnel, ou *ce*, ou *on*, et que la phrase commence par *à peine, ainsi, aussi, aussi bien, au moins, en vain, peut-être, sans doute, tout au moins, tout au plus* :

*À peine a-t-**il** eu le temps de se préparer.*

Attention !
Lorsque le sujet est un nom ou un G.N., il est placé devant le verbe, mais est souvent repris par un pronom personnel placé après le verbe :
*À peine **mon père** était-**il** sorti qu'ils arrivèrent.*

■ **L'inversion peut être un effet de style :**

- **après certains C.C., notamment de temps, de lieu et de manière :**

*Dans ce château habitait **une merveilleuse princesse**.*

- **dans une subordonnée relative, circonstancielle ou infinitive :**

*La montagne / sur laquelle se dressait **le château** / avait pour nom Bizan. La princesse en sortait / dès que tombait **la nuit**. Elle venait / écouter chanter **les oiseaux**.*

Dans quels cas le sujet est-il redoublé ? 646

Le sujet peut être redoublé :

- **par un pronom personnel ou démonstratif placé après lui et appelé pronom de reprise :**

*Quand **ton frère** se décidera-t-**il** ?*
*Mentir, **c'**est le trahir.*

- **par un pronom personnel ou démonstratif placé avant le sujet et appelé pronom d'annonce :**

Il est charmant **ce garçon**.*
C'est magnifique, **ce paysage** !*

647   *Dans quels cas le sujet n'est-il pas exprimé ?*

Le sujet peut être omis :
- **dans une phrase à l'impératif :**
  Approchez.
- **dans certaines locutions figées :**
  Peu importe. Soit dit entre nous.
- **pour éviter une répétition lorsque deux verbes sont coordonnés :**
  Il se leva et sortit.

648   *Quels sont les mots ou groupes de mots qui peuvent occuper la fonction de sujet ?*

- **Un nom ou un G.N. :**
  Paul *est charmant.* ***Le fils des voisins*** *est charmant.*
- **Un pronom personnel, démonstratif, possessif, indéfini ou relatif :**
  Il *est charmant.* ***Celui-ci*** *est différent.*
  Les nôtres *sont tous là.* ***Certains*** *manquent à l'appel.*
  Le livre ***qui*** *était sur la table a disparu.*
- **Un verbe à l'infinitif :**
  Courir *me fait du bien.*
- **Un adverbe de quantité :**
  Beaucoup *manquaient à l'appel.*
- **Une proposition subordonnée relative sans antécédent :**
  Qui aime bien */ châtie bien.*
- **Une proposition subordonnée conjonctive complétive :**
  Qu'il vienne */ me surprendrait.*

649   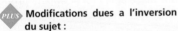 *PLUS* **Modifications dues a l'inversion du sujet :**
- **Aux formes verbales de première personne terminées par un e muet, l'e final devient é (prononcé è) :**
  J'aime. → *Aimé-je.*
- **Quand une forme verbale de troisième personne se termine par e ou a, on inter-**
cale un *t* euphonique entre le verbe et le sujet *il, elle, on* :
Il déclare. → *Déclare-t-il ?*
Elle parlera. → *Parlera-t-elle ?*
On verra. → *Verra-t-on ?*
- **L'accord du verbe avec son sujet est parfois délicat (⇒ § 25 à § 41).**

T EMPS (DU VERBE)

> « Le présent serait plein de tous les avenirs
> si le passé n'y projetait déjà une histoire. »
> (GIDE, *Les Nourritures terrestres*)

650

■ On regroupe les **formes verbales** en séries, appelées **modes** (➠ § 360 à § 371). Ces séries de différentes formes sous lesquelles peut se présenter un verbe (➠ § 674 à § 689) constituent la conjugaison. On parle, par exemple, de la conjugaison du verbe *chanter*, *finir*, *apercevoir*, etc.

■ Chaque mode est constitué de différents temps :

● aux modes **infinitif**, **participe**, **gérondif** et **impératif**, on distingue :
– un temps simple : le présent ;
– un temps composé : le passé.

● au mode **subjonctif**, on distingue :
– deux temps simples : le présent et l'imparfait, auxquels correspondent :
– deux temps composés : le passé et le plus-que-parfait.

● au mode **conditionnel**, on distingue :
– un temps simple : le présent ;
– deux temps composés : le passé I et le passé II.

● au mode **indicatif**, on distingue :
– quatre temps simples : le présent, l'imparfait, le passé simple, le futur simple, auxquels correspondent :
– quatre temps composés : le passé composé, le plus-que-parfait, le passé antérieur et le futur antérieur.

Qu'appelle-t-on temps simple, temps composé, temps surcomposé ?

651

■ **Un temps simple est constitué d'un élément décomposable comme suit :**

● **un radical**, généralement invariable (dans les verbes du premier et du deuxième groupe), qui porte la signification du verbe ;

● **une terminaison** (ou **désinence**) variable qui renseigne sur le mode, le temps, la personne et le nombre du verbe conjugué :

> le verbe *chanter* a pour radical : *chant-* ; la terminaison de l'infinitif : *-er*.
> *Je **chantais**.*

La terminaison *-ais* renseigne sur :
– **le mode** = indicatif ;
– **le temps** = imparfait ;
– **la personne** = première ou deuxième personne ;
– **le nombre** = singulier.

■ **Un temps composé est constitué de deux éléments :**

• l'auxiliaire (➠ § 213) *être* ou *avoir* conjugué à un temps simple ;

• le participe passé du verbe conjugué.

> *J'ai chanté.* (passé composé de l'indicatif)

Attention !
À la voix passive (➠ § 690 à § 696) :

• Les temps dits **simples** (présent, imparfait, passé simple, futur simple) sont **composés**, puisque tout verbe à la voix passive est conjugué avec l'auxiliaire *être* :

> *je **suis** aimée* (présent passif) ; *j'**étais** aimée* (imparfait passif) ;
> *je **fus** aimée* (passé simple passif) ; *je **serai** aimée* (futur simple passif).

• Les temps **composés** sont **surcomposés** :

> *j'**ai été** aimée* (passé composé passif)

■ **Un temps surcomposé est constitué de deux éléments :**

• l'auxiliaire *être* ou *avoir* conjugué à un temps composé ;

• le participe passé du verbe conjugué :

> *Il **a eu fini**.* (passé surcomposé)

---

652 *Que servent à exprimer les temps de l'indicatif ? (➠ § 653 à § 658)*

• Le mode indicatif est le seul mode à comporter les temps susceptibles de reproduire les trois périodes que sont le **présent**, le **passé** et le **futur**. Aucun autre mode ne dispose d'un temps du futur.
L'indicatif sert à exprimer la réalité d'une action en la situant dans le temps par rapport à l'instant présent. Il n'en est pas de même pour tous les modes puisque l'infinitif, par exemple, ne situe l'action à aucune époque précise :

> *chanter. Je chante.*

• **Sur la concordance des temps** ➠ § 270 à § 277.

---

653 *Que sert à exprimer le présent ?*

■ **Le présent sert à exprimer une action présente :**

> *Quelqu'un **sonne** à la porte.*

Cette action peut déborder plus ou moins largement l'instant présent, c'est-à-dire le moment où l'on parle :

> *Aujourd'hui le soleil **brille**.*
> *Le vingtième siècle **compte** de grandes inventions.*

■ **Le présent permet par ailleurs d'exprimer :**
• **une action habituelle :**
  *Je **déjeune** à 7 heures tous les matins.*

• **une vérité permanente ou générale** (proverbes, vérités scientifiques) **:**
  *La terre **tourne** autour du soleil. Bien mal acquis ne **profite** jamais.*

■ **Le présent sert à exprimer une action passée ou future :**
• **dans un récit au passé,** il retrace des faits passés pour rendre le lecteur témoin direct de l'événement : c'est le **présent historique ou de narration :**
  *Victor Hugo **voit** le jour en 1802 à Besançon.*

• **dans une subordonnée conditionnelle introduite par** *si*, il peut exprimer une **action future :**
  *Si tu **reviens,** je te ferai visiter la ville.*

• **en présence de certains C.C. de temps, il peut aussi bien exprimer un passé récent qu'un futur proche :**
  *Il **quitte** la réunion à l'instant.*
  *Je **pars** dans cinq minutes.*

Que servent à exprimer l'imparfait / le passé simple ?   654

▲
Comparons :
  *Hier, à minuit, il se **baignait**. (1)*
  *Hier, à minuit, il se **baigna**. (2)*
Dans la phrase 1, l'imparfait exprime que la baignade, à minuit, est en train de s'accomplir.
Dans la phrase 2, le verbe au passé simple décrit l'action du début à la fin.

■ **L'imparfait,** qui exprime une action non achevée (imparfaite), permet de présenter des états qui se prolongent ou d'installer le contexte dans lequel viennent s'inscrire les actions exprimées au passé simple ; c'est donc le temps qu'on emploie quand une description interrompt un récit au passé simple :
  *Nous nous **promenions** tranquillement quand l'orage éclata.*

L'imparfait peut aussi exprimer :
• **une action qui dure dans le passé :**
  *Son état s'**améliorait** de jour en jour.*

• **une action habituelle :**
  *Il **déjeunait** à 7 heures tous les matins.*

● **dans un récit historique, une action située avec précision dans le passé :**

En 1802, Victor Hugo **voyait** le jour.

■ **L'imparfait permet d'exprimer une action future :**

● **dans le discours indirect, il décrit une action future par rapport à une action passée :**

Il m'a dit qu'il **repartait** dans six jours.

● **dans une subordonnée conditionnelle introduite par *si*, il exprime une action non réalisée dans le présent, mais susceptible de se réaliser dans le futur :**

Si j'**avais** de l'argent, je ferais le tour du monde.

● **en remplacement d'un conditionnel passé, il exprime un futur antérieur dans le passé :**

Tu n'**intervenais** pas, il le frappait. (= Tu ne serais pas intervenu...)

■ **Le passé simple**, qui sert à exprimer des actions achevées, peut faire progresser le récit en faisant succéder une action à une autre. Il est surtout utilisé dans la langue écrite, le passé composé s'étant généralisé dans la langue parlée.

Ce soir-là, il faisait un temps horrible ; le tonnerre grondait, la pluie faisait rage. Soudain, quelqu'un **frappa** à la porte. Pierre se **leva** et **alla** ouvrir.

655 *Que servent à exprimer le passé simple / le passé composé ?*

■ Le passé composé est l'équivalent du passé simple dans un récit au passé, lorsqu'on évoque des faits qui se sont produits avant le moment où l'on parle :

Hier, il avait beaucoup de travail : il **a terminé** ses devoirs à huit heures.

On pourrait dire :

Hier, il avait beaucoup de travail : il **termina** ses devoirs à huit heures.

Le passé simple s'emploie dans la langue écrite (fiction, ouvrages historiques, presse), alors que le passé composé s'emploie plutôt dans la langue orale.

Attention !
Il est impossible de mélanger les deux emplois.
On ne peut pas dire : **Il est entré et nous salua.*
On dira : Il **est entré** et nous **a salués**. Il **entra** et nous **salua**.

■ Le passé composé n'est plus l'équivalent du passé simple lorsqu'il est employé dans un récit au présent :

Il est huit heures : il **a terminé** son travail et décide d'aller se promener.

On ne peut pas dire :

*Il est huit heures : il termina son travail et décide d'aller se promener.

L'emploi du passé composé permet ici de mettre l'accent sur l'achèvement de l'action (« terminer ») et sur ses conséquences dans le moment présent.

Que servent a exprimer le plus-que-parfait / le passé antérieur ?

656

• On retrouve la même opposition entre le plus-que-parfait et le passé antérieur qu'entre l'imparfait et le passé simple.

▲ **Comparons :**

> *Le jour de notre retour, il **avait rangé** toute la maison.* **(1)**
> *Le jour de notre retour, il **eut rangé** toute la maison.* **(2)**

Dans ces deux phrases, le verbe à un temps composé marque l'aspect accompli de l'action. Le plus-que-parfait (phrase 1) exprime que l'action est achevée le jour de notre retour, mais il ne précise pas depuis quand : la maison était rangée depuis un temps indéfini. Au contraire, le passé antérieur (phrase 2) permet de dater l'achèvement de l'action : la maison a été rangée la veille de notre retour.

• En proposition subordonnée, le passé antérieur se rencontre uniquement après des locutions conjonctives de temps : *après que, aussitôt que, dès que, quand, lorsque* ; il permet d'exprimer l'antériorité :

> *Dès qu'il **eut terminé** son dîner, il monta dans sa chambre.*

Que sert à exprimer le futur simple ?

657

• Le futur simple sert à exprimer des **actions à venir** :
> *Nous **partirons** demain.*

• Il peut aussi exprimer **une action ultérieure à une action future :**
> *Demain je te **ferai** visiter le bureau où tu **travailleras** le mois prochain.*

• Le futur simple peut exprimer une **action passée dans un récit au passé** ; il décrit alors les conséquences qui découlent de ce récit :
> *À la mort de son père, il devint roi : son règne **durera** cinquante ans.*

Que sert à exprimer le futur antérieur ?

658

• Il sert à exprimer une action accomplie à un moment déterminé du futur :
> *Dans deux jours, j'**aurai terminé** mon travail.*

• En relation avec un verbe au futur simple, il marque qu'une action s'est achevée antérieurement à une autre :

⬜ *Quand j'**aurai terminé** mon travail, je **sortirai**.*

---

659 *Que servent à exprimer les temps du subjonctif ? (⟶ § 660 à § 661)*

• Le verbe au mode subjonctif situe l'action par rapport à l'époque désignée par le verbe principal dont il dépend.

• **Sur la concordance des temps** ⟶ § 270 à § 277.

---

660 *Que servent à exprimer le présent / l'imparfait du subjonctif ?*

• Le présent et l'imparfait du subjonctif ont une valeur de **présent** ; ils expriment une action concomitante de l'action principale :

⬜ *Il veut que je **parte** immédiatement.*
⬜ *Il voulait que je **partisse** immédiatement.*

• Le mode subjonctif ne disposant pas d'un temps futur, le présent et l'imparfait sont également aptes à exprimer le **futur** :

⬜ *Il veut que je **parte** demain.*
⬜ *Il voulait que je **partisse** le lendemain.*

---

661 *Que servent à exprimer le passé / le plus-que-parfait du subjonctif ?*

• Le passé et le plus-que-parfait servent à marquer l'**antériorité** :

– **par rapport au présent :**
⬜ *Je regrette que tu **sois parti**.*

– **par rapport au passé :**
⬜ *Je regrettais que tu **fusses parti**.*

• Le passé et le plus-que-parfait peuvent avoir une valeur de **futur antérieur** :

⬜ *Il veut que je **sois parti** demain.*
⬜ *Il voulait que je **fusse parti** le lendemain.*

---

662 *Que servent à exprimer les temps du conditionnel ? (⟶ § 663 à § 664)*

Le mode conditionnel situe l'action par rapport à l'instant présent.

Que sert à exprimer le présent du conditionnel ? **663**

• Employé dans un système hypothétique, il exprime :
– **une action présente irréelle (irréel du présent) :**
▨ *Si j'étais riche, j'**aurais** moins de soucis.*
– **une action future possible (potentiel) :**
▨ *Si tu partais, je ne m'en **consolerais** pas.*

• Dans un récit au passé, il remplace le futur de l'indicatif (= futur du passé) :
▨ *Il me **promet** qu'il **reviendra** demain.*
▨ *Il m'a **promis** qu'il **reviendrait** le lendemain.*

Que sert à exprimer le passé du conditionnel ? **664**

■ **Le conditionnel passé I** (ou passé 1ère forme) employé dans un système hypo-thétique exprime **une action passé non réalisée (irréel du passé) :**
▨ *Si tu m'avais tout raconté, je t'**aurais aidé**.*

■ **Le conditionnel passé II** (ou passé 2e forme), de même valeur, est très peu usité :
▨ *Si tu m'eusses tout raconté, je t'**eusse aidé**.*

• **Il exprime une action future possible (futur antérieur du passé) :**
▨ *Si je n'étais pas rentré ce soir, c'est que j'**aurais eu** un empêchement.*

• **Dans un récit au passé, il remplace le futur antérieur de l'indicatif :**
▨ *Il me **promet** qu'il **aura terminé** son travail pour demain.*
▨ *Il m'**avait promis** qu'il **aurait terminé** son travail pour le lendemain.*

Que servent à exprimer les temps de l'impératif ? (➡ § 666 à § 667) **665**

Le mode impératif sert à exprimer l'ordre et la défense. Un ordre ne pouvant être exécuté qu'après qu'il a été formulé, l'impératif a une valeur de futur.

Que sert à exprimer le présent de l'impératif ? **666**

Il exprime un futur plus ou moins proche :
▨ ***Termine** tes exercices.*
▨ ***Rappelez** la semaine prochaine.*

667   *Que sert à exprimer le passé de l'impératif ?*

Il exprime une action à achever à un moment déterminé du futur ou avant qu'une autre action ne se produise :

    Aie terminé *tes exercices avant cinq heures.* **Soyez revenus** *quand je rentrerai.*

668   *Que servent à exprimer les temps de l'infinitif,*
                du participe et du gérondif ?

669   *Que sert à exprimer l'infinitif (▸ § 339 à § 346) ?*

• Le verbe à l'infinitif situe l'action par rapport à l'époque désignée par le verbe principal dont il dépend.

• L'infinitif présent exprime une action concomitante de l'action principale :

    Il regrette de **partir.** *Il regrettait de* **partir.**

• Le mode infinitif ne disposant pas d'un temps futur, le présent est également apte à exprimer le futur :

    Il regrette de **partir** *demain. Il regrettait de* **partir** *le lendemain.*

• L'infinitif passé sert à marquer l'antériorité :

– **par rapport au présent :**
    *Je regrette d'***être parti.**

– **par rapport au passé :**
    *Je regrettais d'***être parti.**

• De même que le présent peut avoir une valeur de futur, le passé peut avoir une valeur de futur antérieur :

    *Je regrette d'***être parti** *lorsqu'il arrivera.*

670   *Que servent à exprimer le participe présent / le gérondif*
              présent (▸ § 412 à § 417, § 323 à § 327) ?

Le participe présent employé comme forme verbale et le gérondif expriment une action en train de s'accomplir au même moment que l'action exprimée par le verbe principal. Ils peuvent donc aussi bien exprimer :

• **le présent :**
    (En) sortant *de l'école, je retrouve Pierre.*

- **le passé :**
  (En) sortant de l'école, j'ai retrouvé Pierre.
- **le futur :**
  (En) sortant de l'école, je retrouverai Pierre.

Que servent à exprimer le participe passé / le gérondif passé (➡ § 406 à § 411, § 323 à § 327) ?

671

Le participe passé employé comme forme verbale, est le temps antérieur du participe présent. Il sert à exprimer une action achevée :

▲**Comparons :**

> Pierre **terminant** son travail, il ne peut pas nous accompagner. **(1)**
> Pierre **ayant terminé** son travail, il peut nous accompagner. **(2)**

Dans la phrase 1, le participe présent *terminant* montre l'action en train de s'accomplir. Dans la phrase 2, le participe passé *ayant terminé* montre l'action comme achevée. De même pour le gérondif présent et le gérondif passé :

> **En agissant** de la sorte, vous vous faites du tort.
> **En ayant agi** de la sorte, vous vous êtes fait du tort.

TRAIT D'UNION

« Parle-moi, regarde-moi, embrasse-moi. »

Le **trait d'union** est un **signe** qui sert à lier des mots grammaticalement dépendants ou les parties d'un mot composé :

> *Crois-moi.* (verbe + pronom) ; *un arc-en-ciel.* (mot composé)

672

Quelles sont les règles grammaticales qui fixent l'emploi du trait d'union ?

673

L'emploi du trait d'union est obligatoire :

- **entre le verbe et le pronom sujet inversé :**
  Que dit-il ? Que fait-elle ? Que fait-on ? « Sors ! », dis-je.

● entre un verbe à l'impératif et le ou les pronoms compléments qui le suivent, y compris les pronoms *en* et *y* :

Dis-moi, dis-lui, parle-leur, permettez-moi.
Dis-le-moi, dites-le-leur, allez-vous-en.
Prenez-en, allez-y.

● avant et après le *t* euphonique qui sépare le verbe du pronom sujet :

A-t-elle compris. Va-t-elle bien ? Viendra-t-il ?
Ou va-t-on ? Commence-t-il bientôt ?

● entre le pronom personnel et l'adjectif *même* :

Moi-même, toi-même, nous-mêmes, eux-mêmes.

● dans les adjectifs et pronoms démonstratifs composés avec *ci* ou *là*. Dans le cas de l'adjectif démonstratif, il s'intercale entre le nom déterminé et l'adverbe *ci* ou *là* :

Ce chemisier-ci, cette robe-là, ces chaussures-là.
Celui-ci, celui-là, celles-ci, ceux-là.

● dans les locutions adverbiales formées avec -ci ou -là :

de-ci de-là, par-ci par-là, ci-contre, là-bas, là-haut...

● dans les adjectifs numéraux composés inférieurs à cent, lorsqu'ils ne comportent pas *et* :

vingt-cinq, trente-deux, soixante-douze, quatre-vingt-dix.

∼ *Mais...*
vingt et un, soixante et un, quatre cent deux.

Attention !
Selon les règles nouvelles mises à jour par la réforme de l'orthographe, on peut lier par un trait d'union les adjectifs numéraux composés supérieurs à *cent* :
sept-cent-mille-trois-cent-vingt-et-un-francs.

● dans les noms propres employés comme noms de rues, de lieux publics :

Jules Ferry → rue Jules-Ferry
Jean Moulin → place Jean-Moulin
Gustave Flaubert → lycée Gustave-Flaubert

Verbe

■ Le verbe est un **mot variable** : il varie en **personne**, en **nombre**, en **temps** et en **mode**. Alors qu'un nom ne connaît au plus que deux formes – une forme de singulier et une forme de pluriel – un verbe peut se présenter sous une centaine de formes différentes. Ces variations morphologiques (de forme) constituent la **conjugaison** du verbe.

674

■ Le verbe est l'élément essentiel, véritable **pivot de la phrase**. Il donne leur fonction aux mots ou groupes de mots qui s'organisent autour de lui. Il a pour rôle de permettre à celui qui parle ou qui écrit de décrire, d'apprécier, de situer dans le temps, les actions effectuées ou subies par les êtres et les choses.

Les verbes sont répartis en trois groupes.

675

● **Premier groupe ;** il comprend les verbes dont l'**infinitif** se termine par *-er* :

░ *parler ; aimer ; chanter...*

● **Deuxième groupe ;** il comprend les verbes dont l'**infinitif** se termine par *-ir* et le **participe présent** par *-issant* :

░ *finir (finissant) ; rougir (rougissant) ; haïr (haïssant)...*

● **Troisième groupe ;** il comprend tous les autres verbes dont l'**infinitif** se termine par *-ir*, par *-re* ou par *-oir (+ aller)* :

░ *partir ; devoir ; mordre...*

Il existe différentes catégories de verbes.

676

● **Les auxiliaires** *avoir* et *être* (➠ § 211 à § 213).

● **Les semi-auxiliaires** répartis en **auxiliaires d'aspect** (➠ § 214) : *aller, venir de, finir de, se mettre à + infinitif* et **auxiliaires de mode** (➠ § 215) : *devoir, pouvoir + infinitif.*

● **Les verbes d'état ou attributifs** (➠ § 114) : *être, paraître, sembler, devenir, demeurer, rester, avoir l'air, passer pour...*

● **Les verbes pronominaux** (➠ § 532 à § 537) : *se laver, s'embrasser, se suivre...*

● **Les verbes impersonnels** (➠ § 334 à § 338) : *il pleut, il faut, il semble que...*

● **Les verbes défectifs.** Il s'agit des verbes auxquels il manque des formes, soit à certaines personnes, soit à certains temps ou à certains modes :

░ *béer* est uniquement utilisé au participe présent et passé (*béant, bouche bée*) ; *bruire ; gésir...*

677   *Les éléments fondamentaux de la forme verbale.*

Soit la forme verbale :

▨ *il / chant / e.*

Cette forme verbale (comme toute forme verbale simple) peut être décomposée en trois éléments :

- **un radical :** *chant-.*
- **une désinence :** *-e.*
- **un pronom de conjugaison :** le pronom personnel sujet *il.*

678   *Le radical est porteur du sens du verbe.*

- Le radical est l'élément pivot du verbe ; il est commun aux diverses formes que peut prendre le verbe :

▨ *il CHANTe ; tu CHANTais ; nous CHANTâmes.*
▨ *CHANTer ; CHANTant ; CHANTé.*

- Le radical est porteur du sens du verbe. À terminaisons identiques, c'est lui qui signifie l'idée exprimée par le verbe :

▨ *il CHANTe / il JOUe ; tu CHANTais / tu JOUais...*
▨ *CHANTer / JOUer ; CHANTant / JOUant...*

- Si les verbes du premier groupe ont un radical invariable, les autres verbes présentent parfois des modifications de radical à l'intérieur de leur conjugaison :

▨ *je VIENs / nous VENons.*
▨ *tu PARs / vous PARTez.*
▨ *il PRENd / ils PRENNent.*

- Il arrive qu'un même verbe utilise plusieurs radicaux différents :

▨ *vous ALLez / vous IRez / il Va.*

679   *La désinence porte les indications de mode, de temps, de personne et de nombre.*

◼ Souvent réduite à quelques lettres, la désinence du verbe joue un rôle essentiel : il suffit, la plupart du temps, de changer une lettre de la désinence pour que la forme du verbe change d'identité.
Soit la forme : **CHANTa.**

La désinence -a porte la marque :
- **du mode :** indicatif.
- **du temps :** passé simple.
- **de la personne :** troisième personne.
- **du nombre :** singulier.

Si je remplace le -a- par un -e-, j'obtiens *CHANTe*. La désinence ainsi obtenue m'indique qu'il s'agit :
- **du mode indicatif ou subjonctif.**
- **du temps présent.**
- **de la première personne.**
- **du singulier.**

ou :
- **du mode indicatif ou subjonctif.**
- **du temps présent.**
- **de la troisième personne.**
- **du singulier.**

■ La désinence, dans ce cas, ne suffit pas pour identifier la personne. En effet, *CHANTe* est la forme commune du présent de l'indicatif pour la première et la troisième personne. Il est donc nécessaire, pour préciser les oppositions de personnes, d'utiliser les pronoms de conjugaison :

░ *je CHANTe ; il CHANTe.*

Les pronoms de conjugaison portent la marque de la personne et du nombre.   680

- Les pronoms personnels *je, tu, il, elle, nous, vous, ils, elles* servent à marquer la personne, mais aussi le nombre. Ils permettent par ailleurs d'opposer les formes de l'impératif aux autres formes du verbe :
je CHANTe , il CHANTe, respectivement 1ère et 3e personne du singulier de l'indicatif présent s'opposent à *CHANTe*, 2e personne du singulier de l'impératif.

- En effet, à l'impératif (qui ne comporte qu'une personne pour le singulier et deux personnes pour le pluriel) les désinences suffisent dans leur variation à marquer les différences de formes. Le pronom de conjugaison est inutile :

░ *CHANTe, CHANTons, CHANTez.*

La désinence du verbe varie selon la personne.   681

░ *je CHANTe ; tu CHANTes ; il CHANTe.*

■ Le verbe varie selon la catégorie de la personne de son sujet (➨ § 25 à § 41) :

● **la première personne désigne celui ou ceux qui parlent :**
  je CHANTe ; nous CHANTons.

● **la deuxième personne désigne celui ou ceux à qui l'on parle :**
  tu CHANTes ; vous CHANTez.

● **la troisième personne désigne celui ou ceux dont on parle :**
  il (elle) CHANTe ; ils (elles) CHANTent.

■ Certains verbes ne sont conjugués qu'à la troisième personne. Il s'agit des verbes **impersonnels** :
  Il pleut ; Il neige ; Il vente.

■ **Certains modes** ne connaissent pas la catégorie de la personne. Il s'agit des modes, justement appelés **impersonnels** : **infinitif, participe, gérondif.**

---

682 *La désinence du verbe varie en nombre.*

■ Le verbe varie selon le nombre de son sujet : si le sujet est au singulier, le verbe est au singulier, si le sujet est pluriel, le verbe est au pluriel (➨ § 25 à § 41).

■ Les verbes impersonnels sont toujours employés au singulier :
  Il pleut.

■ Les modes impersonnels ne portent pas tous la marque du nombre :

● **l'infinitif** (➨ § 339 à § 346) ne varie pas en nombre : il est **invariable.**

● **le participe présent** (➨ § 412 à § 417) est également **invariable**, sauf lorsqu'il est employé comme adjectif. Il s'agit alors de l'**adjectif verbal** (➨ § 127 à § 132), **variable en genre et en nombre.**
  Il est toujours partant. Ils sont toujours partants.

～ *Mais...*
Partant toujours en retard, ils manquent tous leurs rendez-vous.

● le **participe passé** (➨ § 406 à § 411) peut **varier en nombre.**

---

683 *La désinence du verbe varie selon le temps auquel il est employé.*

● La forme du verbe varie selon le temps auquel il est employé :

je CHANTe	= présent	⎫
je CHANTais	= imparfait	⎬ **de l'indicatif**
je CHANTai	= passé simple	⎭

338

• Le temps permet de situer l'action exprimée par le verbe dans le présent, le passé ou l'avenir (➠ **§ 650 à § 670**).

La désinence du verbe varie selon le mode auquel il est employé.

684

Le mode (➠ **§ 360 à § 371**) permet à celui qui parle ou qui écrit de porter un jugement face à son énoncé :

> *Je sais que nous **sommes** en retard.* **(1)**
> *Je crains que nous ne **soyons** en retard.* **(2)**

Dans la phrase 1, celui qui parle souligne, par l'emploi de l'indicatif, la réalité du phénomène. Dans la phrase 2, il marque, par l'emploi du subjonctif, le doute contenu dans le verbe *craindre*.

Le verbe varie selon la voix à laquelle il est employé.

685

■ La forme du verbe change selon qu'il est employé :
• **à la voix active** (➠ **§ 690 à § 696**) :
> *J'aime.*
• **à la voix passive** (➠ **§ 690 à § 696**) :
> *Je suis aimée.*
• **à la forme pronominale** (➠ **§ 532 à § 537**) :
> *Je m'aime.*

■ La voix marque l'attitude du sujet par rapport à l'action exprimée par le verbe :
• lorsque le sujet fait l'action, le verbe est à la voix active.
• lorsque le sujet subit l'action, le verbe est à la voix passive.
• lorsque le sujet fait et subit l'action, le verbe est pronominal.

Le verbe peut être transitif ou intransitif.

686

Comparons :

> *Roméo aime Juliette.* **(1)**
> *Roméo sourit à Juliette.* **(2)**
> *Roméo part demain.* **(3)**

Dans ces trois phrases le verbe est à la voix active et exprime que le sujet fait l'action. Dans les phrases 1 et 2, cette action s'exerce sur un être (Juliette) désigné par un mot en fonction de C.O.D. ou C.O.I. Dans la phrase 3, l'action exprimée par le verbe et effectuée par le sujet ne s'exerce sur aucun objet, elle se suffit à elle-même.

■ Lorsqu'un verbe peut être construit avec un complément d'objet (⟶ § 247 à § 254, § 255 à § 262), on dit qu'il est transitif :

● s'il est construit avec un C.O.D., il est transitif direct :

▨ *Roméo aime **Juliette**.*

● s'il est construit avec un C.O.I., il est transitif indirect :

▨ *Roméo parle **à Juliette**.*

● s'il est construit avec un C.O.D. et un C.O.S., il est transitif double :

▨ *Roméo déclare **son amour à Juliette**.*

■ Lorsqu'un verbe n'est pas construit avec un complément d'objet, on dit qu'il est intransitif :

▨ *Roméo part demain.*

■ La transitivité et l'intransitivité ne sont pas des caractéristiques immuables du verbe et la plupart des verbes intransitifs, à l'exception des verbes d'état, peuvent (leur sens change alors) s'employer comme transitifs directs :

▌ *Une minute, je **descends**. **Descends** immédiatement **mes affaires**.*
*Elle **pleure** depuis ce matin. Antigone **pleure son frère**.*
*Le temps **passe** très vite. **Passe ton baccalauréat**, puis on verra.*

■ Certains verbes transitifs peuvent s'employer tantôt comme transitifs directs (phrases 1, 3, 5), tantôt comme transitifs indirects (phrases 2, 4, 6) :

▌ ***Aide-moi** ! (1) Il **a aidé à déménager**. (2)*
*Annick **a manqué son train**. (3) Vous **manquez à tous vos devoirs**. (4)*
*J'**ai commandé un bon déjeuner**. (5) Il **commande à tout un régiment**. (6)*

---

687   *Le verbe est le pivot de la phrase.*

▨ *Marie a apporté un cadeau à sa maîtresse.*

Dans cette phrase, un seul mot assure la cohésion entre les différents éléments de la phrase : le verbe.

Si l'on supprime le verbe, on n'est plus en présence d'une phrase, mais d'une série de groupes nominaux qui n'ont plus aucun lien :

▨ *Marie un cadeau à sa maîtresse.*

Chacun de ces groupes a un sens, mais pas l'ensemble. Il suffit de réintroduire le verbe à la place qui lui convient pour que cet ensemble retrouve son sens global et son statut de phrase (⟶ § 328 à § 330).

Le verbe permet à celui qui parle d'émettre un jugement sur le contenu de l'énoncé.

688

Le verbe, outre le sens qu'il donne à l'énoncé global que constitue la phrase, a pour rôle de dire si cet énoncé est vrai ou faux, de mettre en doute sa réalité ou de s'interroger sur sa réalité (➡ **§ 293 à § 296, § 352 à § 359, § 311 à § 313**) :

*Marie un cadeau à sa maîtresse.
Marie a apporté un cadeau à sa maîtresse !
Marie n'a pas apporté de cadeau à sa maîtresse.
Je ne pense pas que Marie ait apporté un cadeau à sa maîtresse.
Marie a-t-elle apporté un cadeau à sa maîtresse ?

Il existe des phrases sans verbe.

689

Relativement rares, les phrases sans verbe relèvent souvent d'un effet de style et sont surtout propres à l'énoncé exclamatif ou impératif :

Silence ! Quel homme ! Formidable ce film ! Chapeau Gaston !

VOIX ACTIVE, VOIX PASSIVE

« Tel est pris qui croyait prendre. »

690

■ Les voix sont les formes prises par le verbe (➡ § 674 à § 689) pour exprimer le rôle du sujet (➡ § 641 à § 649) dans l'action.

■ Un verbe peut se présenter :

• à la **voix active** ; dans ce cas, c'est le sujet qui fait l'action :

▨ *Roméo aime Juliette.*

• à la **voix passive** ; dans ce cas, le sujet subit l'action :

▨ *Juliette est aimée de (par) Roméo.*

---

691   *Que permet d'exprimer le verbe à la voix active ?*

Le verbe est à la voix active lorsqu'on veut exprimer que le sujet fait l'action :

▨ *Roméo aime Juliette.*

Attention !
Il arrive fréquemment que le verbe à la voix active, de par son sens, exprime que le sujet subit l'action : *Le garnement a reçu une gifle.*

---

692   *Qu'est-ce qu'une phrase à la voix passive ?*

Une phrase à la voix passive comporte les deux caractéristiques suivantes :

• **le sujet de la phrase subit l'action au lieu de la faire :**

▨ *Juliette est aimée par Roméo.*

• **le verbe est conjugué avec l'auxiliaire *être* :**

▨ *Juliette est aimée par Roméo.*

---

693   *Tous les verbes peuvent-ils être mis à la voix passive ?*

Seuls les verbes transitifs directs (➡ § 686) peuvent être employés à la voix passive, parce que le passage de la voix active à la voix passive est marqué ainsi :

• **le C.O.D. de la phrase active devient le sujet de la phrase passive** ; un verbe transitif indirect ou intransitif ne peut donc pas être employé à la voix passive :

▨ *Roméo aime Juliette. Juliette est aimée par Roméo.*

• **le sujet de la phrase active devient complément d'agent** (➡ § 235 à § 241) **dans la phrase passive.**

~ Mais...

Le complément d'agent n'est pas obligatoire, et lorsque la phrase à la voix passive ne comporte pas de complément d'agent et que l'on veut la mettre à la voix active, on emploie le pronom indéfini *on* en fonction de sujet :
La porte a été fracturée. → *On a fracturé la porte.*

Attention !
Pour certains verbes, la voix passive peut être exprimée par la forme pronominale (➠ § 532 à § 537) : *Ce livre se vend bien.*

Que permet d'exprimer la voix passive ? 694

Comparons :

Roméo aime Juliette. **(1)** *Juliette est aimée de (par) Roméo.* **(2)**
Le résultat est le même, mais dans la phrase 1, le projecteur est mis sur Roméo, amoureux de Juliette.
Dans la phrase 2, le projecteur est mis sur Juliette, et sur l'amour que Roméo lui porte. La voix passive permet donc de mettre en valeur une manière de vivre une même action.
L'emploi de la voix passive permet parfois de ne pas indiquer qui est le responsable de l'action, soit parce qu'on ne désire pas le mentionner, soit parce qu'on ne le connaît pas. Il suffit pour cela de ne pas employer de complément d'agent :

Édouard, qui vient de casser le vase, mais qui n'ose pas l'avouer :
« *Le vase est cassé.* »
Les policiers, arrivés sur les lieux du cambriolage :
« *La porte a été fracturée.* »

Comment former les temps à la voix passive ? 695

À la voix passive, le verbe est composé de l'auxiliaire (➠ § 213) *être* + participe passé. C'est l'auxiliaire qui indique à quel temps est le verbe :

	TEMPS DE L'AUXILIAIRE	TEMPS DU VERBE
elle **est** aimée	présent	présent passif
elle **était** aimée	imparfait	imparfait passif
elle **fut** aimée	passé simple	passé simple passif
elle **sera** aimée	futur simple	futur simple passif
elle **a été** aimée	passé composé	passé composé passif
elle **eut été** aimée	passé antérieur	passé antérieur passif
elle **avait été** aimée	plus-que-parfait	plus-que-parfait passif
elle **aura été** aimée	futur antérieur	futur antérieur passif

696 *PLUS* **!l ne faut pas confondre...**

• Le passé composé actif de verbes intransitifs formé avec l'auxiliaire *être* et le présent passif de verbes transitifs directs également formé avec l'auxiliaire *être* :

Elle part. (présent de l'indicatif, voix active)

Elle est partie. (passé composé de l'indicatif, voix active)

Elle est aimée. (présent de l'indicatif, voix passive)

Elle a été aimée. (passé composé de l'indicatif, voix passive)

L ES CLASSES DE MOTS

■ NOM
(➡ § 384 à § 389)   « Qui sème le **vent** récolte la **tempête**. »

■ DÉTERMINANTS
(➡ § 306 à § 310)

article défini   « **Le** petit chat est mort. »
(➡ § 193 à § 198)

article indéfini   « Oh ! l'amour d'**une** mère ! amour que nul n'oublie ! »
(➡ § 199 à § 204)

article partitif   « Le temps, c'est **de l'**argent. »
(➡ § 205 à § 210)

adjectif démonstratif « Couvrez **ce** sein que je ne saurais voir. »
(➡ § 49 à § 53)

adjectif exclamatif   « – Il est arrivé ! ...
(➡ § 54 à § 60)   – Oui, mais dans **quel** état ! »

adjectif indéfini   « **Tous** les goûts sont dans la nature. »
(➡ § 61 à § 78)

adjectif interrogatif « Pourquoi l'assassiner ? Qu'a-t-il fait ? À **quel** titre ? »
(➡ § 79 à § 85)

adjectif   « **Deux** avis valent mieux qu'**un**. »
numéral cardinal
(➡ § 86 à § 90)

adjectif   « Il n'y a que le **premier** pas qui coûte. »
numéral ordinal
(➡ § 91 à § 97)

adjectif possessif   « Si ce n'est toi, c'est donc **ton** frère. »
(➡ § 98 à § 103)

adjectif relatif   « **Auquel** cas ... »
(➡ § 526)

■ PRONOMS
(➡ § 470 à § 475)

démonstratif   « Tout flatteur vit aux dépens de **celui** qui l'écoute. »
(➡ § 476 à § 483)

indéfini   « **Chacun** pour soi, Dieu pour **tous**. »
(➡ § 484 à § 501)

interrogatif (➡ § 502 à § 507)	« **Qui** est plus aveugle que celui qui ne veut pas voir ? »
personnels (➡ § 508 à § 516)	« **Il** faut se conduire avec ses amis comme **on** voudrait **les** voir se conduire avec **soi**. »
adverbial (➡ § 513)	« Pour gagner de l'argent, il faut **en** dépenser. »
réfléchi (➡ § 515)	« Ceux qui **se** ressemblent **s'**assemblent. »
possessif (➡ § 517 à § 523)	« **Le mien** vaut mieux que **le nôtre**. »
relatif (➡ § 524 à § 531)	« Pierre **qui** roule n'amasse pas mousse. »

■ **ADJECTIF QUALIFICATIF** (➡ § 2 à § 48)	« Les **petits** ruisseaux font les **grandes** rivières. »

■ **VERBE** (➡ § 674 à § 689)	« Ne **désirer** que ce qu'on **a**, c'est **avoir** tout ce qu'on **désire**. »

■ **PRÉPOSITION** (➡ § 457 à § 464)	« On ne badine pas **avec** l'amour. »

■ **ADVERBE** (➡ § 133 à § 143)	« Car, vois-tu, chaque jour je t'aime **davantage Aujourd'hui plus** qu'**hier** et **bien moins** que **demain**. »

■ **CONJONCTION**	
de coordination (➡ § 278 à § 283)	« Je pense, **donc** je suis. »
de subordination (➡ § 284 à § 292)	« Les "**quoique**" sont toujours des "**parce que**" méconnus [...] »

FONCTIONS ESSENTIELLES DU NOM

■ SUJET
(➡ § 641 à § 649)

« La **Fortune** favorise les audacieux. »

■ ATTRIBUT
du sujet (➡ § 118) « Au royaume des aveugles les borgnes sont **rois**. »
du C.O.D (➡ § 118) « Grand, on vous traite de **géant** ;
petit, on vous appelle **nain**. »

■ COMPLÉMENT D'OBJET
direct « Qui vole un **oeuf**, vole un **boeuf**. »
(➡ § 247 à § 254)
indirect « Qui donne aux **pauvres** prête à **Dieu**. »
(➡ § 255 à § 262)

■ COMPLÉMENTS CIRCONSTANCIELS
(➡ § 224 à § 234)

d'accompagnement « Il faut hurler avec les **loups**, si l'on veut courir avec eux. »

de but « Les hommes communs sont nés pour les grands **hommes**. »

de cause « Les hommes rougissent moins de leurs **crimes** que de leurs **faiblesses** et de leur **vanité**. »

de comparaison « La sagesse est pour les sots comme une **maison** en ruine. »

de lieu « Nous ramons tous sur le même **bateau**. »

de manière « Le temps fuit sans **retour**. »

de moyen « On attrape des oiseaux avec des **oiseaux**. »

de temps « Paris ne s'est pas fait en un **jour**. »

■ COMPLÉMENT D'AGENT
(➡ § 235 à § 241) « Celui qui a été vêtu par la **Fortune** est déshabillé par elle. »

■ COMPLÉMENTS DÉTERMINATIFS

complément du nom « Plaie d'**argent** n'est pas mortelle. »
(➡ § 263 à § 269)

complément « L'âge présent ne vaut pas celui des **aïeux**. »
du pronom (➡ § 220)

complément de « Heureux au **jeu**, malheureux en **amour**. »
l'adjectif qualificatif
(➡ § 242 à § 246)

complément « Il a agi conformément à la **loi**. »
de l'adverbe (➡ § 221)

■ APPOSITION « Le superflu, **chose** très nécessaire. »
(➡ § 184 à § 190)

■ APOSTROPHE « **Taxi** ! »
(➡ § 181 à § 183)

LES 4 FONCTIONS DE L'ADJECTIF QUALIFICATIF

■ ÉPITHÈTE « Les **bons** comptes font les **bons** amis. »
(➡ § 119 à § 126)

■ ATTRIBUT DU SUJET
(➡ § 110 à § 118) « La nuit, tous les chats sont **gris**. »

■ ATTRIBUT DU C.O.D.
(➡ § 110 à § 118) « Un homme est bon s'il rend les autres **meilleurs**. »

■ **APPOSÉ**
(➡ § 104 à § 109)

« Le corbeau, **honteux** et **confus**,
Jura, mais un peu tard, qu'on ne l'y prendrait plus. »

LES DIFFÉRENTES PROPOSITIONS

■ **INDÉPENDANTES**
(➡ § 538 à § 545)

juxtaposées

coordonnées

« Le temps fuit sans retour. »

« Le temps est un grand maître, il règle bien des choses. »

« Le temps use l'erreur et polit la vérité. »

■ **PRINCIPALE**
(➡ § 538 à § 545)

« On a toujours assez de temps quand on l'emploie bien. »

■ **SUBORDONNÉE**
(➡ § 538 à § 545)

« On a toujours assez de temps quand on l'emploie bien. »

LES DIFFÉRENTES PROPOSITIONS SUBORDONNÉES

■ **CONJONCTIVES CIRCONSTANTIELLES**

de but (finale)
(➟ § 546 à § 552)
« La providence a mis du poil au menton des hommes **pour que l'on puisse de loin les distinguer des femmes.** »

de cause (causale)
(➟ § 553 à § 560)
« Une chose n'est pas juste **parce qu'elle est loi.** Mais elle doit être loi **parce qu'elle est juste.** »

de comparaison (comparative)
(➟ § 561 à § 567)
« **Comme on fait son lit** on se couche. »

de concession/opposition (concessive)
(➟ § 568 à § 575)
« L'art de plaire est plus difficile, **quoi qu'on pense,** que l'art de déplaire. »

de condition (conditionnelle)
(➟ § 576 à § 582)
« **Si ma tante avait été un homme,** elle serait mon oncle. »

de conséquence (consécutive)
(➟ § 583 à § 589)
« **Tant** va la cruche à l'eau **qu'à la fin elle se brise.** »

de temps (temporelle)
(➟ § 590 à § 596)
« Il faut battre le fer **pendant qu'il est chaud.** »

complétive
(➟ § 597 à 603)
« Quand on veut noyer son chien, on dit **qu'il a la rage.** »

interrogative indirecte
(➟ § 612 à § 620)
« Dis-moi **qui tu hantes**, je te dirai **qui tu es.** »

Attention !
Il n'y a pas de subordonnée circonstancielle de lieu.

■ **RELATIVE**
(➟ § 628 à § 637)
« On ne vend pas le poisson **qui est encore dans la mer.** »

■ **PARTICIPIALE**
(➟ § 621 à § 627)
« **Le chat parti**, les souris dansent. »

■ **INFINITIVE**
(➟ § 604 à § 611)
« Laissez **venir à moi les petits enfants.** »

A CCORDS

	DÉTERMINANTS (→ § 309)		ADJECTIF QUALIFICATIF ÉPITHÈTE (→ § 125)	ADJECTIF QUALIFICATIF ATTRIBUT DU SUJET (→ § 116)	ADJECTIF QUALIFICATIF ATTRIBUT DU C.O.D. (→ § 116)
	le, un, du, ce, etc.	mon, ma, mes, ton, ta, tes, son, sa, ses			
Accord en **genre** avec le **nom** (ou le pronom), quelle que soit sa fonction.	*le chien.* *la chienne.*	*mon chien.* *ma chienne.*	*Le petit chien.* *La petite chienne.*		
Accord en **nombre** avec le **nom** (ou le pronom), quelle que soit sa fonction.	*les chiens.* *les chiennes.*	*mes chiens.* *mes chiennes.*	*Les petits chiens.* *Les petites chiennes.*		
Accord en **genre** et/ou en **nombre** avec le **sujet**.				*Ce chien est gentil.* **Cette chienne est gentille.** **Ces chiens sont gentils.**	
Accord en **genre** et/ou en **nombre** avec le **C.O.D.**					*Je trouve **ce chien gentil**.* *Je trouve **cette chienne gentille**.* *Je trouve **ces chiens gentils**.*
Accord en **personne**.		*mon chien.* *ses chiens.* *notre chien.* *leur chien.*			

Attention ! L'adjectif verbal suit les mêmes règles d'accord que l'adjectif qualificatif. (→ § 127 à § 132)

ADJECTIF QUALIFICATIF APPOSÉ	VERBE	PARTICIPE PASSÉ CONJUGUÉ AVEC « ÊTRE »	PARTICIPE PASSÉ CONJUGUÉ AVEC « AVOIR »	PARTICIPE PASSÉ DES VERBES PRONOMINAUX
(➡ § 107)	(➡ § 25 à § 41)	(➡ § 10)	(➡ § 11)	(➡ § 21 à § 23)
Le chien, gentil, obéit. *La chienne, gentille, obéit.*				
Les chiens, gentils, obéissent. *Les chiennes, gentilles, obéissent.*				
	Le chien obéit. *Les chiens obéissent.*	*Le chien est sorti.* *La chienne est sortie.* *Les chiens sont sortis.* *Les chiennes sont sorties.*		*Les chien(ne)s se sont disputé(e)s. Mais Les chien(ne)s se sont disputé un os. Ils se sont succédé.*
			J'ai nourri les chiens. *Je les ai nourris.*	
	J'obéis il obéit nous obéissons ils obéissent			

INDEX DES MOTS GRAMMATICAUX

Les numéros renvoient aux articles de l'ouvrage.

O

P

INDEX DES NOTIONS GRAMMATICALES

Les numéros renvoient aux articles de l'ouvrage.

D

G

GENRE
voir **féminin**

GÉRONDIF
définition, 323
gérondif / participe présent, 324
accord, 325
valeurs, 326
confusions :
– gérondif sans *en* / participe présent, 327
– gérondif / verbe impersonnel, 327
– gérondif présent / participe présent, 670
– gérondif passé / participe passé, 671

GRAMMATICAL(E)
Analyse grammaticale (voir **analyse**)
sujet grammatical ou apparent, 337

GROUPE
chef de groupe, 174
groupe de l'adjectif (adjectival), 242, 330
groupes fonctionnels (voir **analyse par**)
les trois groupes de la conjugaison, 675

GROUPE NOMINAL
➡ § 328 à § 330

groupe nominal prépositionnel, 269, 330

GROUPE VERBAL
➡ § 328 à § 330

H

HYPOTHÉTIQUE
système hypothétique (voir **conditionnel**)

I

IMPARFAIT
temps de l'indicatif
valeurs imparfait / passé simple, 654
temps du subjonctif
valeurs présent / imparfait, 660

IMPÉRATIF
valeurs et emplois du mode impératif, 370
valeurs des temps de l'impératif, 665 à 667

– présent, 666
– passé, 667
place du pronom personnel complément
après l'impératif, 511

IMPÉRATIVE
Phrase impérative
– définition, 331
– marques de la phrase impérative, 332
– autres moyens d'exprimer l'ordre ou la défense, 333

IMPERSONNEL
Verbe, construction
– définition, 334, 676
– verbes toujours impersonnels
(voir **unipersonnels**), 335
– verbes occasionnellement impersonnels, 336
– emplois, 337
modes impersonnels, 338

IMPLICITE
subordination implicite (voir **subordination**)

IMPROPRE
dérivation impropre, 377

INANIMÉ
nom inanimé (voir **nom animé**)

INCISE
proposition incise (voir **proposition**)

INDÉFINI
Adjectif indéfini
– définition, 61
– formes, 62
– valeurs, 63
– emplois :
aucun, 64
autre, 65
certain, 66
chaque, 67
différents, divers, 68
maint, 69
même, 70
n'importe quel, 71
nul, 72
plusieurs, 73
quelconque, 74
quelque, 75
tel, 76
tout, 77
– confusion *quelque(s)... que* / *quelque... que* /
quel(le)(s)... que, 78

Q

R

S

Conception graphique : ESPERLUETTE

Couverture : Patrice CAUMON

Coordination artistique : Thierry MÉLÉARD

Fabrication : Jacques LANNOY

N° projet 10029878 (III) 65 CSBK 90 PFC Septembre 1995
Imprimé en Italie par G. Canale & C. S.p.A. - Borgaro T.se (Turin)